权威·前沿·原创

皮书系列为
"十二五""十三五""十四五"时期国家重点出版物出版专项规划项目

BLUE BOOK

智库成果出版与传播平台

上海与"一带一路"蓝皮书
BLUE BOOK OF SHANGHAI AND BRI

上海服务"一带一路"建设发展报告（2022）

ANNUAL REPORT ON SHANGHAI'S ROLE IN BRI IMPLEMENTATION (2022)

上海研究院和上海国际问题研究院联合项目组 / 研　创
主　编 / 陈东晓　赵克斌
副主编 / 王玉柱

社会科学文献出版社
SOCIAL SCIENCES ACADEMIC PRESS (CHINA)

图书在版编目(CIP)数据

上海服务"一带一路"建设发展报告.2022/陈东晓,赵克斌主编.--北京:社会科学文献出版社,2022.12

(上海与"一带一路"蓝皮书)

ISBN 978-7-5228-0832-1

Ⅰ.①上… Ⅱ.①陈…②赵… Ⅲ.①"一带一路"-国际合作-研究报告-上海-2022 Ⅳ.①F125

中国版本图书馆 CIP 数据核字(2022)第 183178 号

上海与"一带一路"蓝皮书
上海服务"一带一路"建设发展报告(2022)

主　　编 / 陈东晓　赵克斌
副 主 编 / 王玉柱

出 版 人 / 王利民
责任编辑 / 杨桂凤
责任印制 / 王京美

出　　版 / 社会科学文献出版社·群学出版分社 (010) 59366453
　　　　　地址：北京市北三环中路甲29号院华龙大厦　邮编：100029
　　　　　网址：www.ssap.com.cn

发　　行 / 社会科学文献出版社 (010) 59367028
印　　装 / 天津千鹤文化传播有限公司

规　　格 / 开 本：787mm×1092mm 1/16
　　　　　印 张：20.25　字 数：266千字
版　　次 / 2022年12月第1版　2022年12月第1次印刷
书　　号 / ISBN 978-7-5228-0832-1
定　　价 / 168.00元

读者服务电话：4008918866

▲ 版权所有 翻印必究

上海与"一带一路"蓝皮书编委会

主　　　任　李培林

副　主　任　杨洁勉　谢寿光

编委会成员　严安林　李友梅　周国平　汪　婉　任晶晶
　　　　　　冯维江　钟飞腾　张恒龙

主　　　编　陈东晓　赵克斌

副　主　编　王玉柱

课题组成员　（按姓氏拼音排列）
　　　　　　曹嘉涵　陈东晓　陈建茹　陈彦麒　崔　珩
　　　　　　封　帅　胡琼方　李红梅　李　鲁　刘朝青
　　　　　　牛海彬　汪　婉　王　永　王玉柱　叶　玉
　　　　　　于宏源　张　春　赵精一　赵克斌　周亦奇
　　　　　　朱云杰

主要编撰者简介

陈东晓 上海国际问题研究院院长，研究员，博士生导师，中国国际关系学会副会长。毕业于复旦大学国际政治系，法学博士。上海市政协委员，上海市政协外委会副主任，并担任上海市市长国际企业家咨询会议方顾问，上海市外办及台办咨询专家，上海市决策咨询委员会特聘专家，国务院政府特殊津贴专家。主要从事中国外交、中美关系、联合国集体安全机制等领域的研究，曾主持国家社科基金及中外办、外交部、财政部和国台办等的数十项课题。2012年入选上海市领军人才。兼任外交部国际经济司咨询专家、东盟地区论坛专家名人小组中方专家、联合国经社理事会可持续发展系统改革（2016）高级别独立顾问组专家。

赵克斌 中国社会科学院科研局副局长，中国社会科学院-上海市人民政府上海研究院常务副院长。毕业于武汉大学图书情报学院，获文学学士学位。曾参与中国社会科学院"百县市经济社会调查""当代中国城市家庭""企业保障社会化""中俄社会变迁比较研究""中国与中东欧国家的社会变迁比较研究"等重点课题研究。兼任社会变迁研究会秘书长、北京市陆学艺社会学发展基金会常务理事、中国社会科学院国情调查与大数据研究中心秘书长等职务。

王玉柱 经济学博士，上海国际问题研究院研究员；主要研究方向为经济体制改革、国际发展经济学，对于"一带一路"建设、金砖国家发展合作、人民币国际化等议题有长期研究积累。出版专著《德国马克及欧元时代的货币政策——"有竞争力的通缩"模式形成机制及影响》《全球化新阶段与上海改革新征程》《市场秩序演化机制与政府角色研究——系统论视域下政府与市场关系研究》。在学术期刊及媒体上发表文章逾50篇；曾主持国家社科基金一项，主持国家社科基金重大项目子课题多项，主持财政部、外交部及上海市政府等政府部门委托课题十余项。

摘　要

《上海服务"一带一路"建设发展报告（2022）》是中国社会科学院-上海市人民政府上海研究院和上海国际问题研究院联合项目组通力合作完成的第四本"上海与'一带一路'蓝皮书"报告，也是国内首本从地方视角研究"一带一路"高质量发展的蓝皮书。

2021年适逢"一带一路"倡议提出8周年，也是"十四五"规划的开局之年、浦东新区高水平改革开放打造社会主义现代化建设引领区的起步之年，系统总结当前上海服务"一带一路"建设的经验成果意义重大。2021年11月，习近平总书记在第三次"一带一路"建设座谈会上深刻分析当前"一带一路"建设面临的新形势时，提出要保持战略定力，抓住战略机遇，统筹发展和安全、统筹国内和国际、统筹合作和斗争、统筹存量和增量、统筹整体和重点，积极应对挑战，趋利避害，奋勇前进。本书以"五个统筹"为研究主线，认为当前上海要进一步发挥能集聚、能带动、能服务、能支撑、能保障的"一带一路"建设桥头堡功能，还要继续围绕"五通"下更大功夫：继续把基础设施"硬联通"作为重要方向，把规则标准"软联通"作为重要支撑，大力夯实"政策沟通"这个发展根基，持续深化"资金融通"的合作之路，搭建好"民心相通"的桥梁。

正是基于以上认识，本书各篇研究报告以深入的资料分析、翔实的统计数据、透彻的案例剖析为依据，探索思考了在浦东打造社会主义现代化建设引领区新机遇下上海服务"一带一路"高质量发展问题、以可视化数据的形式分析了上海与共建"一带一路"国家经贸合作发展新态势和存在的问题，首次新增上海与共建"一带一路"国家友好城市合作、上海服务"中日第三方市场合作"、上海"一带一路"人才队伍建设以及上海服务"一带一路"新型基础设施建设等研究角度，系统总结了这些领域中上海服务"一带一路"高质量发展的新特点和新作为。此外，本书还以全球碳市场交易改革探索和金砖国家新开发银行为例分析了上海碳市场、金砖国家新开发银行的发展现状，同时分别选取东盟、南亚、西亚北非、拉美等代表性区域，探讨分析了上海与共建"一带一路"国家合作取得的新进展。在此基础上，各篇报告均提出了有针对性的对策建议。

在结构上，本书设置了总报告、数据报告、专题报告、案例报告、地区和国别报告、大事记六大部分，共计13篇报告和一个大事记。

关键词："一带一路" "五个统筹" "五通"政策 上海

目 录

Ⅰ 总报告

B.1 上海服务"一带一路"建设报告（2021）
——浦东社会主义现代化建设引领区研究
………………………………… 陈东晓 王玉柱 / 001

Ⅱ 数据报告

B.2 上海服务"一带一路"建设数据报告（2021）
………………………………… 周亦奇 / 028

Ⅲ 专题报告

B.3 新时代上海深化国际友好城市合作研究
………………………………… 李 鲁 陈彦麒 / 055

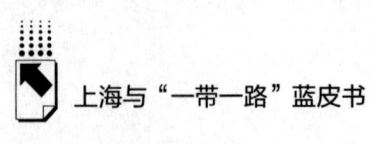

B.4　上海服务"中日第三方市场合作"，发挥先行先试作用
　　………………………………………………………… 汪　婉 / 076

B.5　上海"一带一路"建设人才需求与对策研究
　　——基于上海部分企事业单位的调研
　　…………………………………………… 王　永　陈建茹 / 093

B.6　上海服务"一带一路"新型基础设施建设研究
　　…………………………………………… 刘朝青　胡琼方 / 107

Ⅳ　案例报告

B.7　上海致力于全球碳市场建设改革探索
　　…………………………………………… 朱云杰　于宏源 / 121

B.8　新开发银行助力上海服务"一带一路"建设高质量发展
　　…………………………………………… 叶　玉　赵精一 / 146

Ⅴ　地区和国别报告

B.9　上海服务东盟地区"一带一路"建设 …………… 封　帅 / 167

B.10　上海服务南亚地区"一带一路"建设的机遇与挑战
　　………………………………………………………… 李红梅 / 185

B.11　上海与西亚北非国家共建"一带一路"合作
　　………………………………………………………… 张　春 / 212

B.12　上海服务拉美地区"一带一路"建设的进展与展望
　　………………………………………………………… 牛海彬 / 235

B.13　上海与发达国家开启伙伴关系新征程 ………… 曹嘉涵 / 257

目录

Ⅵ 大事记

B.14　上海服务"一带一路"建设大事记（2021年）
　　……………………………………… 刘振坤　焦欣瑶 / 278

Abstract ……………………………………………………… / 292
Contents ……………………………………………………… / 294

皮书数据库阅读使用指南

总报告

General Report

B.1 上海服务"一带一路"建设报告（2021）

——浦东社会主义现代化建设引领区研究

陈东晓　王玉柱*

摘　要： 浦东作为中国改革开放前沿阵地，在推动中国开放型经济发展进程中发挥了历史性作用。新发展格局下，浦东社会主义现代化建设引领区肩负更加重大的发展和改革使命。浦东要从开发开放历史传承角度，发挥社会主义现代化建设引领区的时代改革标杆作用，更好地协同和应对外部形势变化，不断调整和优化浦东的发展和改革功能定位。基于国内大市场，打造国内国际双循环战略

---

* 陈东晓，上海国际问题研究院院长、研究员、博士生导师，中国国际关系学会副会长，研究方向为中美关系、联合国集体安全机制等；王玉柱，上海国际问题研究院研究员，研究方向为经济体制改革、世界经济。

链接，持续深入推进"一带一路"高质量发展。以混合所有制改革等为抓手，推进多元市场主体协同一体，综合平衡开放、发展与安全的关系。通过深层次制度型开放，进一步解放和发展生产力，促进核心产业发展提质增效。同时，在践行中国式现代化改革进程中，通过引领区建设向世界更好地展示中国特色社会主义市场经济改革逻辑与制度理念。

关键词： 浦东　社会主义现代化建设引领区　"一带一路"

2008年全球金融危机以来，世界进入"慢全球化"发展时代，世界经济加速分化，加之本轮疫情持续冲击，最终扭转了20世纪下半叶以来的世界"大合流"发展态势。全球范围内保护主义不断加强，发达国家通过分工"规锁"和打造平行市场体系以维持其传统产业链垄断地位。部分发展中经济体通过资源民族主义保护本国市场，在发展权利方面与发达国家之间的分歧日益加剧。世贸组织、亚洲开发银行等于2021年底发布的《全球价值链发展报告2021：超越生产》①显示，2008年以来全球进入产业链收缩时代。当前世界主要经济体进入产业链博弈的大国竞争时代，美西方国家在政策设计方面易受历史经验主义影响，通过产业链政治化和意识形态化，形成排他性经济集团。面对发达国家的集体保护行为，发展中国家之间开始形成新的利益契合点，诸多发展中国家更期待通过务实合作，解决迫在眉睫的国内建设和发展问题。面对疫后新形势，

---

① "Global Value Chain Development Report 2021: Beyond Production", https://www.adb.org/publications/global-value-chain-development-report-2021.

未来全球产业链的持续良性运转取决于产业链结构功能的完善和互补协同形成的收益增量效应。中国开放型经济发展将面临种种新情况和新压力,"一带一路"高质量发展将被赋予更重要的开放发展使命。

在高质量共建"一带一路"背景下,浦东社会主义现代化建设引领区(以下简称引领区)被赋予新的改革内涵。一方面,面向国内统一大市场,探索相应发展功能整合,重塑国内经济结构竞争力。长期以来,国内产业发展锚定外部市场,客观上导致内部市场竞争分割,未能实现区域间和产业内市场的畅通流转。引领区建设须着重解决传统开放模式导致的内部发展症结问题。另一方面,要打通制约世界经济循环的堵点,浦东需要进一步改革探索,通过高水平开放持续推进制度变革,减少要素流入阻力。引领区建设要从全球经济治理供给侧视角,吸引高端要素流入,改善国内要素禀赋结构,提高经济竞争力;要推动内外产业相融、创新相促、规则相联,实现国内国际双循环相互促进。此外,统筹高质量发展与高水平开放,通过有效制度设计,实现基于国内统一大市场的产业链外向拓展,以实现我国对外部经济空间的市场影响力辐射,减少产业链政治化对我国开放型经济发展的阻碍。

一 2021年上海服务"一带一路"建设成果

因全球疫情持续蔓延,高质量共建"一带一路"受到明显冲击。上海作为"一带一路"建设桥头堡,在我国对外经济合作整体受阻情况下,不断通过创新地方合作,持续发掘"五个中心"和"四大功能"制度优势,以中国(上海)自由贸易试验区(以下简称上海自贸区)临港新片区制度创新为突破口,不断寻求制度型开放新突破。

（一）进出口贸易迎来疫后反弹，对外经贸合作取得新突破

新冠肺炎疫情发生以来，我国对外投资受到一定程度的影响，但2021年呈现总体复苏态势。在全国企业层面，2021年非金融类对外投资金额为1136.4亿美元，同比增长3.2%。① 同期，上海对外直接投资中方投资额为196.2亿美元，全年备案对外直接投资项目958个，同比增长29.8%，上海对外直接投资中方投资额、全年备案对外直接投资项目数长期位居全国前列。

2021年上海进出口总额首超4.06万亿元，是自2015年以来连续第七次位居全国第一。服务贸易进出口总额2294.1亿美元，增速达49.5%，规模和增速均创历史新高，规模居全国各省区市第一。上海口岸贸易总额达10.1万亿元，继续保持世界城市首位。相较于全国其他省区市，上海对外贸易结构中进口贸易规模更大，达到2.49万亿元，凸显了上海跨国公司总部的发展功能优势。② 进口商品总额中有63.97%来自外商进口贡献。相关的设于上海的跨国公司总部通过海外生产物资集中采购，再以上海为集散中心在中国范围内进行配置，以供应国内各生产分支企业。疫情发生以来，由于世界经济非对称复苏，2021年国内出口经济快速发展，进一步带动海外采购数量的增长。2021年，上海关区进出口增幅达17.3%，上海关区出口增速要快于上海市出口增速（见表1）。

此外，上海在大宗商品交易方面的国际影响力不断增强，目前千亿级大宗商品交易平台已有7家。受全球经济不对称复苏等因素影响，2021年国际资本大量涌入国内市场，上海成为全球资本融通的

---

① 资料来源于商务部商务数据中心，http://data.mofcom.gov.cn/tzhz/fordirinvest.shtml。
② 《2021外贸强市竞逐：上海独超4万亿，青岛跻身前十》，https://m.thepaper.cn/baijiahao_16693853，2022年2月14日。

表1 2021年上海对外贸易增长情况

单位：亿元，%

项目	金额	同比增长
上海关区进出口总额	75742.69	17.3
上海关区进口总额	32059.73	18.6
上海关区出口总额	43682.96	16.3
上海市进出口总额	40610.35	16.5
上海市进口总额	24891.68	17.7
上海市出口总额	15718.67	14.6

资料来源：上海市统计局。

重要枢纽和资源集散地，上海国际金融中心和国际经济中心功能不断完善，要素集散枢纽功能进一步增强。2021年全年，上海市实际使用外资规模达225.5亿美元，增长11.5%，在沪跨国公司地区总部和外资研发中心数量分别达到831家和506家。①

（二）国际金融中心功能不断完善，彰显金融开放和改革新优势

近年来，上海国际金融中心建设注重完善服务共建"一带一路"的金融基础设施体系，积极引进多元市场经营主体，截至2021年12月共建"一带一路"国家已在沪设立数十家外资法人银行、分行和代表处。② 人民币跨境支付系统（CIPS）自2015年上线以来，市场覆盖范围和业务规模不断扩大。目前，已覆盖近50个共建"一带一

---

① 《2022年上海商务情况通报会成功举办，宗明出席并讲话》，https://sww.sh.gov.cn/swdt/20220224/a333d6d03a4748bd840326c7935baf75.html，2022年2月23日。

② 《地方参与共建"一带一路"实践之一：上海积极推进"一带一路"桥头堡建设》，https://baijiahao.baidu.com/s?id=1719945578735796115&wfr=spider&for=pc，2021年12月23日。

路"国家,在资金融通领域发挥基础性功能。2021年,人民币跨境支付系统(CIPS)累计处理跨境人民币业务334.16万笔,金额79.60万亿元,同比分别增长51.6%和75.8%。2021年,CIPS新增直接参与者33家,新增间接参与者134家。① 此外,上海黄金交易所、上海票据交易所、上海期货交易所能源交易国际化水平显著提升。相关制度和功能不断完善使上海国际金融中心排名不断上升,2022年3月发布的《第31期全球金融中心指数》显示,上海超越新加坡市,综合竞争优势仅次于纽约、伦敦、香港(见表2)。

表2 全球金融中心指数排名前十

金融中心	第31期		第30期		较上期变化(↑/↓)	
	排名	得分	排名	得分	排名	得分
纽约	1	759	1	762	0	↓3
伦敦	2	726	2	740	0	↓14
香港	3	715	3	716	0	↓1
上海	4	714	6	713	↑2	↑1
洛杉矶	5	713	7	712	↑2	↑1
新加坡市	6	712	4	715	↓2	↓3
旧金山	7	711	5	714	↓2	↓3
北京	8	710	8	711	0	↓1
东京	9	708	9	706	0	↑2
深圳	10	707	16	699	↑6	↑8

资料来源:英国Z/Yen集团、中国(深圳)综合开发研究院联合编制《第31期全球金融中心指数》,http://www.cdi.com.cn/upload/file/20220328/6378408366483044839946415.pdf,2022年3月28日。

2021年上海在金融市场改革领域再创新举。9月24日,"南向通"正式启动,境内投资者可经由内地投资香港债券市场交易流通的相关债券业务。"南向通"相比于合格境内机构投资者(QDII)或

---

① 中国人民银行:《2022年人民币国际化报告》,http://www.pbc.gov.cn/goutongjiaoliu/113456/113469/4666144/index.html,2022年9月23日。

人民币合格境内机构投资者（RQDII）等资金流通渠道的交易成本更低，交易结算效率更高。"南向通"的正式运行体现了上海资本市场领域改革取得了重大进展。从资金跨境角度看，"南向通"的有效运营涉及上海清算所、人民币跨境支付系统（CIPS）、债务工具中央结算系统等重大金融基础设施的通力合作和系统功能整合。随着改革不断推进，未来"南向通"相关的金融基础设施可以面向更多的交易币种，形成更为完善的金融衍生品产业生态。①

此外，上海还出台了支持全球资产管理中心建设等一系列政策文件。2021年持牌金融机构新增58家，全年金融市场交易总额突破2500万亿元，增长10.4%。② 上海金融要素市场承担着畅通"一带一路"资金融通功能，以上海证券交易所为例，截至2021年11月已累计与55家境外机构签署66份合作谅解备忘录。③ 近年来上海市以共建"一带一路"国家为合作对象，以促进相关国家金融要素市场建设和服务区域资金融通为政策目标。2021年3月上海证券交易所还与塞尔维亚贝尔格莱德证券交易所签署了合作谅解备忘录。这是疫情发生以来上海证券交易所与境外交易所建立的首个合作机制。

（三）国际航运中心功能集成优势渐显，开放枢纽门户功能有新内涵

上海继续发挥开放枢纽门户功能优势，以其国际航运中心功能集成优势，继续扮演物资转运枢纽和制度合作前沿角色。在国际航运中

---

① 陈植：《债券通"南向通"启航》，https://baijiahao.baidu.com/s?id=1711 83519570711 9577&wfr=spider&for=pc，2021年9月25日。

② 龚正：《政府工作报告——2022年1月20日在上海市第十五届人民代表大会第六次会议上》，《解放日报》2022年1月25日，第3版。

③ 《上交所与柬埔寨证券交易所签署合作谅解备忘录》，http://www.sse.com.cn/aboutus/mediacenter/hotandd/c/c_20211126_5644493.shtml，2021年11月26日。

心生态建设方面,上海在海运、航空吞吐量方面均居全国领先地位。围绕国际航运中心建设,上海在航运有关的保险和法律仲裁等方面初步建立起一套完善的产业生态系统:通过科技创新赋能航运实体经济发展,通过综合制度改革强化航运产业高端引领功能,同时增强全球资源配置能力。2021年,上海港集装箱吞吐量达4703.3万标准箱,连续12年稳居世界第一。① 2021年6月,上海市政府发布《上海国际航运中心建设"十四五"规划》,明确提出"2025年,基本建成便捷高效、功能完备、开放融合、绿色智慧、保障有力的世界一流国际航运中心"的发展目标。

上海国际航运中心建设取得长足发展,与航运相关的软硬件设施竞争力持续上升。目前,上海国际航运中心正通过强化上海作为国内大循环的中心节点和国际国内双循环的战略链接点功能,促进制度革新、科技赋能和区域协同发展的整体发展能级提升,全球资源配置功能不断强化。《2021新华·波罗的海国际航运中心发展指数报告》数据显示,上海在国际航运中心排名中仅次于新加坡和伦敦,位居世界第三。② 2021年,上海港与比利时安特卫普港、新西兰奥克兰港建立了友好港关系。上海属地企业积极加强与共建"一带一路"国家在港口建设和经营方面的合作。比如,雅典-比雷埃夫斯港作为中希合作的典范,在中远集团接管后,货运吞吐量不断上升,目前已成为地中海第一大港,在2021年全球航运中心城市综合实力排名中排第八。

上海机场承担了我国与共建"一带一路"国家之间的重要客货资源枢纽功能,通过上海机场进出我国的共建"一带一路"国家航

---

① 龚正:《政府工作报告——2022年1月20日在上海市第十五届人民代表大会第六次会议上》,《解放日报》2022年1月25日,第3版。
② 参见《上海稳居国际航运中心前三 综合排名紧追伦敦、新加坡》,https://3g.k.sohu.com/t/n543195545,2021年7月11日。

空旅客占全国机场总量的三分之一，航空货邮占全国机场总量的一半以上。① 2021年9月28日，中欧班列"上海号"首发仪式在铁路闵行站举行。该班列将以每周开行一次的频次，将上海及附近区域生产的商品经阿拉山口运至德国汉堡。预计在不远的将来，中欧班列"上海号"每年将开行500列次②，在长三角与欧洲之间发挥产业链传输带功能，更好地推动区域产业分工布局优化。

（四）对外科技合作有序开展，国别和领域有新拓展

2021年12月7日，中科院卫星创新院和葡萄牙科技基金委联合牵头筹建的"中国-葡萄牙星海'一带一路'联合实验室"正式启动，这是中国与欧洲国家汇聚双方科技资源、共同推动空间和海洋技术创新的经典合作案例。在中老铁路通车背景下，上海应用技术大学联合上海华测导航技术股份有限公司、老挝国立大学和苏发努冯大学等单位共同设立的"中老铁路工程国际联合实验室"于2021年12月4日正式揭牌。该实验室以保障铁路运营安全为目标，就基础设施、移动装备智能监测和服役安全控制等领域加强中老科技合作。实验室研究成果有助于更好地服务中国铁路标准"走出去"，为建设中的雅万高铁、中泰铁路等提供重要技术和经营管理经验。③ 除上述标志性合作项目外，上海还与以色列、白俄罗斯等共建"一带一路"国家签订科技合作备忘录。在沪新合作机制下，上海与新加坡加大双边科技合作力度，于2022年1月20日正式发布中国长三角（上海）-新

---

① 《地方参与共建"一带一路"实践之一：上海积极推进"一带一路"桥头堡建设》，https：//baijiahao.baidu.com/s? id = 1719945578735796115&wfr = spider&for=pc，2021年12月23日。

② 《中欧班列"上海号"首发！未来还会有中亚、中俄专列……》，https：//m.gmw.cn/baijia/2021-09-29/1302619006.html，2021年9月29日。

③ 任鹏、曹继军：《"中老铁路工程国际联合实验室"在上海应用技术大学揭牌》，https：//difang.gmw.cn/sh/2021-12-06/content_ 35361531.htm，2021年12月6日。

加坡产业创新合作计划,继续鼓励两地各类创新主体广泛开展联合研究、技术转移、跨境孵化等合作。①

(五)对外文化交往丰富多彩,友城合作领域有新突破

在文化和社会事业领域,上海开展了一系列实践创新,软实力优势持续凸显。一是优化顶层政策设计。《上海市国民经济和社会发展第十四个五年规划和二〇三五年远景目标纲要》提出,要深化建设更加开放包容、更富创新活力、更显人文关怀、更具时代魅力、更具世界影响力的社会主义国际文化大都市。上海在城市对外交往、城市形象立体传播推广、国际创意文化、国际旅游和体育外事方面开展了一系列具有重要影响的活动,比如,举办上海国际电影节、上海电视节、中国上海国际艺术节和"上海之春"国际音乐节等。目前上海在全球电竞领域逐步成为中心城市之一,举办的一系列电竞赛事已初具国际影响力。二是加强地方层面对外交流,促进民心相通。截至2021年9月30日,上海市及相关区已与世界上59个国家的92个市(省、州、大区、道、府、县或区)建立了友好城市(区)关系或友好交流关系。② 2021年6月,上海合作组织武汉峰会期间,上海市长宁区与白俄罗斯明斯克市苏维埃区在线下和线上同步签署《中华人民共和国上海市长宁区和白俄罗斯共和国明斯克市苏维埃区建立友好城区关系协议书》。三是搭建平台,探索绿色可持续发展领域的国际合作。2021年世界城市日中国主场活动暨首届城市可持续发展全球大会在上海举行。本次会议以"应对气候变化,建设韧性城市"为

---

① 《共叙合作友谊,共商合作大计,共谱合作新篇!上海市-新加坡全面合作理事会第三次会议今天举行》,https://m.thepaper.cn/baijiahao_15876224,2021年12月16日。

② 上海友协:《上海市国际友好城市及友好交流关系城市总体情况》,https://wsb.sh.gov.cn/node549/20200116/0018-13963.html,2020年1月16日。

主题,旨在增强有关适应气候变化和城市韧性的公众意识,在国家和地方层面更好地践行联合国《2030年可持续发展议程》和《新城市议程》。上海将早于全国五年实现"双碳"目标,在低碳和可持续发展领域拥有自身的发展特色,目前已在节能减排、国内碳市场建设等方面开展了一系列创新实践项目,未来将继续扮演全国改革引领角色。

二 浦东开发开放历程回顾

浦东开发开放30多年来,以上海1/5的面积,贡献了全市1/3的GDP。浦东不仅是上海的经济地标,还成为"中国改革开放的象征"和"上海现代化建设的缩影"。浦东开发开放体现了中国改革开放政策设计的基本制度逻辑。2021年7月15日,《中共中央、国务院关于支持浦东新区高水平改革开放打造社会主义现代化建设引领区的意见》(以下简称《引领区意见》)正式发布。未来浦东将继续承担引导中国新一轮深层次改革和对外开放的发展使命。

(一)浦东开发开放历程

20世纪70年代以来,东亚地区经济增长率高于世界经济增长率。在错失此前多次国际产业转移机遇后,推动浦东开发开放意味着中国将开启全面开放进程。1990年4月,党中央、国务院批准开发开放浦东。浦东位于我国东海岸,有优良的地理位置,可发挥经济纽带功能,辐射中国经济纵深。

浦东开发开放30多年的历程可分为以下三个阶段。第一阶段,1990~2008年是浦东以外循环方式参与国际分工、深度融入世界产业体系的发展阶段。在该阶段,浦东开发开放,拓展了上海城市的地理和社会空间,促进了上海城市功能的提档升级,使上海实现了快速工业化和城市化。第二阶段，2009~2020年，2009年国务院批复同意南汇并入浦东，浦东开发开放进入二次创业新阶段。在这一过程中，受2008年全球金融危机的冲击，西方国家通过对华采取严苛的经贸规制措施，试图将中国从全球产业链中剥离。为应对外部环境变化带来的挑战，上海自贸区以建立高标准经贸规制为导向，探索更高水平和更广领域的制度型开放。这一阶段中国经济从高速增长阶段回落，中国超大规模经济体需要重新平衡发展与安全、国内与国际、合作与斗争、存量与增量以及整体与重点之间的关系。① 第三阶段是2021年以来，浦东被赋予引领区功能新定位。在新发展阶段，浦东以建成现代化、智能化、创新型城市为目标，以"争当全面建设社会主义现代化国家的排头兵"为要求，立足新发展格局，发挥国内国际双循环战略链接的功能高地作用，从结构功能角度平衡开放、发展与安全之间的关系，体现了我国面向未来发展的新改革尝试。

（二）基础设施大规模建设与浦东城市功能的完善

浦东开发开放最初主要围绕基础设施导向的城市功能塑造展开，通过修建跨江大桥畅通浦东、浦西之间的经济联系，修建诸如外高桥发电厂能源设施、浦东机场等枢纽设施，增强浦东外向型经济发展的基本城市运行功能。随着浦东现代产业的崛起，城市基础设施不断完善，城市天际线不断拓展，从东方明珠到金茂大厦，再到环球金融中心和上海中心大厦，硬件设施建设不断取得新进展。"八五"期间，浦东启动了以交通、能源和通信为主的第一轮十大重点项目，其中交通基础设施方面形成了由内外环浦东部分组成的"两环"，以及黄浦江至杨高中路的南北发展轴、东方明珠至浦东机场的东西发展轴、长

---

① 《习近平出席第三次"一带一路"建设座谈会并发表重要讲话》，http://www.gov.cn/xinwen/2021-11/19/content_5652067.htm，2021年11月19日。

江口以东滨江发展轴组成的"三轴"发展格局。1993年，当时世界第一斜拉桥杨浦大桥落成，与东方明珠广播电视塔，以及第一座越江大桥南浦大桥遥相呼应，成为上海的新地标建筑。"九五"期间，浦东启动了以"三港二线"（浦东机场空港一期、浦东信息港、深水港一期、地铁2号线一期、外环线）为标志的十大基础设施建设项目。20世纪90年代，浦东进入大开发时代，1995年一度有4000个项目同时开工建设。至2000年，浦东在基础设施领域累计投资1400亿元，一座现代化的城市已初具规模。[1]

经过"十一五""十二五"两轮大规模建设，以及2009年原南汇区并入浦东新区后，浦东进入新发展征程的"二次创业"阶段，浦东基础设施建设不断升级，功能不断完善。浦东逐步发挥上海"五大中心"改革协同功能，发挥对长三角乃至全国的辐射功能。

（三）浦东建立面向未来的现代化产业体系

上海产业转型需求由来已久。早在20世纪80年代初，上海全市就掀起了"上海向何处去，建设什么样的上海"大讨论。在计划经济向市场经济转轨过程中，上海既有资源禀赋无法维系传统工业生产，亟待适应世界经济发展、推动产业转型。[2] 1990年以前，浦东以石油化工、钢铁、纺织和交通运输设备制造为主。其中，重工业产值占全区工业产值的62.9%。[3] 现代化产业发展对于中国深度参与全球经济、突破上海作为单一工业中心城市的发展功能局限具有重要

---

[1] 李正图：《浦东开发开放研究》，上海社会科学院出版社，2015，第54页。
[2] 李正图：《浦东开发开放研究》，上海社会科学院出版社，2015，第47页。
[3] 王志航：《改革开放四十年的缩影——浦东开发开放的曲折历程、基本经验与重要启示》，载上海市社会科学界联合会编《中国特色社会主义：实践探索与理论创新——纪念改革开放四十周年》，上海人民出版社，2018。

意义。

浦东开发开放后，产业发展经历了一系列发展形态和功能上的变化，经历了从初始加工型产业到现代高端产业体系的发展转型。以金桥出口加工区为例，20世纪90年代，出于利用外资的需求，产业发展类型以"三来一补"为主，后来逐步向生产性服务业和"智造业"发展转型。张江高科技园区内的集成电路、人工智能和生物医药产业已成为中国产业发展的引领者。在芯片产业领域，目前已形成以中芯国际为龙头的集成电路产业链集群。

在新发展格局下，浦东正逐步成为维系我国产业链稳定和解决"卡脖子"问题的产业政策实践高地。"十三五"期间，以浦东为基地的诸多先进制造业取得重大突破：国产大型客机C919成功首飞，CR929宽体客机启动设计，大型邮轮开工建设，国家重型燃气轮机试验基地启动建设；集成电路实现14纳米级先进工艺规模量产，5纳米刻蚀机、12英寸大硅片、国产CPU、5G芯片等技术产品打破垄断；等等。①《引领区意见》提出，要聚焦集成电路、生命科学、人工智能等领域，加快建设张江综合性国家科学中心，加快推进国家实验室建设，推动超大规模开放算力、智能汽车研发应用创新平台落户。此外，在其他产业领域，以陆家嘴金融贸易区、上海迪士尼度假区为代表的现代服务业正成为中国现代服务业的行业标杆。

（四）浦东在市场经济领域的改革破局和重大探索

浦东开发开放是在中国探索社会主义市场经济体制改革背景下进行的、以成熟经济空间为载体的重大改革实践。浦东开发开放过程中相关政策的出台都对应着我国相应领域的重要制度突破。浦东在市场

---

① 《上海市人民政府办公厅关于印发〈上海市先进制造业发展"十四五"规划〉的通知》，https://www.shanghai.gov.cn/nw12344/20210714/0a62ea7944d34f968ccbc49eec47dbca.html，2021年7月6日。

制度建设方面有诸多创新,为全国后续改革提供了重要经验参照。

经过改革开放以来的艰难探索,浦东开发开放不断展现新气象。外高桥保税区是我国首个保税区,其运作模式被推广至全国其他地区。后续改革逐步转向全方位、多层次综合改革领域,2005年,中央批准浦东率先进行综合配套改革试点。2008年全球金融危机后,浦东承担起制度型开放引领功能,即进一步探索深层次制度改革,对标国际市场以消除制度壁垒,通过逐步消除国际生产要素流入阻碍,降低市场交易成本,提升生产要素集聚度。

然而,受到世界经济再平衡的持续冲击,美西方政策保守化趋势加剧,全球化退潮的"逆流"使我国开放型经济的外部发展环境愈发严峻,表现为中国对外投资大幅增长的同时,外资流入构成却发生了重大变化,以美欧为代表的发达国家在高新技术领域的投资占比显著下滑。面对不断保守化的国际市场环境,作为改革开放先行者、创新发展排头兵,新时代,引领区被赋予更具挑战性的发展改革使命。

三 引领区面向高水平开放的体制机制改革

2020年11月,习近平总书记在浦东开发开放30周年庆祝大会上提出,浦东开发开放取得的显著成就,为中国特色社会主义制度优势提供了最鲜活的现实明证,为改革开放和社会主义现代化建设提供了最生动的实践写照![1] 浦东作为中国改革开放的窗口和名片,制度型开放实践有力展示了中国特色社会主义市场经济体制改革的巨大成就和未来发展潜力,是充分展示中国特色社会主义的道路自信、理论自信、制度自信和文化自信的实践典范。

---

[1] 《浦东开发开放:改革开放和社会主义现代化建设最生动的实践写照》,https://www.thepaper.cn/newsDetail_forward_12784195,2021年5月21日。

（一）引领区建设的根本任务在于新发展格局下进一步解放和发展生产力

新发展格局下，浦东的改革和发展需要回应经济发展效率与安全的关系平衡问题。相比浦东开发开放初期的国际形势，当前世界正经历"百年未有之大变局"，国际高端要素流入的动力基础正受到大国政治的侵蚀。为应对西方国家核心技术和产业领域的分工"规锁"，[①]引领区改革需进一步以解放和发展生产力为己任，面向世界科技前沿、面向经济主战场、面向国家重大需求、面向人民生命健康，发掘浦东新一轮发展潜能。

1.进一步解放和发展生产力是社会主义的根本任务

引领区的首要目的在于进一步解放和发展生产力，进一步激发创新发展活力。2013年12月3日，习近平总书记在主持中共中央政治局第十一次集体学习时提出"我们要明确，社会主义的根本任务是解放和发展社会生产力，这一点任何时候都不能动摇"[②]。党的十九届四中全会通过的《中共中央关于坚持和完善中国特色社会主义制度、推进国家治理体系和治理能力现代化若干重大问题的决定》（以下简称《决定》）提出，我国国家制度和国家治理体系的显著优势之一是"把社会主义制度和市场经济有机结合起来，不断解放和发展社会生产力"。根据《引领区意见》，到2050年，要将浦东建设成为在全球具有强大吸引力、创造力、竞争力、影响力的城市重要承载区和社会主义现代化强国的璀璨明珠。进一步解放和发展生产力是实现相应城市发展功能的重要基础。浦东开发开放三十余载，

[①] 王玉柱、刘振坤：《依附发展、分工"规锁"与产业链主导权塑造——新发展格局下实现国际分工关系重构的机制》，《国际展望》2021年第6期。

[②] 参见李东升《"这一点任何时候都不能动摇"——社会主义根本任务是解放和发展生产力》，《北京日报》2021年6月21日，第14版。

制度改革始终以解放和发展生产力为原则。新发展阶段，引领区将延续和深化这一顶层制度设计逻辑，进一步发挥引领区生产力促进的龙头和引领角色，抢占全球新一轮产业革命制高点。当前，引领区的一系列政策改革均体现了进一步解放和发展生产力的政策设计理念。

2. 以制度型开放强化全球资源配置功能，增强引领区创新内生力

通过制度型开放吸引先进生产要素流入是引领区进一步解放和发展生产力的重要政策举措。改革开放以来，我国在市场准入领域的改革探索以降低要素流入成本为导向，通过制度改革，不断调整优化阻碍生产力发展的上层建筑，提升要素市场收益预期，增强国内市场对于国际先进生产要素的吸引力。浦东开发开放过程中，通过吸引外部先进生产要素流入，改善国内市场要素禀赋结构，提升经济发展的整体竞争力。[①] 通过吸引外资或先进生产要素流入提升我国经济发展水平，是我国改革开放以来的重要经验总结和实践创新。

新发展格局下，引领区实现创新功能系统集成的基本路径是，通过发挥链接国内国际双循环的枢纽功能实现国内国际先进生产要素的组织协同，以先进生产要素的组合优化实现生产发展的提质增效。[②]可以重大项目科研攻关为导向，提升科研市场的资源整合力，在重大科研领域攻坚克难，发挥国内科研资源和创新要素整合功能，更好地发挥新型举国体制优势。《引领区意见》提出，要加强原创性、引领性科技攻关，全力推进国家战略科技力量布局，加快在集成电路、生物医药、人工智能等领域打造世界级产业集群，发挥浦东作为长三角区域及全国范围内的技术集散和转移中心功能。

---

① 张幼文：《要素流动下世界经济的机制变化与结构转型》，《学术月刊》2020年第5期。
② 王玉柱：《生产要素组合优化驱动高质量发展的逻辑和改革路径》，《上海经济研究》2020年第7期。

此外，引领区可借助区内行业龙头企业、跨国公司研发总部资源优势，充分整合国内外创新生产要素，提升创新的系统集成性；进一步强化上海的全球资源配置功能、科技创新策源功能、高端产业引领功能和开放枢纽门户功能，通过发挥引领区在投资、贸易、金融等领域资源集聚的枢纽型平台功能，更好地协同"两个市场、两种资源"。

3. 通过优化创新发展的制度环境，实施以人为本的自主创新体系

改革开放以来，所有制和经营制度层面的改革对于激发市场主体活力、释放生产潜能具有显著的促进效应。新形势下，引领区建设仍应以提升市场主体生产经营积极性为导向，通过优化创新发展的制度环境，提升生产经营者的获得感和市场主体的收益预期。近年来，上海以城市"软实力"建设为导向，注重推进以人为本的城市创新发展战略，以人力资本汇聚高新技术领域的发展潜能。浦东先后推出诸多人才发展计划，推出人才宜居相应改革举措，搭建了一系列国际人才交流平台。引领区更加注重以人为本的发展理念，注重激发人才积极性，提升上海创新发展能级。当前，浦东正推动建立全球人才"直通车"制度，通过实施更加便利的人才制度，吸引"高精尖缺"人才。

2020年9月11日，习近平总书记在科学家座谈会上强调："我国经济社会发展和民生改善比过去任何时候都更加需要科学技术解决方案，都更加需要增强创新这一第一动力。"[①] 引领区建设将更加重视技术创新的生产力促进效应，立足科技创新生态的营造，给国内外科学家搭建科研平台；面向国家重大需求，聚焦选题，重点突破，解决西方技术封锁对我国开放型经济发展造成的安全挑战问题。引领区在创新领域不断寻求破局之机，通过全力做强创新引擎，打造自主创

---

① 《（受权发布）习近平：在科学家座谈会上的讲话》，http：//www.xinhuanet.com/politics/leaders/2020-09/11/c_1126483997.htm，2020年9月11日。

新高地；加强集成电路、生命科学和人工智能等领域的关键技术研发，打造世界级创新产业集群。此外，针对当前国内科研管理存在资源投入分散、重复和低效之弊，引领区正立足上海国际科创中心建设进行相应制度创新，以重大项目研发攻关为导向，发挥上海科创市场平台整合功能和资源优势，整合国内科学研究资源，形成产学研一体化协同发展的系统整合效应。

（二）以深层次制度型开放发挥全局性系统改革引领功能

经过40多年的改革开放探索，中国将迎来"局部"改革经验推广至全局的新发展时代。中国具有试验性质的经济政策在提升改革效率和降低风险方面发挥了历史性的作用，通过从点到面、从局部到整体的方式，在促成中国经济高速增长的同时也导致中国陷入了粗放型发展的结构转型困境。

1.以局部改革"样板"推动全局发展的改革模式的局限

中国开放型经济的改革推进模式不断塑造外循环模式的发展路径依赖性和制度刚性。作为具有试验性质的经济实践的典型，浦东开发开放三十余载，相关创新制度不断被大规模复制和推广至国内其他地区。在中国外向型经济发展过程中，全国各地以近乎相似的方式建立出口导向型经济发展模式。继浦东开发开放后，在我国经济纵深空间内，各类经济开发区和出口贸易加工区如雨后春笋般涌现。产业扩张模式与改革试验制度创新之间形成相互强化的"螺旋效应"，这一发展模式也最终导致中国陷入粗放型发展的结构转型困境。

中国开放型制度设计沿袭了从局部到整体的经验主义模式，通过在特定试验区先行探索相关改革，在平衡创新发展与改革风险的基础上将改革经验系统地复制至国内其他地区。在这一改革进程中，浦东和深圳等地区发挥着改革"样板"功能，国内其他地区以"样板"为改革参照，大规模发展外向型经济。

以往我国国内市场主体以相应生产要素参与世界经济循环具有依附发展特征。国内各地区均以类似方式参与国际产业分工。整个国内产业发展建立在外循环体系基础之上。中国以外循环模式大规模参与世界经济带来的发展问题是显而易见的。由于"样板"参照的制度惯性，一定程度上导致并加剧了中国区域间发展的同质性竞争。区域间发展的同质性竞争在提升中国整体规模经济效率的同时，也使我国产业发展陷入逐底竞争的困境。面对同业竞争，相关企业只能通过压低产品价格获得市场竞争力，甚至通过生产成本"外部化"转嫁成本，严重侵蚀了中国营商环境整体竞争力。2008年全球金融危机以来，与中国对外贸易相关的一些议题成为西方对华施压的"标的"，进一步增加了中国改革的被动性。

2. 引领区基于国内统一大市场的全局性和系统性改革功能定位

新发展格局下，浦东发展改革将以发展模式创新为己任，发挥浦东的引领作用。当前中国参与世界经济需要强化国内市场的整体性和分工主导性，增强国内市场产业内分工的协同性，进而提升产业集成的系统竞争力。新发展阶段，引领区建设亦须从系统功能论角度探索中国统一大市场建设的发展功能优化问题，统筹国内与国际、发展与安全之间的关系。统一大市场内部循环有序功能的实现需要供给侧的系统功能架构，通过结构功能的补缺、再造和优化，打通循环堵点，畅通循环体系。通过发挥统一大市场内产业链的整体协同性提升经济发展的自生能力和应对外部风险的发展韧性。

新发展形势下，引领区须基于国内统一大市场优化国内国际双循环战略链接点的功能布局。国内统一大市场建设须坚持结构功能导向，在前期国内互联互通大规模基础设施建设基础上，未来需要进一步以深层次制度改革为导向，破除国内市场间要素流通壁垒。同时，立足整体结构功能，重塑国内跨区域产业竞合生态。引领区建设尤其须突出强调在更多关键技术和产业领域的发展引领优势，通过后续发展过程中的产业、技术迭代构建与国内其他地区的产业梯度关系和国内市场循环体系。

3. 引领区致力于全局性和系统性改革的实践探索

浦东在全国改革中发挥产业链枢纽的功能。在国内统一大市场建设背景下，区别于以往试验型经济的做法，引领区建设须通过结构功能优化和发展能级提升，发挥浦东对国内其他区域市场的发展引领作用；在关键产业领域进行功能补缺，实现国内碎片化产业环节的系统功能再整合，推动实现国内产业链整体协同效应。当前，上海浦东在高端芯片制造、生物医药研发、大飞机、重型燃气轮机等先进装备制造领域的战略角色，是我国实现产业安全、提升在国际产业链中位置的重要基础。此外，浦东在相关高端产业集聚和发展方面也形成了溢出效应，区域内集聚的诸多跨国公司总部，在相关高端制造领域逐步形成以浦东为龙头、以长三角及周边地区为延伸的高端产业生态集群体系。

以中央立法权限下放为契机，提升引领区综合改革制度竞争力。在市场准入、商事流程等综合改革领域，进一步提升改革的系统性和制度便利性。十三届全国人大常委会第二十九次会议表决通过了《关于授权上海市人民代表大会及其常务委员会制定浦东新区法规的决定》。当前，浦东以立法授权为契机，在市场准入特别措施、监管模式和管理体制等方面进行了更大限度激发市场活力的改革探索。上海市人大加大改革立法推进力度，仅 2021 年 9~12 月就有 6 部法规经市人大常委会表决通过，并于 2022 年元旦前夕全部实施。相关改革领域涉及营商环境、知识产权、城市管理和生物医药等，均为当前改革重要领域。①

---

① 《首批浦东立法专家阵容强势！新一批浦东法规有望密集"上新"丨引领区一线报道》，https：//www. 360kuai. com/pc/97275917945936396？cota=3&kuai_so=1&tj_url=so_vip&sign=360_57c3bbd1&refer_scene=so_1，2022 年 2 月 28 日。

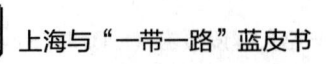

发挥金融要素市场平台资源整合功能。中国参与国际产业链议价能力取决于相应平台的有效资源整合能力和定价权。以相应环节中间产品或大宗商品国际供需关系为例，中国超大规模市场议价权的取得必须建立在统一大市场空间内市场主体间有效协同的基础之上。在金融市场改革方面，浦东已形成金融要素集聚度最高和金融市场规模最大的区域之一。

（三）在混合所有制等重大改革领域推进多元市场主体协同一体

当前，浦东改革正进入深水区，在混合所有制等重大改革领域进行探索突破。相关领域的改革主要围绕建立完善社会主义市场经济体制，面向第二个百年奋斗目标，以自身实践重新定位上海之于全国的发展和改革角色。国有企业在上海经济结构中占有重要地位，是上海经济的压舱石。在浦东经济发展历程中，国有企业发挥着基础和引领性作用。2021年9月发布的《浦东新区国资国企发展"十四五"规划》提出，到2025年区属企业资产总额、营业总收入、净利润规模迈上"万亿、千亿、百亿"新台阶。目前在主板上市的陆家嘴、张江高科、浦东金桥、外高桥、浦东建设、畅联股份均为浦东区属国有企业。此外，在浦东经营和注册的上海市国企和央企更是不胜枚举。

自2013年上海自贸区挂牌以来，上海以混合所有制改革为突破口，在深化所有制改革层面进行了一系列探索。上海自贸区混合所有制改革是继20世纪90年代提出引入民营资本促进国有经济改革方案之后的新一轮改革实践。通过市场化和股份化的改革举措，引入多元投资主体，在资产证券化基础上实现国资国企机制创新。通过引入民营资本甚至外资参股国有资本，优化股权治理结构，降低企业经营的国际政治敏感性。通过股权关系的深度混合，增强国有经济成分对国民经济的渗透力，通过多元化资产构成，分散国资经营风险，逐步实现国企经营体制的重大制度性变革，即除关键行业和领域外，逐步实现从"管企"到"管资"的重大经营策略转变，有效实现国有资产的保值增值。

围绕全方位推进国企混改，2020年12月29日，经国务院批准，中国国有企业混合所有制改革基金有限公司在沪成立，注册地在上海自贸区临港新片区，总规模达2000亿元。混改基金发挥着重要平台枢纽功能，是深化混改、完善国资战略布局的重要功能载体。基金借助市场化运作，能够广泛吸收全国各地方国资参与经营运作，可就国家重大产业发展主动谋划、优先布局、重点攻关、全面突破。相比于前一轮混改以民资稀释国资的被动举措，新一轮混改强调国有资本在市场机制下的主动作为。混改基金还将借助上海资本市场发挥对其他社会资本的撬动效应，发挥投资领域优化、科技创新促进、高质量发展提质增效的系统改革功能。

此外，上海还围绕核心支柱产业发展，推动成立以国资为主体构成的产业发展基金。比如，成立于2016年的上海集成电路产业基金，由上海科技创业投资（集团）有限公司、上汽集团、国家集成电路产业投资资金等单位共同出资，重点投资集成电路制造业。目前，上海市集成电路产业规模位居全国第一，销售额从2017年的1180亿元增至2021年的约2500亿元，年增长额度超20%，23家科创板上市企业占科创板上市企业总数的50%。[①] 2022年1月19日，上海市政府发布《新时期促进上海市集成电路产业和软件产业高质量发展的若干政策》，进一步筹划通过多渠道支持和扩大集成电路产业基金规模、集成电路装备材料基金的市场化资金募集渠道和规模，同时继续

---

① 张淑贤：《扩大集成电路产业基金规模　上海25条措施支持集成电路产业发展》，http://www.stcn.com/article/detail/510546.html，2022年1月19日。

做大做强集成电路设计基金,提出引导设立上海集成电路产线投资基金等新举措。

(四)在共同富裕等领域向世界展示中国的市场经济体制改革逻辑

共同富裕战略的实施旨在提高群体整体福利水平,以夯实需求侧改革的内动力基础。当前的改革显然面临诸多挑战,在不影响市场预期的前提下如何平衡好"做蛋糕"与"分蛋糕"之间的关系,使市场主体和社会个体能够从共同富裕中、长期改革中持续受益,是我们面临的重要问题。

作为向世界阐述重大改革理念和展示中国特色社会主义制度优越性的重要窗口和平台,引领区建设实践能够更加直观地向世界呈现中国特色社会主义市场经济的制度逻辑,向世界更好地阐述中国倡导共同富裕的理念。借鉴欧美国家工业化以来在社会经济领域的重要改革经验,向国际企业家及国际社会更好地阐述中国政府致力于改善民生、增进人民福祉的政策初衷,以及政策实施与中国既有开放型政策及外商投资保护相关举措的相辅相成关系。浦东探索社会治理领域改革的一个重要前提仍建立在更大范围和更深层次的市场开放基础之上,持续推动市场经济体制改革是浦东开发开放以来取得重大成就的重要经验。

(五)新时期浦东在制度型开放领域的重要改革探索

浦东在相应领域的重要改革探索包括如下几个方面。

一是创新政府服务管理方式。以制度改革提升治理能力现代化水平,继续发挥综合性改革引领角色。探索综合性改革试点,在市场准入、商事流程等领域配合国家发展改革委制定好综合性改革试点方案。浦东在一业一证、"一个窗口"等领域取得更大突破。浦东新区被授予立法权为引领区提升改革便利性打下了重要制度基础，《上海市浦东新区深化"一业一证"改革规定》作为首批浦东新区法规之一，推出了多项行业综合许可证的升级举措，市场主体获得许可证后，在增加相关经营业务时无须再申请核发单项许可证。该法规的实施大幅提升了企业经营便利度，有助于激发企业经营自主性和灵活性。全国人大常委会授权上海市人大制定浦东新区法规，赋予引领区重要的制度竞争力。此外，浦东在税收改革方面，正配合引领区改革制定实施出口增值税政策、自由贸易账户税收安排、特定区域公司型创业投资企业所得税政策，重点推动洋山特殊综合保税区政策在浦东新区海关特殊监管区域的实施，加快海关特殊监管区域电子账册管理等政策落地。[①]

二是强化竞争政策基础地位。全面落实外商投资准入前国民待遇加负面清单管理制度。探索混合所有制等顶层制度设计，通过所有制和股权层面的关系重构，培育和整合产业链龙头或"链主"企业，加强国内产业链资源垂直一体化管理，形成参与国际分工的国内产业链整体协同性。推动国内产业协同发展，优化以浦东为龙头和引领的国内区域间产业发展的结构，在市场机制下重新发掘不同区域的资源禀赋，同时通过国内区域发展战略协同，实现国内大市场整合。与此同时，浦东在知识产权保护、保护外商投资权益、反不正当竞争执法方面已进行了一系列前期改革探索。

三是强化全球资源配置功能。引领区建设是浦东发挥新时期改革开放标杆功能的重要体现。一大批要素市场和功能性平台系统协同效应渐显，正推动浦东成为重要的全球资源集散枢纽。位于浦东域内的上海证券交易所、上海期货交易所、中国金融期货交易所、上海保险

[①] 《上海浦东新区加快打造社会主义现代化建设引领区》，《中国经济导报》2021年12月9日，第4版。

交易所、上海钻石交易所、上海石油天然气交易中心和上海黄金交易所，构成了功能完备的金融市场体系。与此同时，浦东还立足长三角建立了一大批重要功能性平台，在金融、科创、数字化等领域发挥枢纽作用。在金融方面，浦东推动建设国际金融资产交易平台、全国性大宗商品仓单注册登记中心、私募股权和创业投资股份股权份额转让平台等，同时积极探索数据交易、数据出境等改革创新。此外，浦东还可以有效发挥金融要素市场平台资源整合能力。中国参与国际产业链的议价能力取决于相应平台的有效资源整合能力和定价权。

四 对引领区未来改革的思考

应对割裂的世界经济体系和大国政治博弈导致的生产要素流动困境，以及传统外循环模式下，中国开放型制度设计面临的发展困境，引领区要实现改革破局尚有众多难题待破解。

第一，须避免传统改革模式导致的产业同质化竞争问题，重塑引领区在统一大市场中的系统改革和发展功能。改革开放以来，中国整体上遵循了经验主义改革模式和发展路径，相关地区将先行先试取得的经验复制推广至全国其他地区。[1] 尤其是自20世纪90年代以来，全国其他开发区大多借鉴和沿袭了浦东新区的政策做法，实现了城市化和工业生产规模的迅速扩张。相比经验主义导向的"可复制"特征，引领区建设宜立足内外循环结构功能建设，在加强改革系统功能设计基础上，通过区域产业政策协同，增强统一大市场系统整合效应。换言之，新一轮浦东改革对于全国其他地区的重要启迪意义在于，在世界市场容量限制和外部高端生产要素流入受阻的不利环境

---

[1] 王玉柱：《生产要素组合优化驱动高质量发展的逻辑和改革路径》，《上海经济研究》2020年第7期。

下，基于各地区差异化禀赋，重新发掘地区发展潜能，增强自主发展内生力，进而实现在统一大市场下区域发展功能的结构化协同和整体提质增效。

第二，进一步思考结构功能导向的政策改革有效性问题。新发展格局下，浦东面临新的改革发展使命，需要从改革全局思考自身改革和发展的功能使命。一是如何协同国内其他地区形成改革的系统集成效应，引领区难以仅凭一己之力在诸多"卡脖子"领域实现有效破局。未来需要进一步探索通过跨区域创新要素资源整合激发创新潜能。比如，在更大范围内实现重大科研攻关领域的资源协同，避免重复科研投入造成的低效和浪费，从区域一体化和国家总体发展战略角度整合科研体制、调整产业布局。二是如何立足统一大市场，实现从区域到整体的改革功能协同和系统整合，进一步比较与深圳"先行示范区"之间的制度设计异同，以及分析与其他深度改革试验区之间的功能定位差异，重新思考改革的互鉴、互补和互容关系，避免重蹈区域发展割裂和产业同质化竞争覆辙。

第三，浦东作为外资外企集聚地和重要总部功能中心，是推动我国对外交流的窗口，未来须进一步强化其制度交流平台功能，在诸多重大改革领域，以浦东自身实践和更加直观的方式向世界展现中国特色社会主义市场经济的制度逻辑。通过讲好中国改革故事，展示中国特色社会主义制度优越性，以更加生动直观的方式向世界阐述和展示中国致力于共同富裕、推动内外市场主体公平与坚定不移对外开放的改革理念。

数据报告
Date Report

B.2 上海服务"一带一路"建设数据报告（2021）

周亦奇*

摘　要： 本报告以数据分析为基础，以量化视角评估上海在2021年与共建"一带一路"国家的经贸合作态势。结合长三角一体化发展战略的背景，本报告将上海在2021年服务"一带一路"建设的情况与江苏、浙江、安徽三个长三角其他省份进行比较分析。此外，本报告还采用系统的模型分析方法讨论上海与共建"一带一路"国家的经贸往来和共建"一带一路"国家内部发展的互动关系。报告发现，2021年上海与共建"一带一路"国家的总体贸易情况呈现显著复苏、平稳上升的态势。在上海对外贸易与投

---

* 周亦奇，上海国际问题研究院比较政治与公共政策研究所博士、副研究员；研究方向为国际政治、"一带一路"建设。

资格局中，共建"一带一路"国家的重要性都在显著上升。与长三角其他省份相比，上海与共建"一带一路"国家的经贸合作具有以进口为主的特征，表明上海的国际消费中心的地位在其服务"一带一路"建设中发挥了更为重要的作用。而通过回归分析与矩阵模型分析可发现，共建"一带一路"国家内部的经济发展维度和政府治理维度与上海和共建"一带一路"国家的贸易额有显著的正相关关系，产业结构维度与稳定程度维度则与上海和共建"一带一路"国家的贸易额无统计学上的正相关关系。这表明未来上海须重视其服务"一带一路"建设与共建"一带一路"国家产业升级的影响，并关注相应国家内部安全风险对上海服务"一带一路"建设的冲击。

关键词： "一带一路" 数据分析 矩阵模型分析

自2018年起，"上海与'一带一路'蓝皮书"设置了专门的数据报告，基于客观、科学与系统的数据对上海与共建"一带一路"国家的合作情况进行分析。经过数年的不断完善，数据报告从单纯聚焦上海，逐步将分析视野扩展到长三角全域的区域比较；分析模式进一步丰富，将静态的态势评估与动态的关联影响分析相结合。2021年度的数据报告评估了2021年上海服务"一带一路"建设的基本情况，并结合长三角一体化发展战略，将上海与共建"一带一路"国家的贸易往来和对外投资情况与江苏、浙江和安徽进行比较分析，结合动态分析模型进一步探索上海与共建"一带一路"国家发展程度之间的关系。

一 2021年上海服务"一带一路"建设基本情况评估

本部分从贸易与投资的角度评估了2021年上海服务"一带一路"建设的基本情况。在贸易方面,本报告以2021年1~12月上海与共建"一带一路"国家贸易额为主要的数据来源。① 在投资方面,由于2021年上海对外投资数据没有完整公布,因此本报告以官方媒体刊登的2021年上海对外投资情况为上海投资数据的来源。② 需要说明的是,本报告所指的共建"一带一路"国家的范畴为与我国签订共建"一带一路"合作文件的国家,在排除某些数据无法收集的国家后,本报告收集了147个共建"一带一路"国家的数据。③

(一)2021年上海与共建"一带一路"国家的总体贸易情况:显著复苏、平稳上升

与2020年相比,上海与共建"一带一路"国家的贸易额在2021年显著增长。2020年,上海与共建"一带一路"国家的贸易额为11562.88亿元(进口7452.90亿元,出口4109.98亿元),而在2021年,上海与共建"一带一路"国家的贸易额为13562.78亿元(进口8678.76亿元,出口4884.02亿元)(见图1)。总体而言,2021年上

---

① 上海海关网站"统计分析",http://www.customs.gov.cn/shanghai_customs/423405/fdzdgknr8/423468/423465/index.html,最后访问日期:2022年5月20日。
② 吴卫群:《上海企业交出靓丽"走出去"成绩单》,http://sh.news.cn/2022-02/09/c_1310462043.htm,2022年2月9日。
③ 《已同中国签订共建"一带一路"合作文件的国家一览》,https://www.yidaiyilu.gov.cn/xwzx/roll/77298.htm,2022年8月15日。

海与共建"一带一路"国家的贸易额相比2020年增长1999.90亿元，增长17.30%。其中进口增长1225.86亿元，增长16.45%；出口增长774.04亿元，增长18.83%，在进出口两端都实现了增长。这表明2021年上海与共建"一带一路"国家的总体贸易情况呈现显著复苏、平稳上升态势。这体现了上海近年来落实各项制度性开放政策的显著效果。近年来，上海以制度型开放与规则对接为基础，以中国（上海）自由贸易试验区临港新片区为载体，积极探索在新发展阶段构建高水平国际贸易中心。这使上海整体国际贸易能力得到提升，同时也提升了上海与共建"一带一路"国家的贸易水平。2021年上海市进出口总值高达4.06万亿元，比2020年增长16.5%，创历史新高。[①] 上海与共建"一带一路"国家的贸易增长率基本与上海总体的贸易增长率保持一致。

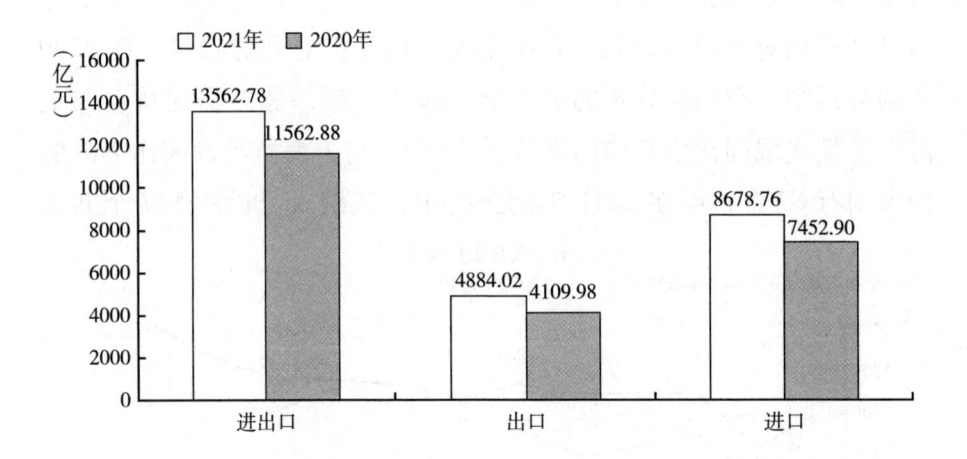

图1 2021年上海与共建"一带一路"国家的总体贸易情况

---

① 邓玲玮：《首破4万亿元！2021年上海市进出口外贸数据出炉》，https://m.thepaper.cn/newsDetail_forward_16428192，2022年1月24日。

2020年，由于受到新冠肺炎疫情的冲击，上海与共建"一带一路"国家的贸易合作一度出现波折，有几个月的贸易额出现了下跌。但2021年，上海与共建"一带一路"国家的贸易合作情况呈现较为平稳的上升态势（见图2）。2020年，在疫情影响下，上海与共建"一带一路"国家的贸易额一度出现断崖式下跌，环比下降一度高达304.58亿元（2月），下降比例高达30.76%。同时，2020年上海与共建"一带一路"国家的进出口贸易连续两个月环比下跌（4月下降59.47亿元，5月下降45.33亿元）。2021年全年除2月、5月与7月外，其他月份都呈环比上升态势，并且在一些月份出现了环比飙升的情况。上升幅度最大的是12月，上海与共建"一带一路"国家贸易额高达1412.44亿元，环比增长149.09亿元。2021年的月度贸易数据表明上海与共建"一带一路"国家的贸易联通已实现了疫情期间的常态化，疫情对上海与共建"一带一路"国家贸易的冲击已处于相对可控的局面，合作能级呈现稳步上升的趋势。在2020年的分析中，在当时确定的137个共建"一带一路"国家中，与上海贸易额实现同比增长的国家共有70个，与上海贸易额同比下降的国家则有67个；而在2021年的分析中，在纳入分析的147个共建

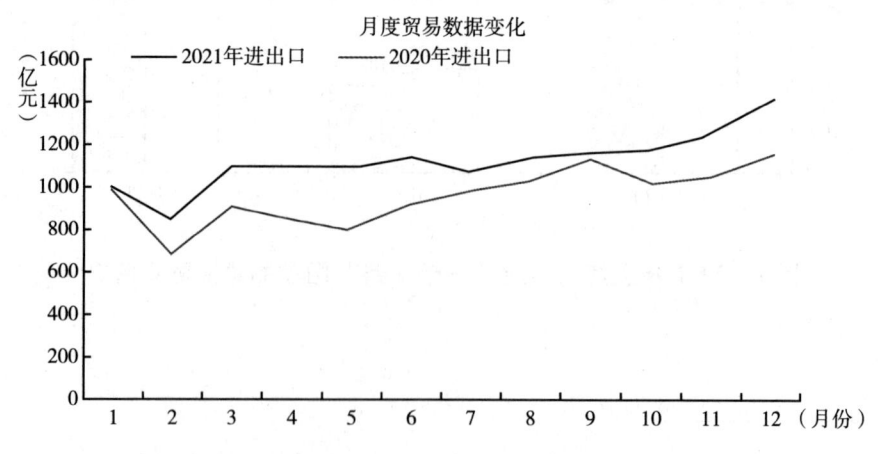

图2　2021年上海与共建"一带一路"国家的贸易合作情况

"一带一路"国家中，与上海贸易额实现同比增长的国家共有91个，与上海贸易额同比下降的国家则有56个。该数据表明，在所有共建"一带一路"国家中，与上海贸易额实现同比增长的国家的数量显著增加，这反映了上海与共建"一带一路"国家贸易合作态势的回暖。

（二）上海服务"一带一路"重点国别区域：东南亚地区继续领跑、发达经济体作用凸显、区域发展愈发平衡

在重点国别区域方面，2021年上海与共建"一带一路"国家的合作呈现东南亚地区持续领跑、发达经济体作用凸显、区域发展愈发平衡的特点。东南亚地区是上海与共建"一带一路"国家经贸往来中的重点板块。以新加坡、泰国、马来西亚等为代表的东南亚国家连续数年都是共建"一带一路"国家中与上海商贸联系最紧密的国家。2021年的数据也反映了这一趋势。2021年上海与共建"一带一路"国家贸易额排名前十的分别是韩国、越南、马来西亚、意大利、新加坡、泰国、印度尼西亚、俄罗斯、智利、南非，而2020年排名前十的分别是韩国、越南、马来西亚、新加坡、意大利、泰国、印度尼西亚、俄罗斯、智利、菲律宾。从2021年与2020年的数据对比可看出，在上海与共建"一带一路"国家贸易额排名前十中，东南亚国家分别占5席和6席。在东南亚国家中，越南自2020年开始成为上海在东南亚国家中的第二大贸易伙伴，并呈现贸易额逐年增加的态势。2020年，越南与上海的贸易额达到1160.43亿元，而在2021年，越南与上海的贸易额增加到1269.17亿元。除越南外，其他东南亚国家与上海的贸易额多数也呈现增加的态势。2021年在与上海贸易额最多的5个东南亚国家中，除新加坡与上海的贸易额出现一定幅度的下滑之外，其他4个东南亚国家（越南、马来西亚、泰国、印度尼西亚）均实现了增长。

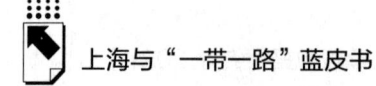

除东南亚国家外，共建"一带一路"国家中的发达国家也是上海服务"一带一路"建设中的重点国家。在"一带一路"倡议推进的初期，沿线的发展中国家居多，但随着近年来"一带一路"倡议逐步扩容，相当数量的发达国家也加入此倡议。由于发达国家是上海传统的主要贸易伙伴，因此，伴随着"一带一路"倡议的逐步扩容，发达国家与上海的贸易往来在上海与"一带一路"方向贸易往来中的比重也逐步提升。数据表明，韩国连续两年成为共建"一带一路"国家中与上海贸易额最高的国家。2020年，韩国与上海的贸易额高达1806.73亿元，2021年韩国与上海的贸易额则增加到2175.69亿元，增加368.96亿元。在与上海经贸往来最多的十个共建"一带一路"国家中，韩国在2021年的增长额排在前列。除韩国外，2019年与中国签署"一带一路"倡议合作备忘录的意大利也成为上海在"一带一路"方向上的重要贸易伙伴。2020年，意大利与上海的贸易额为797.94亿元，在共建"一带一路"国家中排第五。2021年，意大利与上海的贸易额则增加到1063.72亿元。从增长幅度来看，2021年意大利与上海的贸易额比2020年增长265.78亿元，在所有共建"一带一路"国家中排第二，其增长幅度高达33.31%，在与上海经贸往来最多的十个共建"一带一路"国家中排第二。

此外，数据分析还表明，上海与共建"一带一路"国家的贸易往来呈现越来越强的区域多元性与平衡性特征。在2021年上海前十位贸易伙伴中，就有拉美国家（智利）与非洲国家（南非）。其中南非的表现尤其突出。2020年南非是上海在共建"一带一路"国家中的第12大贸易伙伴，其与上海的贸易额为233.53亿元；2021年南非与上海的贸易额增加到371.25亿元，增幅高达58.97%，在上海与共建"一带一路"国家前十贸易伙伴中同比增幅最大。南非与上海贸易额的增加具有一定的代表性意义。一方面，这说明上海与共建"一带一路"国家的贸易伙伴联系呈现多元化的特点，在传统侧重东南亚与欧洲国家的基础上逐步将非洲主要经济体纳入其中;另一方面,上海与南非的贸易合作也体现了"一带一路"倡议与金砖国家合作的结合。近年来,金砖国家加强了经贸方面的合作,并在2021年通过《金砖国家加强多边贸易体制和世贸组织改革声明》,承诺在全球供应链、中小微企业、国际投资等领域开展合作,把握数字、绿色等新兴领域的发展机遇。根据相关统计,2000~2020年,金砖国家在全球贸易中的占比由 8.3%上升至 17.5%。[①] 除南非外,其他金砖国家也与上海有密切贸易联系。上海与共建"一带一路"的金砖国家的贸易合作呈现总体良好的发展态势。

(三)上海与共建"一带一路"国家的进出口比较分析:进口主导态势进一步凸显

2021年上海与共建"一带一路"国家的贸易合作延续了前几年就已出现的进口主导与逆差显著的趋势。以大洲为分析单位(见图3),可发现上海对每个大洲的共建"一带一路"国家都存在贸易逆差。从上海对共建"一带一路"国家的贸易逆差与贸易额之间的相关性角度分析,贸易逆差与贸易额之间总体成正相关关系。例如,亚洲的共建"一带一路"国家与上海的贸易额最高,达到8778.53亿元,而上海对亚洲共建"一带一路"国家的贸易逆差为2247.14亿元;排名第二的欧洲共建"一带一路"国家与上海的贸易额为2914.54亿元,而上海对其的贸易逆差同样也排在第二,达到941.97亿元。贸易逆差是城市进口能力的重要体现。自2018年首届中国国际进口博览会(以下简称进博会)召开以来,上海积极提升进口能力,逐步以进博会为平台将自身建设为外国商品进入中国

[①] 《中国不断为金砖国家合作注入动力》,http://www.gov.cn/xinwen/2021-09/09/content_5636350.htm,2021年9月9日。

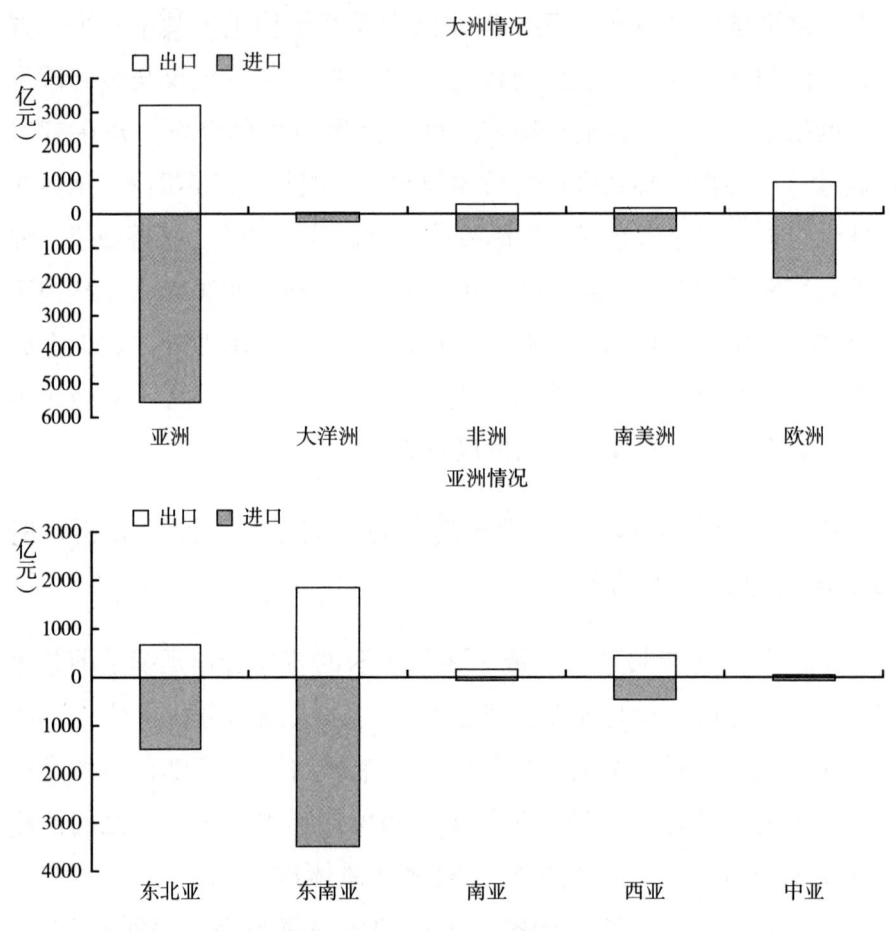

图 3　共建"一带一路"国家所处区域与上海的贸易关系

的枢纽。在一系列促进进口的政策带动下，上海逐步加大从共建"一带一路"国家的进口力度。总体而言，上海从共建"一带一路"国家的进口受到共建"一带一路"国家总体发展程度与其地理优势等因素的影响。以亚洲地区的五个子板块为分析对象，可发现东南亚作为上海最主要的贸易合作板块，上海对该地区共建"一带一路"国家的贸易逆差在所有比较地区中最高，达到了1587.54亿元，而东北亚地区因为有韩国等主要贸易伙伴，上海对其也有

805.37亿元的贸易逆差。与之相对，在南亚、中亚与西亚，上海与该地区共建"一带一路"国家的贸易则呈现进口略大于出口，或出口大于进口的情况。其中，上海与南亚和中亚的共建"一带一路"国家之间形成了贸易顺差关系（分别为25.87亿元、150.72亿元），而与西亚的共建"一带一路"国家则呈现金额较小的贸易逆差关系（30.82亿元）。

通过对2021年数据的分析可看出，"一带一路"倡议在上海整体贸易格局中的重要性显著上升。传统上，西方发达国家是上海主要的贸易伙伴，而初期参与"一带一路"倡议的国家以发展中国家为主，因此这些国家和上海的贸易额与西方发达国家存在一定差距。2018年，参与"一带一路"倡议的国家与上海的贸易额仅是西方七国集团与上海贸易额的42%。但随着意大利等发达国家与我国签署共同推进"一带一路"建设的谅解备忘录，共建"一带一路"国家与上海的贸易额已经达到13562.78亿元，呈现逐步上升的良好态势。

（四）上海对共建"一带一路"国家的投资分析：资本投入持续增加

2021年上海对"一带一路"方向的投资呈现资本投入持续增加、对外承包工程新签合同额有所回落的特点。自新冠肺炎疫情发生以来，上海对外投资逆势上扬，继续维持上升的态势。而共建"一带一路"国家也随之成为上海对外投资的重要板块。根据公开数据，2021年上海对外投资呈现资本投入持续增加、投资对象地多元的特点。从投资总额看，2021年上海备案中方投资额为196.21亿美元，同比增长29.8%。其中对"一带一路"沿线国家（地区）备案中方投资额为22.31亿美元，同比增长4.16%，占总体备案中方投资额的11.37%。① 同时，疫情对上海对外承包工程冲击较大。传统上，上海对外承包工程大多聚焦于参与"一带一路"倡议的国家和地区。受到疫情冲击和投资周期的影响，上海对外承包工程新签合同额出现回落。2020年上海对外承包工程新签合同额为93.13亿美元，同比下降25.8%②；而2021年上海对外承包工程新签合同额下降的态势依然没有得到扭转，其总金额为79.24亿元，同比下降14.9%。

二 长三角三省一市服务"一带一路"建设情况分析

本年度数据报告首次完整地将长三角三省一市纳入比较范围，并通过区域比较展现上海服务"一带一路"建设的进展与定位。在数据来源上，本报告以长三角三省一市发布的官方数据为来源。对浙江、江苏、安徽的贸易数据，本研究分别采用海关公布的各省贸易数据③。需要说明的是，由于长三角三省一市海关公布的数据所涉及的国别范围有所不同，因此为确保比较分析的可行性，本报告在后文分析中会根据相应省市的海关数据对所比较国家的相应范围进行调整并做具体说明。对于江苏与浙江的对外投资数据，以其商务厅公布的官

---

① 吴卫群：《疫情仍在蔓延，挡不住上海企业大步"走出去"，哪些投资领域和地区是热点》，https://www.jfdaily.com/news/detail?id=449931，2022年2月8日。
② 《助力"走出去"，服务双循环——图解2020上海对外投资合作工作主要特点》，https://www.thepaper.cn/newsDetail_forward_11260279，2021年2月7日。
③ 南京海关数据，http://www.customs.gov.cn/nanjing_customs/zfxxgk58/fdzdgknr95/3010051/index.html，最后访问日期：2022年2月1日；杭州海关数据，http://www.customs.gov.cn/hangzhou_customs/575609/zlbd/575612/575612/4135134/index.html，最后访问日期：2022年3月5日；合肥海关数据，http://www.customs.gov.cn/hefei_customs/zfxxgkzl59/3169584/479584/479585/4132378/index.html，最后访问日期：2022年3月6日。

方数据为依据。由于没有查到安徽省商务厅公布的数据，因此以其省内官方媒体公布的投资数据为依据。

（一）2021年长三角三省一市与共建"一带一路"国家的贸易呈现逐步回暖的态势

2021年，长三角三省一市与共建"一带一路"国家的进出口贸易呈现总体稳健的复苏态势。浙江与共建"一带一路"国家的贸易额最高，江苏紧随其后，上海第三，安徽第四。

由于南京海关数据与上海海关数据在范围上相同，因此本报告首先对江苏和上海与共建"一带一路"国家的贸易情况进行对比。江苏在2021年与147个共建"一带一路"国家的进出口贸易额为20409.31亿元，其中进口8293.57亿元，出口12115.74亿元。而2021年上海与147个共建"一带一路"国家的进出口贸易额为13562.78亿元，其中进口8678.76亿元，出口4884.02亿元。因此，以147个共建"一带一路"国家的范围进行统计，江苏在进出口贸易额上比上海高50.48%。

由于杭州海关数据仅包括其主要的贸易伙伴国，因此本报告无法取得其与147个共建"一带一路"国家的贸易数据。在杭州海关公布的数据中，专门有"一带一路"条目，但笔者查证后认为，杭州海关的"一带一路"条目所指代的国家为"一带一路"倡议最初提出时确定的65个国家，[①] 因此其统计范围要比147个共建"一带一路"国家小。为确保可比性，本报告以杭州海关的统计范围为基础，将浙江的数据与上海和江苏的数据进行比较发现，在以65个共建"一带一路"国家为分析对象时，2021年上海与65个共建"一带一

---

① 金华珊、庄朝曦：《2021年实现进出口4.14万亿元 浙江外贸再上新台阶》，http://zj.people.com.cn/n2/2022/0120/c186327-35103510.html，2022年1月20日。

路"国家的贸易额为9132.58亿元（进口5357.29亿元，出口3775.29亿元），江苏与65个共建"一带一路"国家的贸易额为13316.95亿元（进口4309.16亿元，出口9007.79亿元），而浙江与65个共建"一带一路"国家的贸易额最高，达到了14226.78亿元（进口4314.40亿元，出口9912.38亿元），在江浙沪比较中，浙江与65个共建"一带一路"国家的贸易额最高。

合肥海关公布了其与主要贸易伙伴国的数据，但没有直接提供涉及共建"一带一路"国家的相关条目，因此无法了解安徽与共建"一带一路"国家贸易的总体金额情况。为了将安徽的数据与上海、江苏和浙江的数据放在同一标准下进行比较，本报告采取重点国别分析的方式，即在合肥海关公布的数据中选取与其有贸易联系的共建"一带一路"国家的数据进行分析，并按照相同的标准将安徽的数据与上海、江苏、浙江的数据进行比较。经过匹配，最终选择韩国、越南、印度尼西亚、马来西亚、泰国、新加坡、俄罗斯、意大利8个国家。统计分析发现，上海与以上8个共建"一带一路"国家的贸易额为8668.74亿元，其中进口5876.69亿元，出口2792.05亿元，而江苏与以上8个共建"一带一路"国家的贸易额为13237.19亿元，其中进口6427.18亿元，出口6810.01亿元；浙江与以上8个共建"一带一路"国家的贸易额为7965.87亿元，其中进口2966.36亿元，出口4999.51亿元；而安徽与以上8个共建"一带一路"国家的贸易额为1157.61亿元，其中进口488.45亿元，出口669.16亿元。以上数据虽为针对部分国家的抽样分析，但也反映了安徽和长三角其他地区在与共建"一带一路"国家贸易额上的差距。相比江浙沪三个沿海地区，安徽由于地处内陆，因此其在促进"一带一路"贸易联通上还存在一定的短板，但同时这也表明，通过长三角一体化的推进，安徽在与共建"一带一路"国家的贸易联通方面还有较多的潜力可以挖掘。

从增长幅度角度分析，2021年长三角三省一市与共建"一带一路"国家的贸易也呈现逐步回暖的良好态势。2020年江苏与147个共建"一带一路"国家的贸易额为17028.28亿元，2021年增长幅度为19.86%；2020年浙江同65个共建"一带一路"国家的贸易额为11575.12亿元，2021年增长幅度为22.91%；2020年安徽与所统计的8个共建"一带一路"国家的贸易额为967.92亿元，2021年增长幅度为19.60%。从贸易月度数据分析，长三角三省一市在2021年呈现总体平稳、局部波动的态势。从环比变化分析，在全年多数月份，长三角三省一市都呈现环比正增长的态势。这一贸易态势的出现是我国自身经济良性发展、产业链稳定布局等因素共同作用的结果。2021年，在全球贸易受新冠肺炎疫情冲击的大背景下，我国外贸继续维持增长的局面。长三角三省一市与共建"一带一路"国家的贸易合作为我国外贸的增长做出了重要贡献。

（二）2021年长三角三省一市与共建"一带一路"国家的贸易特点：江浙呈现出口主导的特征，上海进口导向特征凸显

通过比较江浙沪皖四地的贸易额与结构，可发现上海在长三角三省一市中处于第一梯队，同时也具有不同于江浙皖的特点。数据分析发现，江苏、浙江和上海与共建"一带一路"国家的贸易额明显高于安徽与共建"一带一路"国家的贸易额。这说明决定某地区"一带一路"贸易联通能力的核心要素是该地区的对外出口能力以及相应的地缘优势和基础设施情况。相比处于内陆的安徽，浙江、江苏与上海拥有更有利的经济地理区位，且长期以来是我国重要的对外贸易引擎，因此江浙沪与共建"一带一路"国家的贸易联通能力也由于其自身的地缘区位优势而得以增强。从贸易额中进出口所占的比重分析，江浙两地与共建"一带一路"国家的贸易重点各有不同。江

浙两地与共建"一带一路"国家的贸易呈现出口主导的特征。数据表明，江浙两地对共建"一带一路"国家的贸易均存在贸易顺差的特点，而上海与共建"一带一路"国家的贸易则呈现贸易逆差的局面，虽然在绝对值上，上海对共建"一带一路"国家的出口额较大，但其进口额明显高于出口额。此数据表明，长三角三省一市与共建"一带一路"国家的贸易联通模式受到该省份自身经济结构的影响。上海作为我国最大的国际化大都市，拥有大批金融、咨询、创意、研发等方面的从业人员，因此具有更高的消费能力与更为多元的消费需求。以上因素使上海对海外商品的需求量更大，上海的进口规模进一步扩大。而伴随着上海与共建"一带一路"国家经贸交流的进一步加深，来自共建"一带一路"国家的商品对于上海消费者的吸引力日益增强。2021年举办的第四届进博会继续设置"一带一路"专区，塞尔维亚啤酒、乌克兰巧克力、埃塞俄比亚咖啡、秘鲁羊驼毛等一大批共建"一带一路"国家的优质商品，从上海进入中国市场。与上海不同，出口加工业一直是浙江与江苏的支柱产业，这使浙江与江苏与共建"一带一路"国家的贸易联系更侧重出口。

数据分析还表明，与江苏、浙江相比，上海与共建"一带一路"国家的贸易额在上海贸易总额中占比不大，尚有潜力可以发掘。本报告通过比较长三角三省一市贸易结构中共建"一带一路"国家与七国集团贸易额的不同，以七国集团的贸易额为参照确定共建"一带一路"国家在长三角三省一市贸易结构中的地位。在长三角区域，由于安徽缺乏全面的"一带一路"贸易数据，因此无法将其纳入比较分析，而浙江数据仅包括其与65个共建"一带一路"国家的贸易额，因此本报告将共建"一带一路"国家的范围定为65个共建"一带一路"国家，进而可以相同标准对江浙沪三地进行比较。数据表明，与江苏和浙江相比，上海与65个共建"一带一路"国家的贸易额占上海贸易总额的比重还有一定的上升空间。在以与七国集团的贸易额为参照的基础上，2021年江苏与七国集团的贸易额为16458.48亿元，其中进口4902.45亿元，出口11556.03亿元；同年，江苏与65个共建"一带一路"国家的贸易额为13316.95亿元，其中进口4309.16亿元，出口9007.79亿元。2021年浙江与七国集团的贸易额为12726.60亿元，其中进口2336.05亿元，出口10390.55亿元；同年，浙江与65个共建"一带一路"国家的贸易额为14226.78亿元，其中进口4314.40亿元，出口9912.38亿元。2021年上海与七国集团的贸易额为15200.01亿元，其中进口9206.72亿元，出口5993.29亿元；同年，上海与65个共建"一带一路"国家的贸易额为9132.57亿元，其中进口5357.28亿元，出口3775.29亿元。以上数据表明，"一带一路"板块在上海贸易结构中的重要性虽在不断提升，但上海与江浙两地相比，尚存在一定不足。以七国集团的贸易额为参照，并以65个共建"一带一路"国家为比较对象，2021年上海与65个共建"一带一路"国家的贸易额为其与七国集团贸易额的60.08%，江苏的这一比例为80.91%，浙江与65个共建"一带一路"国家的贸易额更是其与七国集团贸易额的1.12倍。在我国传统国际贸易格局中，以七国集团为代表的发达国家凭借其强大的购买力与优质商品成为我国进出口贸易的主要对象。但伴随着我国进入新发展阶段以及"双循环"新发展格局的提出，我国贸易进出口格局正处于不断平衡优化的进程中。本报告的分析表明，在长三角区域，浙江的贸易格局中已基本实现"一带一路"板块与七国集团板块并重的局面，呈现较好的平衡特征。而七国集团在江苏的贸易格局中依然占据优势，与浙江和江苏相比，上海与共建"一带一路"国家在贸易上尚有较多的潜力可挖掘。

（三）长三角三省一市对共建"一带一路"国家的投资分析

通过对投资数据的分析可发现，在对"一带一路"方向的投资上，上海在长三角三省一市处于领跑地位，未来发展潜力巨大，其在对外投资总额及增幅方面都具有明显优势。就对外投资总额而言，2021年上海共备案非金融类直接投资项目958个，备案中方投资额为196.21亿美元，同比增长29.8%。其中上海在2021年对"一带一路"沿线国家（地区）备案中方投资额为22.31亿美元，同比增长4.16%，占比为11.37%。2021年江苏全省新批对外投资项目726个，同比增长3.86%；中方协议对外直接投资额为66.76亿美元，同比增长15.26%。其中，对"一带一路"沿线国家投资项目为191个，占全省比重为26.31%；协议投资15.93亿美元，占全省比重为23.86%。[①] 2021年浙江对外直接投资备案额为89.91亿美元，同比下降18.49%，其中针对"一带一路"沿线国家（含港澳台地区）的对外直接投资备案额为54.12亿美元，同比下降24.21%，投资额占全省比重为60.19%。[②] 而2021年安徽实际对外投资15.18亿美元，同比增长5.6%，其中对共建"一带一路"国家投资3.6亿美元，增长40.9%。就对外投资总额而言，上海对外投资处于高位，其全年对外投资总额在长三角三省一市处于领跑地位。对外投资总额是一个地区总体对外经济投资能力的体现，是该地区在共建"一带一路"国家进行投资的基础因素。根据以上数据分析，上海对"一带一路"方向的投资在长三角区域也处于领跑地位。从绝对值角度看，上海对"一带一路"方向的投资少于浙江，但需要注意的是，浙江在统计对

---

① 《2021年江苏省对外协议投资66.76亿美元 同比增长15.26%》，https://www.ccpitjs.org/art/2022/1/28/art_ 1903_ 33415.html，2022年1月28日。

② 《2021年全省对外投资统计快报》，https://zcom.zj.gov.cn/art/2022/1/19/art_ 1389604_ 58934283.html，2022年1月19日。

"一带一路"方向的投资时实际包括对我国港澳台地区的投资,而港澳台地区通常是各省份对外投资的首选地区,因此浙江对"一带一路"方向的投资在数值上可能缺乏与江苏和上海的可比性。而就同比角度而言,浙江对"一带一路"方向的投资同比呈现下滑的态势,而上海对"一带一路"方向的投资则呈现同比上升的势头。不过,虽然上海对"一带一路"方向的投资在长三角区域处于领跑地位,但数据也表明其还有较多的潜力可以挖掘。以上海和江苏的比较为例,虽然上海对"一带一路"方向的投资高于江苏,但从占比来看,上海对"一带一路"方向的投资占上海对外投资总额的11.37%,而江苏对"一带一路"方向的投资占江苏对外投资总额的23.86%。因此,虽然上海对"一带一路"方向投资的绝对数量大于江苏,但占对外投资总额的比例低于江苏,这也说明未来上海可考虑将自身强大的金融资源与"一带一路"倡议进行对接,促进"一带一路"资金融通。

在对外承包工程数据上,上海也在长三角三省一市中占据领先地位。如前所述,2021年,上海对外承包工程新签合同额为79.24亿美元,江苏对外承包工程新签合同额为55.95亿美元,浙江对外承包工程新签合同额为45.08亿美元,[1] 安徽对外承包工程新签合同额为44.4亿美元。数据分析发现,上海在对外承包工程数据上具有明显的优势,在长三角三省一市中排名第一,而江、浙、皖与上海还存在

---

[1] 浙江省《2021年全省对外投资统计快报》(https://zcom.zj.gov.cn/art/2022/1/19/art_1389604_58934283.html)显示,对外承包工程新签合同额为45.08亿美元,但在《浙江省国外经济合作情况汇总表(2021年1~12月)》(https://zcom.zj.gov.cn/art/2022/2/28/art_1385129_58934902.html)中,对外承包工程新签合同额为44.63亿美元。经过笔者求证,浙江省《2021年全省对外投资统计快报》中的45.08亿美元实际上是该省对外承包工程新签合同额(44.63亿美元)与对外劳务合作合同工资总额(0.447亿美元)的总和,特此说明。

较大的差距。不过，从趋势看，上海的对外承包工程新签合同额呈现下滑的态势，江、浙、皖则呈现上升势头。从2021年对外承包工程新签合同额的同比变化来看，相比2020年上海同比下降14.90%，江苏同比上升2.54%，浙江同比上升15.40%，安徽同比上升58.00%，[①]增幅在长三角三省一市中排名第一。

三 影响模型分析

在静态分析之外，本报告坚持以动态分析法了解上海与共建"一带一路"国家发展程度之间的关系。矩阵模型将上海与共建"一带一路"国家的联通程度和相关共建"一带一路"国家的发展指标相联系。基于上海与共建"一带一路"国家的联通程度和共建"一带一路"国家相关指标的统计中位数为划分标准，矩阵模型将共建"一带一路"国家划为四个部分，可整合为三个类别（见图4）。

第一、第三部分是稳定关系国家。上海与此类国家的联通程度与该类国家发展程度形成了正向共变的关系，也可理解为：在相应指标上发展程度较高的国家，上海与该类国家的联通程度也相对较高，而在相关指标上发展程度较低的国家，上海与该类国家的联通程度也较低。第二部分是潜力发掘国家。此类国家在某一指标上发展程度较高，但上海与此类国家的联通程度却相对较低。此类国家有可能成为上海在未来可以进一步提高联通程度的国家。第四部分是风险关注国家。此类国家在某一指标上发展程度较低，但上海与此类国家的联通程度较高，这就可能会在未来的发展中给上海带来

---

① 吴兰：《安徽2021年全年引入外商直接投资项目475个》，https://j.021east.com/p/16472 63506043589，2022年3月14日。

```
         共建
         "一 ↗
         带
         一        潜力发掘      稳定关系
         路"       国家          国家
         国
         家
         发 ─────────┼─────────
         展
         程        稳定关系      风险关注
         度        国家          国家
                    
                  上海与共建"一带一路"
                      国家的联通程度
```

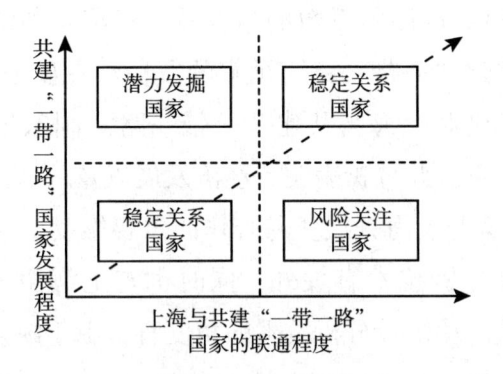

图 4　矩阵模型

一定的风险，需要加以关注。

由于数据限制，本报告依然采用上海与共建"一带一路"国家的贸易额作为体现上海与相关共建"一带一路"国家联通程度的数据。而在共建"一带一路"国家的发展指标选取上，本报告秉持统筹发展与安全的理念，选择了经济发展、产业结构、政府治理、稳定程度四个维度。在每个具体维度上，本报告分别选择世界银行数据库中的 GDP 和工业增加值在 GDP 中的占比[1]、世界治理指数数据库中的政府行政效率[2]与脆弱国家指数[3]等指标进行测量。本报告将共建"一带一路"国家在相关指标上的中位数作为判断其发展程度高低的分界线。

在进行矩阵模型分析之前，本报告先对上海与共建"一带一路"国家的贸易额与共建"一带一路"国家发展指标的四个维度进行回

---

[1]　数据来源：世界银行公开数据（https：//data.worldbank.org.cn/），最后访问日期：2022 年 2 月 1 日。

[2]　数据来源：World Bank，"Worldwide Governance Indicators"，http：//info.worldbank.org/governance/wgi/，最后访问日期：2022 年 2 月 5 日。

[3]　Fund for Peace，"Fragile States Index"，https：//fragilestatesindex.org/，最后访问日期：2022 年 2 月 1 日。

归分析（见图5）。从回归系数的角度看，经济发展维度、政府治理维度和上海与共建"一带一路"国家的贸易额有显著的正相关关系。而另外两个维度则和上海与共建"一带一路"国家的贸易额无统计学上的正相关关系。此分析表明，经济发展以及政府治理是影响共建"一带一路"国家与上海开展贸易合作的重要维度。这一现象的出现除了可能与统计分析技术有关外，同时也与上海服务"一带一路"建设的方式有关。从统计分析技术的角度看，由于缺乏具体细分国别的投资数据，本报告只能使用上海与共建"一带一路"国家的贸易额作为体现上海与共建"一带一路"国家联通程度的数据，这就可能在统计上削弱产业结构维度和稳定程度维度的影响。另外，这也说明上海在与共建"一带一路"国家联通的过程中还需要进一步统筹发展与安全，需要更多地考虑共建"一带一路"国家综合发展情况的影响。

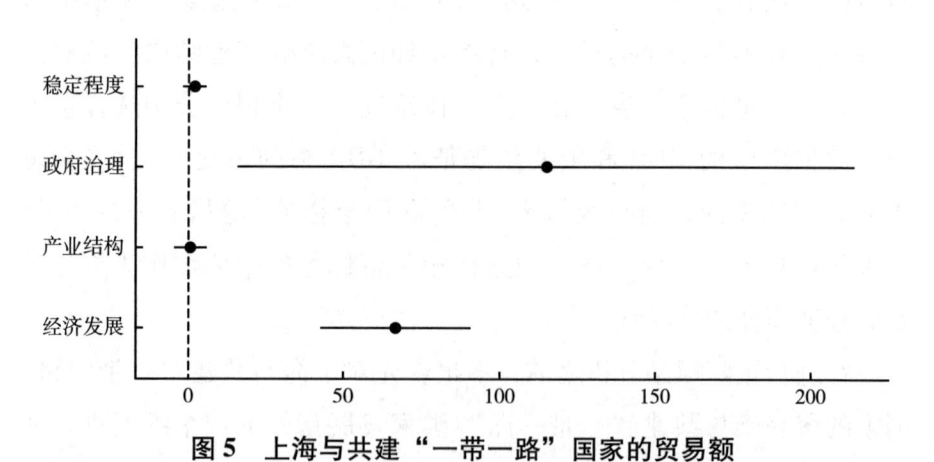

图5 上海与共建"一带一路"国家的贸易额和共建"一带一路"国家发展指标的四个维度的回归分析

基于矩阵模型分析可得出如下结论。

在经济发展维度上，上海与共建"一带一路"国家的联通程度与共建"一带一路"国家经济发展之间总体上成正相关关系（见图

6)。在所有统计的共建"一带一路"国家中,有 118 个国家在经济发展维度上属于稳定关系国家,同时也有 8 个国家属于潜力发掘国家,还有 10 个国家属于风险关注国家(其余国家因缺少数据而无法被纳入模型计算)。以上数据表明,经济发展维度是影响上海与共建"一带一路"国家联通程度的重要因素。这一点与前文回归分析的结果一致,即相应共建"一带一路"国家的经济发展程度是影响上海与其贸易往来的重要因素。

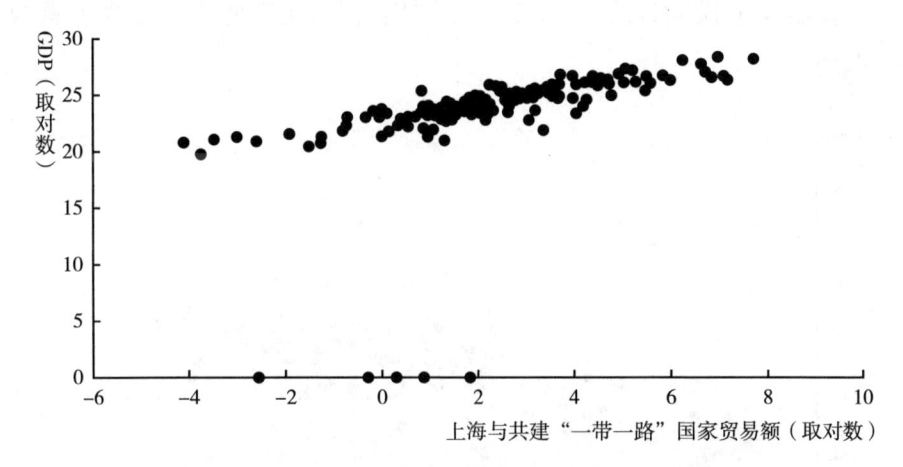

图 6 经济发展维度矩阵模型基本情况(散点图)

在产业结构维度上,本报告依然采用工业增加值占 GDP 比重作为测量共建"一带一路"国家产业结构水平的指标。根据矩阵模型(见图 7),在统计的 141 个共建"一带一路"国家[①]中,除了 10 个国家由于缺乏数据无法统计外,在 131 个共建"一带一路"国家中,有 88 个国家属于稳定关系国家,20 个国家属于潜力发掘国家,23 个国家属于风险关注国家。此结果说明产业结构维度和上海与共建

---

① 由于部分共建"一带一路"国家在既有统计数据库中没有数据,因此最终进入矩阵模型分析的国家总数为 141 个,其中 10 个国家在产业结构维度数据缺失,因此在此维度分析 131 个共建"一带一路"国家的数据。

"一带一路"国家的联通程度有着较为密切的关系。"一带一路"倡议是当今世界规模最大的公共产品，其所内含的"共建"精神体现了中国式现代化道路与发展中国家自主探索现代化路径的结合。因此"一带一路"倡议对相关国家的内部产业结构升级和工业发展起到了推进作用。根据商务部的数据①，当前我国已经有20个境外经贸合作区，分布在印度尼西亚、匈牙利、泰国、埃塞俄比亚、柬埔寨、埃及等多个共建"一带一路"国家，其中上海在印度尼西亚建立的青山工业园对印度尼西亚产业结构升级和工业发展发挥了重要的作用。

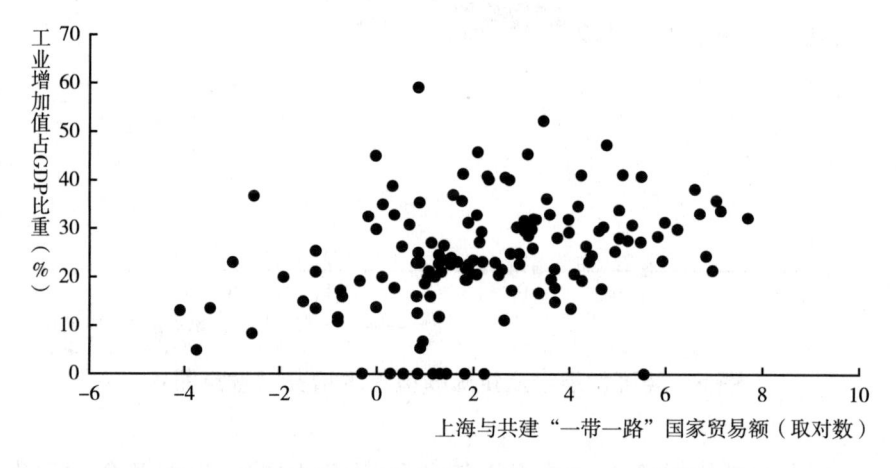

图7 产业结构维度矩阵模型基本情况（散点图）

在政府治理维度上，矩阵模型（见图8）发现，在统计的141个共建"一带一路"国家中，有89个国家属于稳定关系国家，潜力发掘国家与风险关注国家的数量均为26个。此结果表明，总体上，政府治理维度是影响上海与共建"一带一路"国家联通程度

---

① "境外经贸合作区"，http：//fec.mofcom.gov.cn/article/jwjmhzq/，最后访问日期：2022年11月28日。

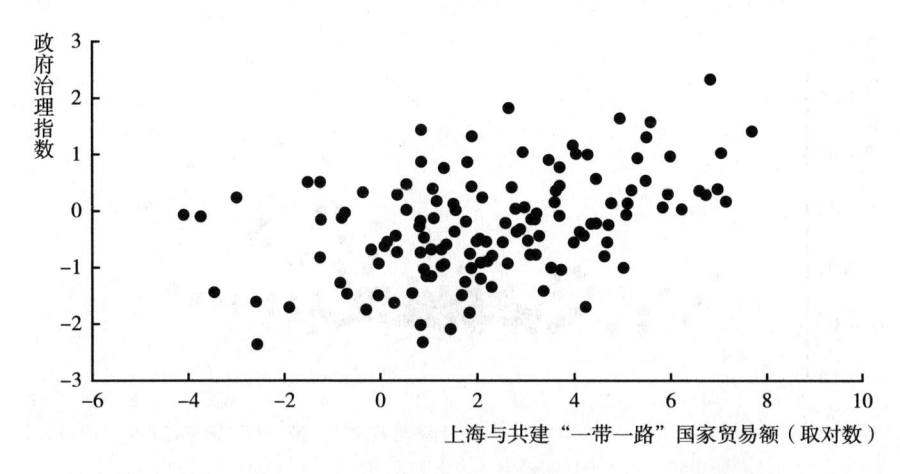

图8 政府治理维度矩阵模型基本情况（散点图）

的重要因素。政府治理能力是影响经贸合作程度的顶层设计与制度环境。根据既有学术研究，一国参与共建"一带一路"后可从"一带一路"倡议中汲取先进的政府治理经验，并逐步提升自身的治理水平。① 而本报告的分析也证明了这一点。同时，本报告也发现在与上海贸易联系较多的共建"一带一路"国家中，也有一些国家属于风险关注国家，此类国家相对较弱的政府治理能力有可能在未来对上海与该国的经贸合作产生负面影响，需要加以关注。

在稳定维度上，本报告以脆弱国家指数作为测量共建"一带一路"国家稳定程度的指标。根据矩阵模型（见图9），在分析的141个共建"一带一路"国家中，有85个国家属于稳定关系国家，有28个国家属于潜力发掘国家，另有28个国家属于风险关注国家。此结果表明，上海与共建"一带一路"国家的联通程度与共建"一带一路"国家内部稳定程度之间存在一定的正相关关系。在"百年未有之大变局"的背景下，统筹发展与安全已成为开展国际经贸合作的

---

① 杨竺松、陈冲、杨靖溪：《"一带一路"倡议与东道国的国家治理》，《世界经济与政治》2022年第3期，第4~29页。

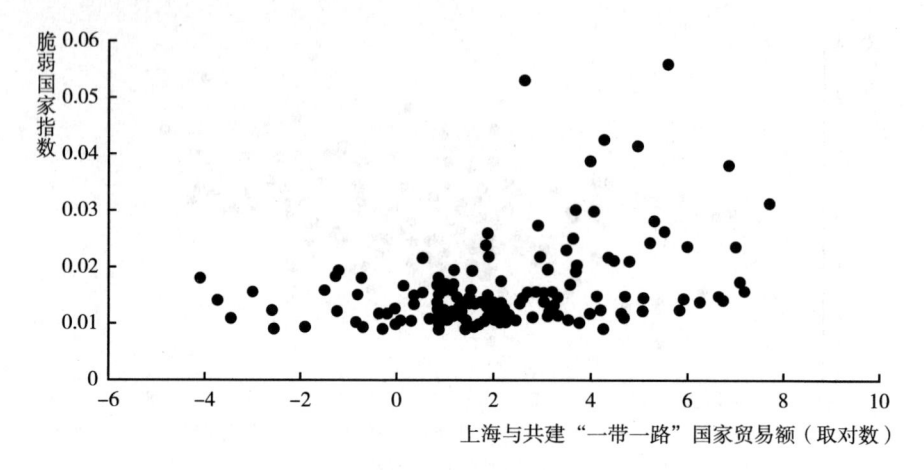

图9　稳定程度维度矩阵模型基本情况（散点图）

重要指导原则。从本报告提出的矩阵模型角度而言，安全因素在上海与相应国家开展"一带一路"经济联通工作时还未被充分考虑。一方面，从前文的回归分析看，稳定程度和上海与共建"一带一路"国家的贸易往来的统计关系并不显著；另一方面，从矩阵模型看，相比经济发展、产业结构、政府治理维度，在稳定程度维度上，潜力发掘国家与风险关注国家数量最多。在本报告中，不少与上海有密切贸易往来的共建"一带一路"国家都存在一定程度的结构性脆弱因素。未来，上海在与相关国家开展"一带一路"合作时要更多地统筹发展与安全，尤其要关注重点区域和重点国别内部的结构性脆弱因素对上海服务"一带一路"建设的影响。

四　总结与建议

本报告分析表明，上海与共建"一带一路"国家的总体贸易情况在2021年呈现显著复苏、持续上升的态势。上海作为中国最发达的城市，其消费能力也成为其联通共建"一带一路"国家的重要抓手，进而使上海在"一带一路"方向形成了以贸易逆差为主的格局。本报告首次比较完整地比较了长三角三省一市在服务"一带一路"建设上的差异。总体上，上海作为服务"一带一路"建设的桥头堡，其与共建"一带一路"国家的经贸联通在长三角区域处于领跑地位。在贸易上，上海在长三角三省一市中从"一带一路"方向进口最多，并且上海也在长三角三省一市中保持了对"一带一路"方向投资额最高的地位。同时，数据也表明上海与共建"一带一路"国家的合作还有较多的潜力可挖掘。此外，本报告还分析了上海与共建"一带一路"国家的贸易往来和共建"一带一路"国家在经济发展、产业结构、政府治理与稳定程度四个维度的动态关系。根据回归分析与矩阵模型分析可发现，在经济发展与政府治理维度，上海与共建"一带一路"国家的贸易额和共建"一带一路"国家发展指标中的经济发展维度与政府治理维度呈现较为显著的正相关关系，而和产业结构维度与稳定程度维度的关联度不高。这从一个侧面表明，上海需要强化服务"一带一路"建设对共建国家内部产业结构的正面促进作用，同时也要注意共建"一带一路"国家内部的稳定程度对项目的影响。

为了更好地发挥数据分析对上海服务"一带一路"建设的促进作用，本报告最后提出如下建议。

第一，推动建立统一、共享的数据平台，以实现长三角三省一市涉及"一带一路"数据的整合性发布。当前长三角三省一市各自都有较多的"一带一路"数据平台，但存在分散化与标准不统一的问题。未来可考虑在统一国家标准的情况下，整合长三角三省一市涉及"一带一路"建设的贸易与投资数据，在统一、共享的平台上进行发布。

第二，进一步加强对既有数据资源的动态整合。在目前矩阵模型分析基础上，整合地理信息、时间序列等新的数据分析方法，加强对上海服务"一带一路"建设对共建"一带一路"国家内部发展影响的量化评估。可考虑在覆盖全局的基础数据之外，以课题形式委托专业机构对上海服务"一带一路"建设的相关具体项目进行数据采集和影响因素分析。

第三，扩大区域比较的范围。可考虑采用固定区域比较与专题区域对比相结合的方式，在坚持长三角三省一市比较的基础上，加入我国其他地区，以专题区域比较的形式，比较它们在服务"一带一路"建设上的情况；也可考虑提出我国各省区市服务"一带一路"建设的指数，增强数据分析对各地在服务"一带一路"建设中的监测与指导作用。

专题报告
Special Reports

B.3
新时代上海深化国际友好城市合作研究

李 鲁 陈彦麒*

摘 要： 上海是"世界观察中国的一个重要窗口"，也是服务"一带一路"建设的桥头堡。经过近半个世纪的努力，上海已与世界上59个国家的92个市建立了友好城市关系，并持续开展形式多样的交流合作活动。新时代，上海肩负着当好改革开放排头兵、创新发展先行者的使命，要把握国家政策导向和有利环境，推动开放优势再塑造、开放形象再构建，将深化国际友好城市合作作为推动新一轮大发展的重要着力点和上海服务"一带一路"建设的重要发力点。在构筑区域产业链、供应链和价值链，参与中国国际进口博览会，建设国际化人才"蓄水池"，

---

* 李鲁，博士，上海行政学院经济学部副教授，主要研究领域为产业发展与城市政策；陈彦麒，上海行政学院经济学部硕士研究生（负责数据收集和案例整理），研究方向为城市经济。

探索城市治理经验，开拓第三方市场等重点领域，积极与国际友好城市一道，共建友谊之桥，共谋发展之路，共享合作之果，为构建人类命运共同体贡献力量。

关键词： "一带一路" 上海 城市外交 国际友好城市

2014年，国家主席习近平在中国国际友好大会暨中国人民对外友好协会成立60周年纪念活动上发表重要讲话，提出要大力开展中国国际友好城市工作，促进中外地方政府交流，推动实现资源共享、优势互补、合作共赢。① 这标志着中国国际友好城市合作步入一个崭新的发展阶段。上海是中国对外建立国际友好城市关系起步最早的城市之一，近半个世纪的国际友好城市工作卓有成效。进入新时代以来，加强国际友好城市合作交往成为各地发展共识。上海将发挥自身资源禀赋优势，结合本地区发展战略，创新方式方法，进一步优化国际友好城市工作布局，不断拓展国际友好城市合作的广度和深度，提升城市知名度和影响力，为高质量推动国际合作、促进地方发展、增进人民友谊做出新的更大贡献。

一 上海国际友好城市合作的发展历程

友好城市，国际上又称姐妹城市、双胞胎城市等，主要兴起于二战之后的欧洲，一般指两个国家的城市（或省州、郡县），以维护世界和平、增进相互友谊、促进共同发展为目的，在正式签署友

---

① 《「中国共产党百年瞬间」习近平出席中国国际友好大会并发表重要讲话》，https://baijiahao.baidu.com/s?id=1699794811040934445&wfr=spider&for=pc，2021年5月15日。

好城市协议书后,双方城市在政治、经济、科技、教育、文化、卫生、体育、环境保护和青少年交流等领域积极开展交流合作。这种正式、长期的友好关系或制度安排被称为友好城市关系。① 1959 年,经苏共中央、中共中央批准,中国北京市与莫斯科市、上海市与列宁格勒市分别建立了(未签约)友好城市交流关系。② 1972 年,日本神户市市长在接受周恩来总理接见时提出希望能与中国的一个港口城市结为姊妹城市的想法。1973 年 6 月,中国天津和日本神户结为友好城市,这是新中国成立后中外城市结成的第一对友好城市,正式开启了我国友好城市交流的历史。③ 1973 年 11 月,横滨市各界人士组成的横滨市友好代表团抵沪访问,在上海市人民欢迎横滨市友好代表团大会上双方共同宣布上海、横滨两市结为友好城市,这是上海正式缔结的第一对也是中国第二对国际友好城市。与横滨市建立友好城市关系 10 年后,上海港和横滨港于 1983 年又结为友好港。1974 年,上海与日本第二大城市大阪市结为友好城市。1980 年,上海与美国旧金山市共同宣布结为友好城市,并根据"平等互利、形式多样、讲求实效、共同发展"的原则,商定未来开展的友好合作项目。到 20 世纪 80 年代末,与上海结为友好城市的城市分布在 5 大洲 21 个国家,友好城市的数量发展到 23 个,交流内容也从民众往来拓展为多领域、全方位的实质性往来。

1990 年,随着中央宣布开发开放上海浦东,上海的改革开放和经济社会发展进入新的时期。浦东作为引领上海发展跨越的龙头,也

---

① 冯亚蕾:《我国国际友好城市建设沿革》,《经济研究导刊》2020 年第 8 期。
② 《上海举行国际友好城市工作会议 研究部署全市对外交往工作》,https://wsb.sh.gov.cn/node564/20220211/5d1b5b4bc3be4df2a7864f27e342b801.html,2022 年 3 月 4 日。
③ 赵新利、任静文:《中国城市公共外交的研究与实践》,《公共外交季刊》2019 年第 1 期。

是改革开放的新高地，为此后上海友好城市合作注入巨大能量。1996年9月，伦敦金融城市长访问上海，双方签署了两市友好合作议定书。① 众所周知，伦敦金融城是伦敦的发源地，面积虽仅约2.9平方公里，但对英国国民生产总值的贡献却超过2%，每天大约有35万人在城内工作。伦敦金融城是世界最重要的国际金融中心、外汇交易中心，19世纪时曾被称为世界的银行，在各类金融服务方面经验丰富。上海市与伦敦金融城正式建立友好交流关系以来，两市主要在金融投资、服务、培训等领域开展了密切的交流与合作，伦敦金融城的建设与管理经验也为浦东开放开发和陆家嘴金融城建设所借鉴。

进入21世纪以来，上海的国际友好城市数量不断增加，交流内容不断丰富、领域不断拓宽，涉及经济、贸易、科技、文化、体育等，给上海的经济社会发展注入了活力。特别是，2001年中国正式加入世贸组织后，开放作为上海最大的优势得以充分彰显。上海在深度融入经济全球化的同时，国际友好城市合作朝着务实深入的方向发展。例如，在上海市辖区层面，上海市嘉定区与德国沃尔夫斯堡因产业而结好。沃尔夫斯堡又称狼堡，因大众汽车集团总部在此而闻名。沃尔夫斯堡和上海市嘉定区在产业方向上相近，在大众汽车集团牵线搭桥下，2007年，上海市嘉定区与沃尔夫斯堡市正式签署《中国上海市嘉定区与德国沃尔夫斯堡市开展友好交流与合作协议书》。自开展合作以来，嘉定区建成了上海国际汽车城，较早的轿车合资企业上海大众也落户嘉定汽车产业园，中德双方优势互补、互学互鉴，实现了德系经典造车工艺和中国广大市场需求的完美结合。

进入新时代以来，上海更加注重国际友好城市关系的持续性和活跃度，市级层面国际友好城市数量的增长相对稳定，区（镇）级层

---

① 《伦敦金融城》，http：//www.spda.org.cn/content/2011-11/29/content_4983737.htm，2011年11月29日。

面的国际友好城市合作进展迅速。近十年来，上海市区（镇）级层面国际友好城市新增12个，目前，全部数量为20个。2019年8月，上海市委书记李强见证了上海市与汉堡市签署2019～2020年友好城市合作备忘录，希望聚焦两市共同关注、优势互补的领域，进一步深化全方位务实合作，不断提升合作能级和水平。①

二 上海国际友好城市合作的基本现状

截至2021年11月，上海的国际友好城市已遍及五大洲。上海市共有92个国际友好城市（省、州、大区、道、府、县或区，其中市级城市72个，区级城市20个）。其中，亚洲城市31个，欧洲城市37个，美洲城市14个，大洋洲城市4个，非洲城市6个。除正式友好城市外，上海还与26个国家的40个城市建立了友好交流关系，签署了友好交流备忘录，开展了广泛的友好交流与合作。② 从所在国家的经济发展水平看，上海的国际友好城市分布在发达国家和发展中国家的数量基本持平。从城市位阶来看，上海的国际友好城市基本上为所在国的中心城市，其中有20个是首都，例如柬埔寨金边市等；有27个是所在国第一大城市（省、州、大区、道、府、县或区），例如阿联酋迪拜、加拿大魁北克省等；有30个是所在国第二大城市（区、州、省），例如泰国清迈府、荷兰鹿特丹市等。另外，上海的国际友好城市大多数因区位条件良好，承担着重要的交通枢纽和对外交往功能，其中有51个城市是所在国的重要港口城市，例如美国芝

---

① 《李强见证上海、汉堡签署新一轮友城合作备忘录，汉堡市长盛赞友城合作》，https：//wenhui.whb.cn/third/baidu/201908/27/285829.html，2019年8月27日。
② 《上海举行国际友好城市工作会议 研究部署全市对外交往工作》，https：//wsb.sh.gov.cn/node564/20220211/5d1b5b4bc3be4df2a7864f27e342b801.html，2022年3月4日。

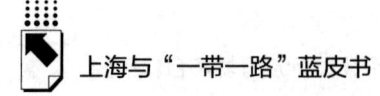

加哥市、德国汉堡市等。此外，据统计，在共建"一带一路"国家中，上海的国际友好城市数量达到25个。

上海国际友好城市的国别分布情况大致与上海外商直接投资来源地和对外贸易地理分布情况吻合。表1呈现了截至2020年底上海外商直接投资和进出口情况。若看外商直接投资累计合同项目数量，位居前六的分别是日本、美国、新加坡、韩国、德国、英国；若看外商直接投资累计实到金额，位居前六的分别是日本、新加坡、美国、德国、英国、法国。相应地，如果进一步考察按国别分的上海进出口情况，会发现排名靠前的也大致是这些国家。比如，截至2020年底上海出口总额第一的是美国（429.58亿美元），第二是日本（181.22亿美元），第三是韩国（71.61亿美元）；上海进口总额第一的是日本（369.96亿美元），第二是德国（277.63亿美元），第三是美国（265.40亿美元）。对比上海国际友好城市名单可知，日本是最早和上海建立友好城市关系的国家，上海与日本、美国和德国等发达国家的城市结成友好城市的数量分别为8对、3对和3对，另外上海与韩国的城市结成的友好城市数量也达到6对。实践表明，国际友好城市关系为双方务实合作提供了有利条件，奠定了良好基础。

表1 上海外商直接投资和进出口情况（部分，截至2020年底）

单位：个，亿美元

国别	合同项目数	合同金额	实到金额	进口总额	出口总额
日本	11212	310.15	229.17	369.96	181.22
韩国	4906	64.41	29.35	189.46	71.61
新加坡	5418	363.58	189.83	73.72	66.93
泰国	365	6.90	3.78	53.74	36.45
德国	2729	121.03	88.58	277.63	66.50
英国	2243	75.34	36.20	55.31	48.09
法国	1500	54.99	35.30	95.67	31.61

续表

国别	合同项目数	合同金额	实到金额	进口总额	出口总额
意大利	1449	17.67	9.33	91.39	24.07
美国	10053	281.40	159.42	265.40	429.58
加拿大	1956	32.86	6.74	33.87	24.06
澳大利亚	2005	19.79	7.50	138.10	51.39

资料来源：上海市统计局编《上海统计年鉴2021》，中国统计出版社，2021。

上海国际友好城市数量并不是全国最多的，但相关工作起步早、成效好。据统计，[1] 上海国际友好城市活跃度位居全国各省区市前列，达到了96%。上海相对较高的国际友好城市交流质量受到肯定，自2008年中国人民对外友好协会举办中国国际友好城市大会以来，上海连续4次荣获中国人民对外友好协会颁发的"国际友好城市交流合作奖"；上海13个市级友好城市、1个区级友好城市获得"对华友好城市交流合作奖"。实践表明，上海秉持分享发展红利、携手造福民众的理念，吸引着世界上越来越多的城市和地区前来开展交流、洽谈合作。

尽管如此，上海国际友好城市合作的水平和质量尚有较大提升空间。主要体现在：目前上海国际友好城市的交往形式中互访多、详谈少，合作方面磋商多、项目落地少，社会文化领域交流频繁、经济往来和市场合作偏少；交流交往中宣传推介上海的作用明显，对接服务新时代上海的目标任务不足；以结对式的单一型友好城市合作为主，综合性、组团式友好城市合作有待加强。此外，上海活跃度较高的国际友好城市以欧美国家的城市居多。随着共建"一带一路"高质量发展，上海拓展"一带一路"友好城市合作有很大潜力。以上这些

---

[1] 《上海举行国际友好城市工作会议 研究部署全市对外交往工作》，https://wsb.sh.gov.cn/node564/20220211/5d1b5b4bc3be4df2a7864f27e342b801.html，2022年3月4日。

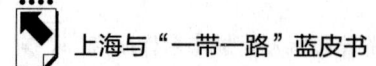

方面正是新时代上海深化国际友好城市合作着力加强的重点工作和未来努力的发展方向。

新冠肺炎疫情发生以来，上海国际友好城市间实地互访和现场办展办会受到限制，但停访不停联系，上海借助线上方式与国际友好城市合作，共克时艰，进一步维系友谊，拓展合作领域。据统计，截至2021年底，上海共收到国际友好城市和地方政府领导人慰问信54封、慰问视频16个；上海向82个国际友好城市和地区捐赠防疫物品300余万件，并与部分国际友好城市及驻外使领馆举行32场防疫视频连线。① 2020年11月，上海友好城市合作论坛在线上召开，上海市市长龚正出席，与亚洲、欧洲、美洲12座友好城市的市长及市长代表开展云端交流，探讨疫情背景下的城市治理与合作交流，推动上海与友好城市携手应对挑战、共创美好未来。② 借助技术手段，上海市多次通过双边、多边视频连线方式，与友好城市积极沟通交流，与新西兰达尼丁市等友好城市签署了新一轮合作交流备忘录。2022年8月，由上海市人民政府外事办公室牵头成立上海国际友好城市驻沪代表联谊会，旨在为国际友好城市等驻沪代表和有关机构更好地了解上海的发展及政策、与本地企业交流接洽搭建平台。

在此期间，上海还举办了一系列富有特色的缔结友好城市关系周年庆祝活动。比如，2021年，上海与加拿大魁北克省共同举行结好十周庆暨中国花卉博览会魁北克园开园仪式；上海与巴塞罗那两市同步播出巴塞罗那旅游宣传片与进博会宣传片，共庆两市结好20周年；"庆祝上海市与奥斯陆市结好20周年——畅想未来城市儿童画展"

---

① 洪俊杰：《突破疫情阻隔 上海"海外朋友圈"互动中不断升温》，《解放日报》2021年11月30日，第3版。
② 《芝加哥、布达佩斯、大阪……这论坛上，上海市长与12座友城市长及代表云交流》，http://shzw.eastday.com/shzw/G/20201111/u1ai20718383.html，2020年11月11日。

在"云端"开幕，60幅两市儿童创作的作品分别在中国福利会少年宫与挪威儿童艺术国际博物馆展出。2021年，在上海与汉堡迎来35周年友城纪念之际，开通了上海始发、直达汉堡的中欧班列"上海号"。这也是中欧班列开行10年来，首次迎来上海始发的班列，它不仅为汉堡这个中欧班列在欧洲"最热门"的目的地和中欧友好合作添彩，而且通过上海老牌外贸企业东方国际（集团）有限公司运营，拓展上海在国际多式联运（主要是海铁联运）领域的能力，为中欧班列提升市场化程度以及整合长三角其他线路、联动服务进博会等积极探路。①上海市曾专门组织友城驻沪机构代表参观虹桥进口商品展示交易中心，也曾邀请来自澳大利亚昆士兰州、法国巴黎大区等友好城市的代表参访复星集团，探讨加强友好城市交流、深化投资与经贸合作事宜，其间多位友城代表希望搭建起以友城为网络的全球商贸、供应链、物流体系。②

三 新时代上海深化国际友好城市合作的基本导向与良好环境

近年来，各地区积极打好"友好城市牌"，缔结的国际友好城市数量不断增加，合作交流水平提升，为上海进一步深化国际友好城市合作积累了实践经验，营造了良好的氛围。

（一）新时代上海深化国际友好城市合作的基本导向

2014年5月，国家主席习近平在中国国际友好大会暨中国人民

---

① 潘寅茹、缪琦：《"老铁"久等了！练就全能外贸物流，上海首开中欧班列直达汉堡》，https://www.yicai.com/news/101186474.html，2021年9月28日。
② 洪俊杰：《突破疫情阻隔 上海"海外朋友圈"互动中不断升温》，《解放日报》2021年11月30日，第3版。

对外友好协会成立60周年纪念活动上发表重要讲话，要求大力开展国际友好城市工作，促进中外地方交流，推动实现资源共享、优势互补、合作共赢。①

在对外区域合作框架中，中外友好城市合作被赋予重要使命。例如，李克强在第21次中国-东盟领导人会议上的讲话中提出，中国南宁、厦门、杭州、济南、昆明与东盟城市建立伙伴城市关系，中方支持"构建东盟旅游数字平台"，愿与东盟建设环境信息共享平台，打造生态友好城市发展伙伴关系，共建地学合作中心，助力绿色经济和可持续发展。②近年来，部分城市还通过国际组织积极开展城市外交活动。例如，广州市政府、世界城市和地方政府组织、世界大都市协会于2012年共同发起设立广州国际城市创新奖；2009年扬州市发起并成立了"世界运河历史文化城市合作组织"，扬州为合作组织常设机构所在地。

上海针对日益重要的国际友好城市工作，进一步明确了相关任务和要求。2017年10月发布的《上海服务国家"一带一路"建设发挥桥头堡作用行动方案》，明确了上海在服务国家"一带一路"建设中发挥桥头堡作用的功能定位、实施路径，尤其是聚焦六大专项行动，提出了60项行动举措。其中，涉及友好城市合作的相关内容具体包括：上海服务"一带一路"建设，以同全球友好城市和跨国公司合作为切入点；拓展上海与"一带一路"友好城市合作网络；统筹全市资源，拓展友好城市网络、深化合作内涵，加强上海与"一带一路"友好城市在文化交流、城市形象宣传、媒体互动、青年交流等方面的深度合作；等等。

---

① 《习近平在中国国际友好大会暨中国人民对外友好协会成立60周年纪念活动上的讲话》，http://www.gov.cn/xinwen/2014-05/15/content_2680312.htm，2014年5月15日。
② 《李克强在第21次中国-东盟领导人会议上的讲话》，http://www.gov.cn/xinwen/2018-11/15/content_5340502.htm，2018年11月15日。

2018年7月，上海市委外事工作领导小组会议指出，上海外事工作要充分发挥自身优势，努力在服务国家总体外交中做出更大贡献，在服务上海改革开放中发挥更大作用。同时，要进一步拓展经济合作空间，为企业引进来、走出去提供更多支持，加强与"一带一路"沿线有关国家和地区的国际产能合作；发挥各类论坛平台、文化品牌的国际影响力，进一步汇聚全球智慧、展现城市魅力；等等。① 2019年2月，上海市委外事工作委员会举行会议，进一步明确了未来上海外事工作，具体包括：树立大局意识、全局观念，更加自觉地在服务国家总体外交和中央对外战略中推进上海外事工作；全力以赴服务保障好中国国际进口博览会，服务好"一带一路"建设，高质量完成好中央交给上海的各项外事任务；进一步做实"朋友圈"、扩大"人才库"，提升同国际友好城市合作交流的实效，更好吸引集聚国际高端人才；精心打造、用足用好对外交流高端平台、特色品牌，把上海外事资源丰富的优势更好转化为推动上海改革发展的优势；等等。②

（二）新时代上海深化国际友好城市合作的良好环境

国内外城市通过发挥各自比较优势，加强基础设施建设，释放潜在的对外交往活力，进一步加快建设互联互通的廊道和对外开放的门户枢纽、节点，以点带面、从线到片，逐步形成区域合作大格局，促进形成对外开放新局面。据统计，1973~2018年，中国31个省、自治区、直辖市同136个国家缔结了2571对友好城市（省州）关系。③

---

① 《在服务国家总体外交中做出更大贡献！李克强主持会议部署这件事》，https：//www.thepaper.cn/newsDetail_forward_2234057，2018年7月2日。
② 谈燕：《做实"朋友圈" 扩大"人才库"》，《解放日报》2019年2月26日。
③ 《我国新增5对友好城市（省州）总数增至2571对》，http：//www.gov.cn/xinwen/2018-11/16/content_5341178.htm，2018年11月16日。

例如，截至2019年，双方已建立起50对友好省州和227对友好城市关系，每天大约有1.4万人乘坐航班往返于太平洋两岸，仅2017年，美资企业在华销售收入就超过7000亿美元，利润超过500亿美元。①

打好国际友好城市合作牌，发挥国际友好城市平台作用，目前已经成为国内多数省份和城市开展国际经贸活动的重点，也是其参与"一带一路"建设的重要抓手。例如，北京已与22个共建"一带一路"国家的首都建立了友好城市关系，先后在保加利亚、黑山和塞尔维亚举办了多届中国-中东欧国家首都市长论坛，依托类似平台建立和巩固与相关国家和地区常态化的交流机制。② 2017年5月，杭州市与中国人民对外友好协会在世界城地组织亚太区框架下联合发起成立"一带一路"地方合作委员会，秘书处落户杭州。2019年，先后举办了山东国际友城合作发展大会、"一带一路"四川国际友城合作与发展论坛。2021年6月，在习近平主席倡议的上海合作组织民间友好论坛框架内，中国人民对外友好协会在武汉成功举办了"友城+"分论坛，分论坛上，上海市长宁区与白俄罗斯明斯克市苏维埃区签署了友城结好协议。③

长三角区域国际友好城市合作起步早，发展快，成效显著，树立了良好的国际形象。例如，截至2015年，浙江省先后与82个国家的省、市建立392对友好城市关系，其中，省级友好城市71对。此外，浙江省人民对外友好协会等民间组织还与世界上100多个友好组织建立友好合作关系，为浙江进一步扩大对外开放、促进对外交流合作和

---

① 《外交部谈中美"脱钩论"：极其危险、极不负责任的论调》，http：//www.jwview.com/jingwei/06-12/237874.shtml，2019年6月12日。
② 《北京："一带一路"建设的排头兵》，http：//obor.bisu.edu.cn/art/2021/9/6/art_16668_275652.html，2021年9月6日。
③ 《上海合作组织民间友好论坛"友城+"分论坛在武汉成功举办》，http：//world.people.com.cn/n1/2021/0603/c1002-32121480.html，2021年6月3日。

经济社会发展贡献良多。① 截至2018年11月,江苏省与60个国家缔结了322对友好省州和城市,建立了420对友好交流省州和城市关系,成为中国国际友好城市最多的省份。2018年10月22日至11月11日,江苏省国际友城40周年图片展在南京图书馆开放,吸引了36个外国团组的200多名外国嘉宾、近2万名普通市民观展。②

四 新时代上海深化国际友好城市合作的重点领域

新时代上海将深化国际友好城市合作,并将之作为上海谋求新一轮大发展的重要着力点和上海服务"一带一路"建设的重要发力点,进行统筹谋划和务实推进,为上海企业"走出去"和投资"引起来"开辟渠道,也为上海服务"一带一路"建设增加亮点。实际工作中,上海围绕以下五个重点领域,积极嵌入国际友好城市元素,用足用好对外交流高端平台,精心打造特色合作品牌,提升同国际友好城市合作交流的实效,努力把上海国际友好城市网络的良好条件转化为推动上海改革发展的优势。

(一)上海与"一带一路"城市共同构筑区域产业链、供应链和价值链

在全球供应链和价值链收缩的形势下,上海坚信经济全球化潮流不可逆转,因而积极顺应商品和要素流动型开放向制度型开放拓展的趋势,增创开放型经济新优势。同时,通过引导支持"一带一路"城市加强友好交流合作,探索共同构筑区域产业链、供应链和

---

① 《浙江的"朋友圈"有多大?已缔结392对友好城市》,https://zjnews.zjol.com.cn/zjnews/hznews/201611/t20161129_2126945.shtml,2016年11月29日。
② 《江苏摘得"国际友好城市特别贡献奖"》,http://www.jiangsu.gov.cn/art/2018/11/19/art_60095_7883712.html,2018年11月19日。

价值链，应对逆全球化、反全球化等造成的潜在风险。例如，通过与国际友好城市加强基础设施行业的合作，突破"一带一路"沿线主要区域基础设施不足这一制约发展的突出瓶颈。"一带一路"国家交通和能源行业的发展需求明显大于其他行业，东南亚地区需求最大。① 各国的开发性/政策性金融机构、主权投资基金以及各种国际多边金融机构，虽然为"一带一路"基础设施项目建设提供了重要支持，但远不能满足共建"一带一路"国家和地区庞大的基建投资需求。

在这些方面，上海作为国际金融中心，不仅拥有大批金融机构，而且拥有经验丰富、队伍精良的基础设施类企业，这些企业有能力在海外布局。比如，上海建工集团股份有限公司（以下简称上海建工）作为中国建筑行业领先企业，60多年来在全球50多个国家和地区承担了近200项工程，承建的埃塞俄比亚格特拉立交桥、巴中友谊中心等项目多次荣获境外工程"鲁班奖"。上海与乌兹别克斯坦首都塔什干是友好城市，上海建工积极响应共建"一带一路"倡议，为乌兹别克斯坦基础设施和城市建设做出更多的贡献。

（二）上海与国际友好城市共同参与中国国际进口博览会

中国国际进口博览会（以下简称进博会）是世界上第一个以进口为主题的国家级展会，由商务部和上海市人民政府主办，中国国际进口博览局、国家会展中心（上海）承办。2018年首届进博会成功举办。经过几年的发展，进博会成为国际采购、投资促进、人文交流、开放合作的重要平台和全球共享的国际公共产品。据统计，前四届进博会累计意向成交额超2700亿美元，其中许多商贸协议是与共

---

① 《2019年度"一带一路"国家基础设施发展指数报告》，https：//en.chinca.org/CICA/TBARII/TP/19052809174011，2019年5月28日。

建"一带一路"国家签订的。①

"赴进博之约，享合作发展"逐渐成为上海与国际友好城市的共识和期盼。在每届进博会的筹备和举办期间，上海都积极邀约国际友好城市参与一系列活动，丰富了参与主体、参展单元和参展层次。通过探索创建上海企业与友好城市所在国家、地区企业双向参展的促进机制，进博会为国际友好城市的商品、技术、服务等提供国际化、专业化、便利化的平台，助力国际友好城市所在国家和地区发掘新的合作机遇，提升合作水平。同时，上海致力于深化与国际友好城市共同参与进博会的合作模式创新，如以设立友城展销集合点为起点，提供集中零售试点平台，吸引更多的国际友好城市企业参与，将国际友好城市的资源引入"2022上海进口嗨购节·国别商品文化缤纷月"等。此外，上海通过积累参与进博会的经验，也支持国际友好城市参与带动提升中国（上海）国际技术进出口交易会、中国华东进出口商品交易会、中国国际工业博览会等品牌展会和国际会展平台的服务能级与影响力。

（三）上海与国际友好城市共同建设国际化人才"蓄水池"

目前，上海具有全球影响力的科技创新中心基本框架体系已形成。上海临港滴水湖畔每年举办一届的世界顶尖科学家论坛已蜚声海内外。凭借越来越多的发展优势，上海对国际化人才的吸引力与日俱增，相应地，上海越来越重视吸引海外优秀人才来沪求学、就业和创业。比如，疫情期间，上海市科学技术委员会发布《关于持续完善外国人来华工作许可"不见面"审批（4.0版）大力吸引外国人才等有关事项的通知》，率先实行更加开放、更加便利的外国人才引进政策，充分发挥用人单位选才、识才、用才的自主权，夯实"谁聘

---

① 《进博会今年将如期线下举办》，《参考消息》2022年6月11日。

请、谁负责"的主体责任，进一步营造世界一流营商环境，为用人单位聘请外国人才来华工作提供更多便利。①

根据教育部发布的 2022 年度全国高校名单，上海拥有普通高校 64 所、成人高校 12 所。截至 2020 年底，上海市外国留学生共计 25196 人，按地区来源分，来自亚洲的生源占比为 59%，来自欧洲的生源占比为 19%，来自非洲的生源占比为 10%，来自美洲的生源占比为 10%，来自大洋洲的生源占比为 2%；按费用来源分，自费生占比为 63.0%，中国政府资助的留学生占比为 29.6%，本国政府资助的留学生占比为 0.2%，学校间交换的占比为 7.2%。可见，上海与国际友好城市共建人才"蓄水池"前景可观，目前许多做法值得积极探索和尝试。比如在国际友好城市留学生深化合作方面，可设立针对国际友好城市优秀生源的专项奖学金和助学金。鼓励上海高校科研院所到国际友好城市开展宣介活动和推介会，举办中国留学教育展，深化与当地教育部门的合作；加强上海高校和国际友好城市高校的联谊与合作，以姊妹校、合作校的形式，拓展访学、研学等项目。同时，借鉴浙江等地经验，重视海外华人华侨人才的作用。

（四）上海与国际友好城市共同探索城市治理经验

上海与国际友好城市共同倡导"一流城市要有一流治理"理念，积极分享在城市精细化管理、智慧城市建设、数字化转型、完善营商环境等方面的经验。同时，积极推动建立跨国城市联盟，共同探索城市可持续发展、生物多样性、气候变暖、碳减排、反腐败、犯罪与安全等方面的治理难题。

其中，上海在加快推进智慧城市和数字政府建设方面做了大量工

---

① 《关于持续完善外国人来华工作许可"不见面"审批（4.0 版） 大力吸引外国人才等有关事项的通知》，http://stcsm.sh.gov.cn/wzj/zcgg/20210820/4ee078f3e2af4cd1b373093df58ad33a.html，2021 年 8 月 20 日。

作，积累了宝贵经验，值得国际友好城市借鉴。比如，上海率先提出"一网通办"，促进跨层级、跨部门、跨系统、跨业务的数据共享和交换，打响政务服务上海品牌，借助基础数据"先天优势"，高效赋能超大城市治理，并着力推进大数据在民生领域的应用。① "一网通办"作为上海首创的政务服务品牌，已两次被写入政府工作报告。同时，在联合国全球城市电子政务评估排名中，上海位列前十。《2020联合国电子政务调查报告》将上海"一网通办"经验作为经典案例，重点介绍上海"一网通办"通过促进数据共享和再造业务流程、优化营商环境、提升用户体验的经验，以及政务服务移动应用和线上线下业务协同的做法。目前，上海"一网通办"已全面建成"一平台、多终端、多渠道"的服务体系，其中，移动端"随申办"服务已全面覆盖上海市常住人口，平均月活超1000万人次。② 2021年上海又提出推动经济、生活、治理三大领域数字化转型融合发展，加快建设具有世界影响力的国际数字之都。

（五）上海与国际友好城市共同开拓第三方市场

第三方市场合作是中国首创的国际合作新模式，2015年6月签署的《中法关于第三方市场合作的联合声明》首次提出了这一概念。截至2019年6月，中国已经与法国、日本、意大利、英国等14个国家正式签署了第三方市场合作文件，建立第三方市场合作机制，共同为企业搭建合作平台、提供公共服务。③ 截至2019年4月，中国已

---

① 《上海一网通办入选联合国经典案例》，《计算机与网络》2020年第17期。
② 参见陈依萍《上海"一网通办"入选联合国经典案例，电子政务全球排名前十》，https://n.eastday.com/pnews/1594448591020586，2020年7月11日。
③ 《国家发展改革委办公厅关于印发第三方市场合作指南和案例的通知》，https://www.ndrc.gov.cn/xxgk/zcfb/tz/201909/t20190903_962507.html?code=&state=123，2019年8月20日。

同哈萨克斯坦、埃及、埃塞俄比亚、巴西等40多个国家签署了产能合作文件，同东盟、非盟、拉美和加勒比国家共同体等区域组织进行合作对接，开展机制化产能合作。① 截至2022年1月，中国已同147个国家、32个国际组织签署200余份共建"一带一路"合作文件。②

依托一系列共建"一带一路"、第三方市场合作、产能合作的框架，上海与国际友好城市加强合作研究，开拓相互之间以及第三方市场合作空间，在"一带一路"方向开展多元化投资，推动形成普惠发展、共享发展的产业链、供应链、服务链、价值链，为国际友好城市加快发展提供新的动能；发掘上海国际金融中心潜力，支持国际友好城市基建项目、城市更新和可持续发展的专项基金、绿色债券等的设计；探索与国际机构的合作模式，参与"一带一路"公私合营（PPP）项目，共同支持"一带一路"中小企业建立信息共享、利益沟通、人才互换的机制、渠道等；做大做强做优上海-以色列、上海-新加坡产业创新合作项目，不断完善项目征集、筛选和合作的机制。

五 新时代上海深化国际友好城市合作的对策建议

上海紧抓服务"一带一路"建设历史机遇，聚焦重大使命任务，依托城市发展优势，持续提高开放水平，持续打造超一流营商环境，多措并举、合作共赢，既为国际友好城市创造更多收益，也促进自身更好地发展。

---

① 《〈共建"一带一路"倡议：进展、贡献与展望〉报告》，http：//www.mofcom.gov.cn/article/i/jyjl/e/201904/20190402855421.shtml，2019年4月22日。
② 金贤东：《国家发展改革委1月份新闻发布会》，https：//www.ndrc.gov.cn/xwdt/wszb/20221yue/wzsl/202201/t20220118_1312202_ext.html，2022年1月18日。

一是打造招商引资主渠道、城市推介主平台、交流交往主阵地。打响上海"全球城市"和"国际大都市"品牌，创造性发挥上海国际友好城市网络作用，提升上海国际友好城市合作在招商引资、城市推介及交流交往中的地位和功能。与国内其他省份友好城市加强互动，开辟招商引资新渠道，开拓对外合作的新领域。借鉴欧洲国际友好城市网络探索经验，建立上海国际友好城市联盟，扩大紧密合作的"朋友圈"。

二是建立上海"大友城"工作机制。建立统一、灵活、高效的上海"大友城"工作格局，实现市区协作、部门联动，汇聚全市各区、各部门、各界人士的力量。邀请外籍人士、海外侨胞与市政协委员面对面交流，用好人大、政协、侨联等的交流交往经验和企业家资源优势，发挥外事和涉外协会的专业作用。例如，2012年上海市政协对外友好委员会提出的建设上海国际友好城市公园的提案得到了上海市有关部门的重视和采纳。发挥各区国际友好城市务实合作的主动性，调动市场主体积极性，尝试将国际友好城市项目纳入考核激励体系。

三是聚焦重大任务、重要领域、重点地区挖潜合作。围绕新时代上海城市发展的目标任务、政策体系等，采用多种渠道和方式向国际友好城市进行专题宣介，聚焦重大任务、重要领域、重点地区分门别类地研制上海友好城市合作计划和方案，积极与枢纽型、节点型友好城市在人才、科技、经贸等方面广泛开展合作。比如，可以围绕重要领域，设计开展园区经济服务"一带一路"建设国际化合作专项行动。2020年以来，上海分三批发布了53个特色产业园区。此外，可以进一步借鉴浙江省高水平建设国际产业合作园区的做法，打造更多国际友好城市旗舰项目，打响中以（上海）创新园等一批特色园区品牌。

四是引领长三角区域和长江经济带扩大开放。在长三角区域一体化发展和长江经济带建设框架下,建立促进国际友好城市发展与合作的国内区域协调沟通机制,围绕深化国际友好城市合作,组织开展信息沟通、经验交流、模式研讨、案例分享等活动。比如,发挥长三角资本市场服务基地、长三角地区知识产权保护与服务联盟、上海自贸试验区"一带一路"技术交流国际合作中心、上海自贸试验区国别(地区)中心等服务开放合作的平台功能。发起"一带一路"友好城市发展倡议,关注"一带一路"国家、金砖国家、RCEP成员国友好城市热点,稳步扩大上海国际友好城市网络;定期发布上海国际友好城市合作、长三角区域及长江经济带国际友好城市合作智库研究报告以及上海、长三角区域、长江经济带国际友好城市合作动态与成果;等等。

五是讲好上海国际友好城市故事,扩大城市软实力的国际影响。凸显上海国际友好城市活动元素,将重要国际活动、高端会议嵌入上海国际友好城市活动主题。黄浦江畔"世界会客厅"广纳国际友好城市客人,策划举办友好城市文化周、友好城市礼品展等活动;在"世界城市日"活动、进博会系列活动中专辟上海国际友好城市专题。建立灵活稳定的交流合作机制,加强与世界城地组织及其分支机构、中国人民对外友好协会、中国国际友好城市联合会及国外友好城市联盟、行业协会商会等国内外机构、团体的沟通交流及合作。加强科技、教育、文化、卫生、旅游等领域的合作,提升上海国际友好城市网络质量和影响力,共同讲好上海国际友好城市故事,增强全球叙事能力,塑造友好上海形象,全面提升上海城市软实力。

总之,上海城市外交已经从培养对外交往的创新意识过渡到提高创新能力的新阶段,从多地区、广范围、宽领域交流交往过渡到精准对接、务实合作的新阶段。展望未来,上海建设具有世界影响力的社会主义现代化国际大都市,要增创开放型经济新优势,进一步引领扩大开放，维护、巩固和拓展国际友好城市网络，加强与共建"一带一路"国家和地区之间的交往合作。上海将积极与国际友好城市一道，共建友谊之桥，共谋发展之路，共享合作之果，践行全球发展倡议，为构建人类命运共同体贡献力量。

B.4 上海服务"中日第三方市场合作",发挥先行先试作用

汪 婉*

摘　要： 日本对中国倡导的"一带一路"建设,从质疑到以"印太战略"抗衡,直至提出"一带一路"框架下的"日中第三方市场合作",经历了复杂的转变过程。如今,中日两国企业在第三方市场已经磨合出一些成熟的合作项目,取得了初步成果。上海与日本的经济合作呈现高水平的特点,上海作为地理中枢、经贸结点、金融中心、高新技术开发前沿,与日本在共建"一带一路"的合作中,发挥了先行先试的作用,提高了"一带一路"建设的质量和水平,同时也助推上海进一步发挥"一带一路"东西交汇点的优势。但是,国际政治经济格局正在发生深刻变化,日本在美国对华"脱钩"政策的压力下,出台《经济安全保障推进法案》,上海与日本在高端经济领域的合作,今后也将面临更多的挑战。

关键词： "一带一路"　"中日第三方市场合作"　东西交汇点优势　先行先试

---

* 汪婉,北京大学国际战略研究院理事,北京大学经济学院特聘教授；研究方向为中日关系、区域经济合作。

上海服务"中日第三方市场合作"，发挥先行先试作用

日本作为中国重要的邻国、世界第三大经济体、第二大外汇储备国，具有丰富的对外经济合作经验，争取日本参与共建"一带一路"合作，对于改善和稳定中日关系、经济上实现互惠共赢、促进本地区的和平稳定与繁荣都具有重要意义。"一带一路"建设的关键领域要吸引发达国家参与，资金融通和技术方面的合作尤为重要。中日两国经济合作基础雄厚，以上海为核心的华东地区与日本的经贸合作尤为深入。双方在金融、经贸、高科技、海陆空交通枢纽方面有长期合作。上海作为地理中枢、经贸结点和金融中心、高新技术开发前沿，与日本先行先试开展共建"一带一路"合作，打造独特模式。有关合作不仅能够提高共建"一带一路"的质量和水平，而且将进一步扩大上海作为东西交汇点的优势。

与此同时，国际政治经济格局发生深刻调整，日本在美国对华"脱钩"政策的压力下，出台《经济安全保障推进法案》，调整产业链供应链结构，收紧对华高科技领域合作。上海与日本的经济合作相较于中国其他地区呈现高端合作的特点，而高新技术、数字经济、绿色低碳等领域，都是美国推出的"印太经济框架"（IPEF）今后要重点制定规则的领域。日本作为 IPEF 的创始成员国，今后将更加积极地配合美国的印太经济战略，这将使上海与日本在高端经济领域的合作面临更多的挑战。

一 共建"一带一路"倡议与中日"第三方市场合作"

（一）日本对共建"一带一路"倡议的态度变化

2013年9月和10月，中国国家主席习近平先后提出共建"丝绸之路经济带"和"21世纪海上丝绸之路"的重大倡议（以下简称

"一带一路"倡议)。地理上,"丝绸之路经济带"和"海上丝绸之路"的最初设想中都没有日本。政治上,中日因2013年钓鱼岛争端关系恶化,也影响了日本对"一带一路"倡议的正确认知。2016年8月,时任日本首相安倍晋三提出"印太战略",声称要维护"基于法治的、自由开放的印太海洋秩序",要与价值观相同的印太国家加强安全合作,并且推进"高质量基础设施建设"。日本有学者指出,日本政府推出"印太战略",主要针对不断崛起的中国,认为中国的"一带一路"倡议与西方主导的现有国际秩序相冲突。①

但是,2017年前后,随着中日关系逐步改善,日本政府对"一带一路"倡议的态度开始发生变化。日本自民党干事长二阶俊博于2017年5月率日本政府代表团参加首届"一带一路"国际合作高峰论坛。国家主席习近平会见二阶俊博时表示,"中日两国在推进经济全球化、推进贸易自由化等方面有着共同利益。'一带一路'倡议可以成为中日两国实现互利合作、共同发展的新平台"②。同年7月,在德国汉堡召开的第十二次G20峰会上,安倍首相向习近平主席表示,"一带一路"是具有潜力的构想,日本希望支持与合作。③ 同年11月,李克强总理与安倍首相在东亚合作领导人系列会议期间,就中日两国加强经济交流、在第三方市场加强中日民间经济合作达成一致。④

日本针对"中日第三方市场合作",提出"开放性、透明性、经

---

① 〔日〕中西寬「日本外交における『自由で開かれたインド太平洋』」、『外交』第52卷、2018年11-12月、16-18頁。
② 《习近平会见日本自民党干事长二阶俊博》,http://www.xinhuanet.com/politics/2017-05/16/c_1120980107.htm,2017年5月16日。
③ 「日中首脳会談」、日本外務省,https://www.mofa.go.jp/mofaj/a_o/c_m1/cn/page4_003121.html,2020年4月10日;《习近平会见日本首相安倍晋三》,《人民日报》,http://japan.people.com.cn/n1/2017/1112/c35421-29640906.html,2017年7月8日。
④ 《李克强分别会见越南总理阮春福、日本首相安倍晋三、新西兰总理阿德恩》,http://www.gov.cn/xinwen/2017-11/14/content_5239480.htm,2017年11月14日。

济合理性、相关国家财政健全性"四项标准，作为日方参与合作的前提条件。2017年11月，日本首相官邸及外务省、财务省、经济产业省及国土交通省四部门，共同完成了参与"一带一路"建设的指导方针，指出可以率先在节能环保、亚欧物流等领域开展合作。

（二）中日达成"第三方市场合作"协议

2018年5月，李克强总理访日，中日签署《关于中日第三方市场合作的备忘录》。同年10月，安倍首相来华访问，这是日本首脑时隔7年对中国进行正式访问，首届中日第三方市场合作论坛举行。李克强总理表示，"中日两国在第三方市场的合作，会给中日合作带来更广阔的空间""中日双方在第三方市场不搞'恶性竞争'，而要更大发挥互补优势，更大拓展互补空间，在第三方市场实现三方共赢"。① 中日两国企业共签订52份合作备忘录，两国逐步开展在东南亚、南亚、欧亚地区的第三方合作。

中日走在中国与发达经济体开展第三方市场合作的前列。继"中日第三方市场合作"之后，中国又同法国、意大利、英国等14个国家签署第三方市场合作文件，建立第三方市场合作机制。② 第三方市场合作的内涵与"一带一路"下的双边经贸合作是一致的，但是形式转向三边甚至多边。由此也可看出"一带一路"倡议是开放包容的，"'一带一路'不排斥规则，但并不局限于规则导向，而是采取发展导向的策略，倡导更加开放务实和灵活多样的制度形式"③。

---

① 《首届中日第三方市场合作论坛上，李克强和安倍都说了什么》，http://www.gov.cn/xinwen/2018-10/27/content_ 5335045.htm，2018年10月27日。
② 《我国已与14个国家签署第三方市场合作文件》，http://www.gov.cn/xinwen/2019-09/04/content_ 5427257.htm，2019年9月4日。
③ 钟飞腾：《"一带一路"的机制化建设与进展评估》，载王缉思主编《中国国际战略评论2019》（上），世界知识出版社，2019，第54页。

（三）"中日第三方市场合作"取得积极务实成果

2018年10月在中日第三方市场合作论坛上，两国领导人共同见证中日企业签订了交通物流、能源环境、物联网、医疗健康等多个领域的52项协议，金额超过180亿美元。虽然当时签署的大多为"合作协定""协议书""意向书""合作备忘录"等方向性协议，但是其中有充电规格合作、适用于氢能源汽车的氢气供应站建设合作、在东南亚建设液化天然气成套设备等一些令人关注的项目。在金融领域，中国人民银行与日本银行签署了中日双边本币互换协议，协议规模为2000亿元人民币/34000亿日元。① 野村控股株式会社与中国投资有限责任公司共同签署设立1000亿日元中日产业合作基金。

中日经济互补性强，开展第三方市场合作不仅有利于各自经济发展，也有益于第三方市场的发展。日本加入"一带一路"建设，可使中日双方企业通过合作，回避在第三方市场上的恶性竞争，发挥各自优势，达到双赢、三赢的效果。经过几年的努力，"中日第三方市场合作"已经促成基础设施、绿色低碳、绿色金融、装备制造、交通物流和资源等领域多个项目落地，反映了中日双方丰富的合作经验及为东道国经济发展做出的积极贡献。

表1　"中日第三方市场合作"示范项目案例（截至2021年7月）

	项目简称	中方机构简称	日方机构简称
基础设施	阿曼益贝利电站	山东电建三	三井物产
	阿曼苏赫电站	山东电建三	三井物产
	阿曼萨拉拉电站	山东电建三	三井物产
	哈萨克斯坦阿特劳炼油厂	中石化炼化	丸红

---

① 《中日两国央行签署双边本币互换协议》，http：//www.gov.cn/xinwen/2018-10/26/content_ 5334713.htm，2018年10月26日。

续表

	项目简称	中方机构简称	日方机构简称
绿色低碳	尼泊尔塔纳湖水电站	电建	东芝
	俄罗斯亚马尔液化天然气	博迈科	千代田
	Butendiek 海上风力发电	中信集团	伊藤忠
绿色金融	哈萨克斯坦阿特劳炼油厂	进出口银行	日本国际协力银行
	第三方市场业务合作 MOU	中国银行	三菱日联银行
	深入推进第三方市场合作	中国工商银行	瑞穗银行
	卡塔尔银团贷款	进出口银行	瑞穗银行
	巴拿马银团贷款	进出口银行	三井住友银行
	哈萨克斯坦炼厂	中信保	三井住友银行
	全球保单合作	太保	三井住友海上
装备制造	泰国 KSP 糖厂	广西建工	三井物产、三井制糖
交通物流	亚欧大陆国际物流合作	中外运	日通
	二手车	新华锦集团	Carchs Holdings
资源	五家企业合作镍资源新能源供应	格林美新材料	阪和

注：根据中国机电产品进出口商会、日本贸易振兴机构、日中经济协会共同编制的《中日第三方市场合作示范项目案例集》制作。

从"中日第三方市场合作"的 18 个代表性案例看，目前主要有以下几种合作模式。①中日企业共同中标：中方企业作为投资商和总包商，日方企业参股投资或日本金融机构提供部分融资支持；中日企业成立合资公司在第三方市场开展业务；中日企业境外园区开发合作。②中国企业中标：日方制造企业作为中方企业海外项目的高端设备供应商、技术支持方、投资商，中方企业作为项目总包商；日方企业向中方企业提供零部件和产品以投放第三方市场。③日本企业中标：中国企业向中标的日本企业提供总承包服务和器械；日方企业利用中欧班列扩大国际物流规模；等等。在以上合作模式中，均可将中日合资企业的产品投放第三方市场，把中日合资企业在中国合作的成功模式推广到第三方市场，中日企业还可在第三方市场合作中进行信息共享。

从现有的"中日第三方市场合作"项目看，中日企业呈现优势互补的特点。在基础设施建设领域，中国的价格、效率优势与日本的管理、技术优势相结合，形成了具有竞争力的合作关系。在绿色低碳领域，中日企业在共建"一带一路"国家和地区，共同开发太阳能和风电等清洁能源；在污水处理、垃圾焚烧及装备制造绿色化等领域携手开展合作。在交通物流领域，中日企业共同建设"一带一路"物流通道，借助中欧班列等现有通道，加强双方在物流基础设施、通道管理运营、通关一体化建设等方面的沟通合作，大幅削减了运输成本，提高了运输效率。

中日企业合作参与"一带一路"建设项目，有很多有利条件。第一，中日双方合作经验丰富。中国改革开放后，日方企业率先进入中国市场。40多年来，事业规模不断扩大，在资金、研发、生产、销售等全产业链与中方企业建立了广泛而深入的合作关系。中日企业的合作经验可以复制到共建"一带一路"国家和地区，向第三方市场移植中日经济合作的经验和模式，达到双赢、三赢的效果。第二，日方企业参与海外基础设施建设的时间较长，技术水平高，经验丰富。日方企业作为中方企业的技术支持方，可向中方企业提供承包工程、材料供应、项目经营等方面的技术和经验。

从日本方面看，日方企业通过与中方企业合作参与"一带一路"建设，拓展了发展空间。第一，日方企业以出资参股、共同投标、共同建设、共同运营、提供机械设备、提供咨询服务等多种形式参与中方企业在共建"一带一路"国家和地区的项目。第二，日方企业已经在共建"一带一路"国家和地区实施的项目，中方企业作为原材料、设备供应商参与其中。第三，日方企业利用中方企业建设的基础设施开展各种事业，比如交通运输、能源、通信等。中国通过建设发电站改善了能源利用条件，通过建设公路和铁道改善了物流条件。日方企业利用中欧班列和中国在世界各地建设的港口，在当地的运营更加便利和顺畅。

二 共建"一带一路"倡议下
上海与日本的经济合作

（一）2021年中日经贸合作情况

日本是中国第二大贸易伙伴国、第二大出口对象国和第一大进口来源国。2020年，新冠肺炎疫情肆虐全球，对日本经济社会造成沉重打击，日本经济严重萎缩，实际GDP增长率为-4.8%。据日本财务省统计，2020年，日本对外出口下降11.1%，对美出口下降17.3%，但对华出口增加2.7%，跃居首位。在日本进出口总额与进口额的排名中，中国继续稳居首位。其中，对华进出口总额自2007年以来连续14年位居第一，对华进口额自2002年起连续19年排名第一。另据日本财务省统计，2020年日本对外投资总额同比下降31.2%，但对中国的投资同比下降9.3%。这体现了中日经济关系的韧性，也体现了日本经济对中国的依存度在提高。[①]

2021年中日贸易总额达3714亿美元，同比增长17.1%，创历史新高，排名仅次于美国。其中中国对日出口1658.5亿美元，同比增长16.3%；中国自日进口2055.5亿美元，同比增长17.7%。2021年日本对华实际投资39.1亿美元，同比增长16%。

上海及华东地区是中日经济合作和交流的重要舞台，自改革开放以来，上海及华东地区积累了对日经济合作的重要经验，取得了丰硕成果，在人才、技术、资金等各个方面都体现出巨大优势。2017年以后，中国-日本商务理事会大连联络办公室和中国国际贸易促进委

---

① "（6）2021年12月进出口商品主要国别（地区）总值表（美元值）"，http://www.customs.gov.cn/customs/302249/zfxxgk/2799825/302274/302275/4122070/index.html，2022年1月14日。

员会大连市分会连续4年发布《中日贸易投资合作报告》，作为国内首个中日经贸合作大型专题年度报告，该报告以中日贸易、投资合作为重点，从贸易指数、货物贸易、服务贸易、投资、企业、区域等不同角度进行分析。值得关注的是，报告首次公布了中国各省区市与日本经贸合作指数排名，旨在通过构建全面的指标体系，科学评价测度各区域与日本的合作进展。指数排名显示，上海市连年位列全国第一。

（二）2021年上海市与日本的实际贸易情况

2021年上海市进出口总额为4.06万亿元人民币，比2020年增长16.5%，创历史新高。其中，出口总额1.57万亿元，比上年增长14.6%；进口总额2.49万亿元，比上年增长17.7%；贸易逆差9173亿元，同比扩大23.4%。其中，上海对最大贸易伙伴欧盟进出口8069.3亿元，增长15.8%，占同期上海进出口总额的19.9%；对东盟进出口5380.8亿元，增长11.0%，占13.2%；对美国进出口5081.2亿元，增长5.5%，占12.5%；对日本进出口4115.6亿元，增长8.0%，占10.1%。①

2020年，受疫情影响，上海市新设外商投资企业5751家，比上年下降15.4%。但是，2021年，新设外商投资企业达到6708家，同比增长16.6%。2020年，上海实到外资金额为169.91亿美元，2021年达到225.51亿美元，同比增长32.7%，规模创历史新高。2021年上海市新认定跨国公司地区总部60家、外资研发中心25家，累计分别达到831家和506家。2021年12月，上海市政府印发《上海市外商投资项目核准和备案管理办法》，将进一步促进和便利

---

① 《首破4万亿元大关！2021年上海外贸进出口创新高》，https：//baijiahao.baidu.com/s?id=1722999267867794137&wfr=spider&for=pc，2022年1月26日。

外商投资，规范外商投资项目的核准和备案，使外商投资环境更加高效、透明。

日本一直是上海重要的经贸合作伙伴，2021年上海对日进出口总额为636.6亿美元，同比增长15.5%，占同期上海进出口总额的10.1%，居第二位；对日出口额为202.4亿美元，同比增长11.7%，占同期上海出口总额的8.3%，居第三位；自日进口额为434.2亿美元，同比增长17.4%，占同期上海进口总额的11.3%，居首位。[①] 2021年日资新设企业数为266个，占上海新设外商投资企业总数的比重为4.0%，居第六位；实际使用日资5.2亿美元，占比为2.2%，居第六位。日企在上海外资总部企业和研发中心中的占比分别达到21.0%和10.3%；在生物医药、装备制造等重点行业的一大批知名日企为上海经济发展做出了重要贡献。

（三）上海自贸区成为"一带一路"开放合作新平台

2013年9月，上海自贸区正式挂牌，国家希望上海自贸区在探索建立与国际投资贸易规则相衔接的基本制度框架方面先行先试。2015年，中共中央政治局审议通过进一步深化上海自由贸易试验区改革开放方案，提出自贸区战略需与共建"一带一路"倡议深度融合的发展要求，要求上海自贸区在服务共建"一带一路"倡议中发挥试点、示范作用。2017年3月国务院印发《全面深化中国（上海）自由贸易试验区改革开放方案》，提出要创新合作发展模式，明确要求上海自贸区成为服务国家"一带一路"建设、推动市场主体"走出去"的桥头堡，这标志着上海自贸区改革进入"3.0"时代。通过以上三个阶段，上海自贸区与共建"一带一路"倡议对接、发挥示

---

① 日本贸易振兴机构（JETRO）、上海事务所：《上海市概况》，https：//www.jetro.go.jp/ext_images/world/asia/cn/katoh/pdf/overview_shanghai_202207.pdf，2022年7月。

范作用的战略定位日益明确。2019年上海自贸区临港新片区（以下简称临港新片区）设立，"临港50条"在跨境资金、金融服务等领域进一步改革放权，与国际市场全面接轨。

"政策沟通、道路联通、贸易畅通、货币流通、民心相通"的"五通"是"一带一路"建设的主要内容和目标。上海自贸区自成立以来，在国际贸易、对外投资、交通物流、金融开放、基础设施建设等重点领域努力对接共建"一带一路"倡议，通过进一步提高国际贸易合作水平，巩固国际金融中心地位，进一步完善枢纽型、功能型航运基础设施和服务体系，为"一带一路"建设提供服务。

第一，自由贸易港区建设加速推动贸易畅通。2020年5月，洋山特殊综合保税区在临港新片区正式揭牌，成为国内唯一的特殊综合保税区。这标志着高标准的贸易自由化和便利化制度体系在上海加速形成，有利于降低贸易成本，简化贸易程序，港口建设和运输交通网络的完善使上海与共建"一带一路"国家间的贸易规模进一步扩大，对"一带一路"经济区形成辐射效应，使上海成为"一带一路"贸易集散中心。据上海海关统计，2021年前7个月，上海关区对"一带一路"沿线国家进出口1.03万亿元，同比增长20.3%，占同期关区外贸进出口总值的24.8%。其中，对"一带一路"沿线国家出口6754.2亿元，同比增长18.3%，占同期关区出口总值的28.7%；自"一带一路"沿线国家进口3521.4亿元，同比增长24.5%，占同期关区进口总值的19.7%。①

从"中日第三方市场合作"的具体案例来看，在物流合作方面，2018年10月，日本通运株式会社（以下简称日本通运）与中国外运股份有限公司（以下简称中国外运）签订了《关于在第三国开展合

---

① 《今年前7月上海关区对"一带一路"沿线国家进出口突破1万亿》，http：//www.customs.gov.cn/shanghai_customs/423446/423448/3867437/index.html，2021年9月10日。

作的备忘录》，充分利用各自集团公司在物流行业的优势和资源，通过在第三方市场的合作，为客户提供更高质量的物流服务。中国外运是中国领先的中欧班列公共运营平台，日本通运得益于中欧班列安全稳定的运行，效率稳步提升，运营网络持续拓展，在中欧跨境铁路运输服务方面的业绩稳步提升。

中欧班列在新冠肺炎疫情发生后逆势增长，在空海运市场运力受限的大背景下，日本通运等日本物流企业依托中欧班列不断开设海铁联运国际中转新通道，除了已建立的日本—西安—欧洲集装箱海铁联运国际中转通道之外，2020年12月日本—武汉—欧洲集装箱海铁联运国际中转新通道正式开通，与传统的海运相比，运输时间由45天压缩到22天左右。① 上海在中日企业围绕交通物流的第三方市场合作中，发挥了重要的进出口商品集散地、海陆交通枢纽作用，进一步扩大了上海作为东西交汇点的优势。

上海港2020年的集装箱吞吐量约为4350万标准箱，同比增长0.5%，连续11年位居全球集装箱吞吐量第一。洋山港首次突破2000万标准箱，在新冠肺炎疫情影响下刷新了历史新高。2021年12月，除外高桥地区外，日本通运还把洋山地区定位为上海重要的出口基地，设立了新仓库，主要经营汽车零部件，并实现仓库运营的数字化管理。② 2022年1月，日本通运与上港集团物流有限公司合作，成为首个在上海推出国际混合运输（集装箱转运和重新混合）服务的转运商，通过利用上海在世界各地有500多条航线的港口，有效装载来

---

① 日本通運ホームページ、ニュースリリース一覧「日通、中国内陸部武漢市で物流拠点を新設、本格稼働開始」https://www.nipponexpress-holdings.com/ja/press/2020/20201217-1-1.html，2020年12月17日。

② 日本通運ホームページ、ニュースリリース一覧「上海通運、洋山地区で輸出用新倉庫の稼働開始」https://www.nipponexpress-holdings.com/ja/press/2021/20211201-1.html，2021年12月1日。

自东南亚和其他国家的运输货物和来自中国国内的出口货物。①

第二,上海自贸区与国际金融中心建设联动。上海国际金融中心地位不断巩固,在增强金融体系抗风险能力、促进实现"一带一路"资金融通方面发挥了更大的作用。上海与多边金融机构合作,为跨境收购、出口贸易等提供融资、信贷、结算支持,保障"一带一路"相关重点企业和项目的资金需求。中日两国的保险公司还携手为进入中日第三方市场的企业保驾护航。

具体就"中日第三方市场合作"项目来看,中国太保与三井住友海上(中国)合作,为进入中日第三方市场的企业提供海外业务风险解决方案,被视为示范项目案例。中国太保是中国领先的大型综合保险集团公司,总部设在上海。集团旗下的太平洋产险是中国保费规模排名前三的产险公司,为"走出去"项目提供优质服务,为中方企业积极参与"一带一路"建设保驾护航。三井住友海上隶属于日本最大的财产保险集团 MS&AD 保险集团,在全球 42 个国家及地区拥有分支机构,并在亚洲、欧洲和美洲三大地区均衡布局,积极开展海外业务。在亚洲地区,其是唯一在东盟 10 个成员国均设有分支机构的财产险公司。

中国太保与三井住友海上(中国)秉承互利、合作、共赢的原则,充分发挥各自优势,通过为中国"走出去"项目提供保险服务等风险解决方案,支持进入中日第三方市场的企业发展,同时也为第三国的经济发展做出积极贡献。

第三,上海自贸区改革实践的重中之重,是探索建立与国际投资贸易规则相衔接的制度框架,通过先行先试,为"一带一路"建设做

---

① 日本通運ホームページ、ニュースリリース一覧「NX 国際物流(中国)、上港集団と協業し上海にあおける国際混載トランシップサービスを開始」、https://www.nipponexpress-holdings.com/ja/press/2022/20220201-2.html,2022 年 2 月 1 日。

好制度储备。上海自贸区对标国际高标准投资规则，建成以负面清单管理为核心的投资管理制度，促进投融资便利化，形成与国际通行规则一致的市场准入方式，把上海自贸区建设为投资自由便利、规则开放透明、监管公平高效、营商环境优越的国际高标准自由贸易园区，健全各类市场主体平等准入和有序竞争的投资管理体系。上海自贸区自设立以来，不断建立和完善与共建"一带一路"国家和地区，特别是亚太国家和地区之间的"投资标准"，加速制定投资自由化、便利化的高标准规则，发挥了试点、示范作用。

（四）中日经济合作助推上海发挥"一带一路"东西交汇点优势

2020年7月24日，中日（上海）地方发展合作示范区在临港新片区揭牌。中日（上海）地方发展合作示范区（以下简称示范区）作为全国6个中日地方发展合作示范区之一，将进一步推动中日在高新技术、数字经济、绿色低碳等领域的交流合作。

（1）目前中国经济正在培育新增长点，形成新动能，努力发展先进制造业，推动互联网、大数据、人工智能和实体经济深度融合。日方企业在高端制造、智能制造等方面拥有先进技术，一方面，可加大对华投资和在华研发力度，在中国的产业结构优化升级中谋求发展；另一方面，中日可以发挥各自独特优势，在第三方市场开辟新的合作领域，推动两国产业转型升级，维护产业链、供应链稳定。

（2）绿色低碳可成为"中日第三方市场合作"的新焦点。近年来，中日两国相继宣布"碳中和"目标，加快经济社会绿色发展转型，双方节能环保合作的必要性进一步凸显。示范区可利用临港新片区的前沿开放制度、产业配套等综合优势，吸引国内有实力的氢能企业与日资企业加强技术合作，发展以氢能产业为重点的新能源产业，形成符合临港新片区产业基础条件的产业路线图，推动国内氢能产业标准体系的建立和完善。示范区正式揭牌之际，还成立了中日氢能产业联盟，这不仅有利于我国氢能企业借鉴学习日本的先进经验，提升技术标准和研发生产水平，也有利于日方企业通过投资建厂，分享我国氢能市场发展的巨大红利。

（3）疫情下数字经济的重要性凸显，中日两国可通过提高数字经济合作水平，加强在公共卫生、医疗康养、服务贸易、电子商务等领域的合作，并将成果应用于第三方市场。围绕数字贸易，日本的三井住友海上火灾保险株式会社有效利用《上海市数字贸易发展行动方案（2019~2021年）》，根据长年根植上海的经验，做出了重要实践。2020年11月，上海保险交易所、上海亿通国际、中国人保、中国太保、中国平安、中远自保、上海对外经贸大学共同举办了"上海国际贸易单一窗口智能跨境贸易保险平台"的成果发布会，并签署平台合作备忘录。平台利用区块链技术在贸易多场景中的应用落地，加强物流、仓储、外汇结算等贸易全流程的节点对接，实现了跨境贸易相关数据与保险行业数据的高效互联互通。平台已开始在长三角、粤港澳大湾区形成区域性辐射，在宁波和广州已经落地上线。中日企业围绕数字贸易的合作，进一步改善了上海的贸易营商环境，提升了上海在全球贸易中的领先地位，展示了中日企业携手服务"一带一路"建设及上海发展的实践成果。

（4）在医疗保健领域，上海复星医药与日本丸红株式会社（以下简称丸红）签订了《有关在第三方市场开展医药医疗为中心的保健领域全面战略合作》意向书。这是2018年在中日两国政府见证下，两国地方政府、金融机构和企业之间签署的51项合作协议之一。丸红在"一带一路"框架下的"中日第三方市场合作"方面，积极发挥其特长和重要作用。

上海复星医药是中国领先的医疗健康产业集团，业务覆盖医药健康全产业链，而且在共建"一带一路"国家和地区均有业务布局。

根据上海复星医药与丸红签署的《有关在第三方市场开展医药医疗为中心的保健领域全面战略合作》意向书，双方将在原有的合作基础之上，共同在中国、日本以及第三国共建以药品、医疗为中心的健康医疗市场。双方致力于将高品质的日本医药健康产品引进中国市场，并将中国制造的高品质医药原材料及生物医药等打入日本市场。同时，利用上海复星医药丰富的医药产品和在非洲已有的规模庞大的营销队伍，利用丸红在东南亚等已有的市场网络，双方携手开发东南亚、非洲等共建"一带一路"国家和地区的市场，造福于更广大新兴市场国家的人民。

三 上海与日本在第三方市场合作的前景

中国提出共建"一带一路"倡议9年来，虽然已经取得了很多重大成果，但是一直受到以美国为首的西方发达国家的打压。2021年6月，七国集团峰会推出的"重建更美好世界"（Build Back Better World，B3W）倡议，从过去对共建"一带一路"倡议进行诽谤性语言攻击，逐渐转为实质性对抗。

全球基础设施建设存在巨大的资金缺口，中国提出的共建"一带一路"倡议，无意包打天下，也无法包打天下。习近平主席指出，"共建'一带一路'倡议源于中国，但机会和成果属于世界，中国不打地缘博弈小算盘，不搞封闭排他小圈子，不做凌驾于人的强买强卖"；要"把'一带一路'打造成为顺应经济全球化潮流的最广泛国际合作平台，让共建'一带一路'更好造福各国人民"。① 美国针对"一带一路"倡议的围追堵截，既反映了美西方对以中国为代表的新

---

① 习近平：《开放共创繁荣 创新引领未来——在博鳌亚洲论坛2018年年会开幕式上的主旨演讲》（2018年4月10日，海南博鳌），http：//www.xinhuanet.com/politics/2018-04/10/c_1122659873.htm，2018年4月10日。

兴市场国家快速发展的警惕，也反映了美西方对中国在积极参与全球治理过程中所提供的理念、方案和新规则的警惕。

当今世界面临诸多全球性问题，非某个国家或打造某些"同盟"便可解决。无论美西方的主观意愿如何，在应对气候、环境、疫情等全球性挑战中必须继续谋求与中国合作。而中国希望为全球治理贡献智慧，共建"一带一路"倡议正是中国向国际社会提供的公共产品。在共建"一带一路"倡议下，上海自贸区将进一步发挥先行先试的作用，为区域经济一体化、为共建"一带一路"做出贡献。

中日邦交正常化50年来，中日两国在经贸、技术合作方面已经积累了丰富经验。但近年来，日本在美国对华"脱钩"政策的压力下，出台《经济安全保障推进法案》，收紧与中国涉及高科技领域的合作，日方企业在"中日第三方市场合作"中也将采取更加谨慎的态度。但日本基于其外向型经济的特点，在维护开放型世界经济方面同中国有共同立场，这也是RCEP得以签署、生效的重要原因。

当前，全球经济复苏脆弱乏力，新冠肺炎疫情仍在延宕，叠加新的传统安全风险。中日作为世界第二大和第三大经济体，经贸合作对提振地区发展信心、促进全球经济复苏具有重要影响。双方应着眼于后疫情时代的全球经济治理，加强在区域和多边经贸问题上的沟通与合作，有效挖掘东亚地区经济增长潜力，应对疫情带来的全球贸易下行压力，实现地区经济长期稳定增长。

上海在服务"一带一路"建设中应当继续发挥聚集区位优势、国际大都市的功能优势及人才、资金和信息优势，发挥上海自贸区在高新技术产业、生物医药、先进装备制造、国际产能合作等方面的优势，与日本进行更高水平的合作，并且在第三方市场加强合作，在共建"一带一路"中发挥更大作用。

B.5 上海"一带一路"建设人才需求与对策研究

——基于上海部分企事业单位的调研

王 永 陈建茹*

摘 要： 人才资源是"一带一路"建设的基石，人才因素是上海"一带一路"桥头堡建设成功的关键因素。本报告基于调查问卷，明确了上海"一带一路"建设人才的核心特征与素质。摸清上海"一带一路"建设人才需求是本研究的基础。根据上海"一带一路"建设人才供需平衡分析，人才需求处于动态变化中，而人才的培养又是一个缓慢的过程，因此就需要有政府进行顶层设计，做出前瞻性判断。最后，本报告提出相关对策建议，主要包括打造上海"一带一路"建设人才一站式云平台、筹建上海"一带一路"大学、建立"联系上海"重要载体、建立"一带一路"建设人才生态环境评价指标体系、创新人才政策等。

关键词： "一带一路" 企事业单位 国际化人才培养 人才需求

---

* 王永，上海大学管理学院助理研究员，研究方向为战略管理、人力资源管理；陈建茹，上海大学管理学院硕士研究生，研究方向为人力资源管理（参与了本报告的数据收集与处理工作）。

习近平总书记于2013年先后提出了共建丝绸之路经济带和21世纪海上丝绸之路重大倡议。"一带一路"倡议是一项长期系统性工程，基于"一带一路"倡议示范效应和发展趋势，越来越多的国家和地区积极主动参与到"一带一路"倡议中来。上海要在"一带一路"建设中扮演重要的角色，继续当好全国改革开放的排头兵和创新发展先行者。其中，人才资源是"一带一路"建设的基石。[1] 时任马来西亚原交通部长廖中莱也在2015博鳌亚洲论坛演讲中指出，"人才因素是'一带一路'建设成功的关键"[2]。《上海市人才发展"十三五"规划》指出，城市核心能力的重要标志是人才竞争比较优势。当前，新冠肺炎疫情给全球各国的经济、社会发展带来巨大影响，中国疫情的有效控制及对共建"一带一路"国家在疫情方面的支持对上海在"一带一路"建设人才方面提出了更高的要求。

一 上海"一带一路"建设人才的内涵、相关政策与调研设计

（一）上海"一带一路"建设人才的内涵

习近平总书记指出，参与全球治理需要一大批熟悉党和国家方针政策、了解我国国情、具有全球视野、熟练运用外语、通晓国际规则、精通国际谈判的专业人才。[3] 同时，目前所缺乏的"一带一路"国际化人才的素质涉及商业规则、跨文化交流、创新能力、国际化视野以

---

[1] 郑通涛主编《"一带一路"：国别化人才需求与人才培养研究》，世界图书出版公司，2018，第2页。

[2] 参见郑若男、冯芊睿《"一带一路"倡议影响下外语专业研究生个人发展方向探索》，https：//www.fx361.com/page/2018/0514/3523325.shtml，2018年5月14日。

[3] 参见陈向阳《习近平总书记的全球治理思想》，http：//theory.people.com.cn/n1/2017/0817/c83859-29476848.html？from=singlemessage，2017年8月17日。

及东道国的社会文化五个方面。① 另外，上海认定的高层次人才包括：海外工作经验丰富、熟悉国际规则和惯例、掌握核心技术、带动产业发展的海外高层次创新创业人才，获知名奖项或高端人才项目的候选人；著名的专家、学者、优秀的人才、专业人才；优秀的企业人才，专业人才；其他有特殊专业知识和迫切需要的特殊人员；海外人才；等等。②

（二）上海"一带一路"建设人才的相关政策

据不完全检索与统计，中共中央、国务院及相关部委都发布了与"一带一路"建设相关的人才政策、规划、方针及意见等，这为上海打造"一带一路"建设人才队伍提供了基础与框架。

截至目前，上海并没有针对"一带一路"建设所需人才出台相关文件、政策和法规。但对于国际化人才，上海早在1992年就出台了相关文件，经过多年的发展，上海已基本建立吸引人才、使用人才和留住人才的制度。上海已制定了居住证、居住证积分、居转户、直接落户等人才政策；探索实行股权、自主创新、科技成果的分配等激励措施；研究构建支持高校教师流动的机制，推动"产学研用"人才交流与深度融合；建立了市级创业投资引导基金、科技信贷风险补偿专项基金等。③

（三）针对上海"一带一路"建设人才的调研设计

针对上海参与"一带一路"建设的用人单位，本报告设计了

---

① 寸守栋、姚凯：《基于文化主体性的"一带一路"国际化人才培养》，《技术经济与管理研究》2019年第4期。
② 张波：《上海高端人才空间集聚的SWOT分析及其路径选择——基于北京、深圳与上海的人才政策比较分析》，《科学发展》2019年第2期。
③ 汪怿、朱雯霞：《全球科技创新中心人才生态建设》，上海社会科学院出版社，2018，第25页。

上海打造"一带一路"建设人才队伍调研问卷，问卷通过"问卷星"发放。首先，企业必须是上海参与"一带一路"建设的企业，以企业为主，包括事业单位。其次，受访对象是企业或事业单位的高管和HR经理，熟悉"一带一路"建设情况和国际业务。问卷共向50个用人单位发放，收到有效问卷41份，问卷有效率为82%。调研对象包括国有企业、民营企业和事业单位（青少年活动中心、医院等），行业涵盖建筑、工程、汽车、医疗、文化、金融、法律等。

本报告的写作基于调研资料。上海"一带一路"建设人才的核心特征与素质如图1所示。从图1中可见，在本调研中，在"一带一路"建设背景下，受访上海企事业单位需要的人才所具有的核心特征和素质主要为具有国际视野、全球化意识，掌握"一带一路"沿线国家国情与文化，精通英语，具有跨文化沟通协调能力及热爱祖国、有坚定的政治信仰，等等。

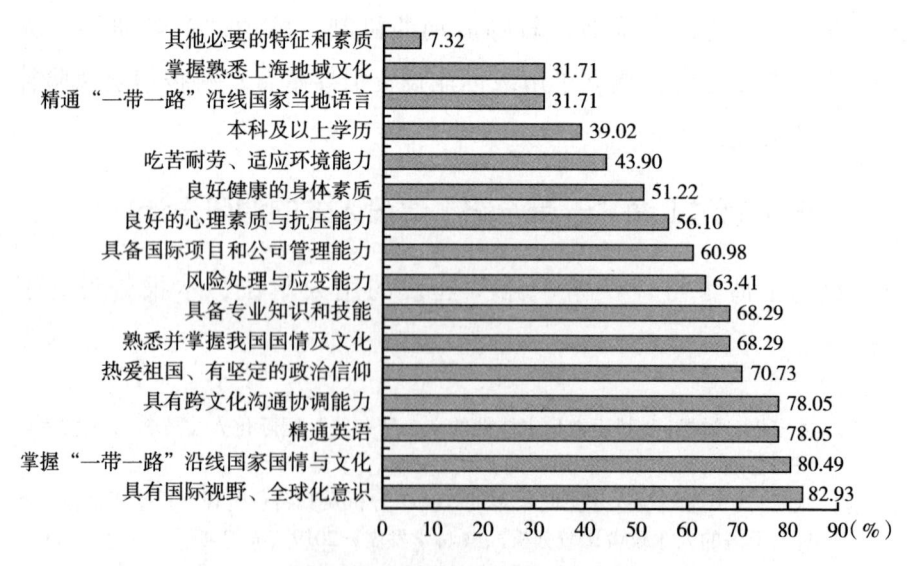

特征和素质	百分比(%)
其他必要的特征和素质	7.32
掌握熟悉上海地域文化	31.71
精通"一带一路"沿线国家当地语言	31.71
本科及以上学历	39.02
吃苦耐劳、适应环境能力	43.90
良好健康的身体素质	51.22
良好的心理素质与抗压能力	56.10
具备国际项目和公司管理能力	60.98
风险处理与应变能力	63.41
具备专业知识和技能	68.29
熟悉并掌握我国国情及文化	68.29
热爱祖国、有坚定的政治信仰	70.73
具有跨文化沟通协调能力	78.05
精通英语	78.05
掌握"一带一路"沿线国家国情与文化	80.49
具有国际视野、全球化意识	82.93

图1 "一带一路"建设人才的核心特征与素质

二 上海对"一带一路"建设人才的需求与存在的问题

(一)上海对"一带一路"建设人才的需求情况

1. 受访上海企事业单位对"一带一路"建设人才的总体需求情况

根据调研获取的有效问卷,41家受访上海企事业单位平均员工数为4383人,其中包括光明集团、携程集团、中信银行、上海建工等。结合问卷,受访上海企事业单位"一带一路"建设人才的现有数量和需求数量见表1。

表1 受访上海企事业单位"一带一路"建设人才的现有数量和需求数量

单位:人,%

	员工总数	"一带一路"建设人才的现有数量	"一带一路"建设人才的需求数量
数量	179693	4463	9600
占比		2.48	5.34

41家受访上海企事业单位员工总数为179693人,"一带一路"建设人才的现有数量是4463人,占比为2.48%。根据受访对象对"一带一路"建设人才的需求预估,需求数量为9600人,是"一带一路"建设人才现有数量的2倍多。这里有一个不可忽视的因素,受新冠肺炎疫情影响,很多单位在共建"一带一路"国家的国际业务处于停滞状态,因此预估数量要少于实际的需求数量。

2. 受访上海企事业单位对"一带一路"建设人才的专业需求

对于对国际化人才的专业需求,受访上海企事业单位按照专业紧缺程度在问卷中依次填写了五个紧缺专业及需要的人才数量,具体结果如图2所示。

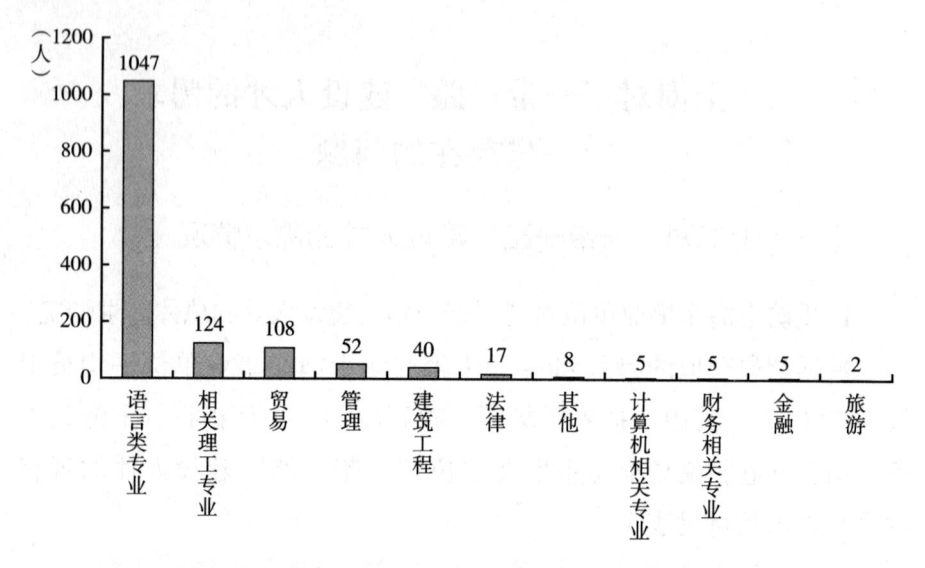

```
(人) 1200
      1047
     1000
      800
      600
      400
      200    124   108
                         52   40
        0                         17   8    5    5    5    2
        语   相   贸   管   建   法   其   计   财   金   旅
        言   关   易   理   筑   律   他   算   务   融   游
        类   理            工                  机   相
        专   工            程                  相   关
        业   专                                关   专
             业                                专   业
                                               业
```

图2 受访上海企事业单位认为的紧缺专业及需要的人才数量

急需的专业人才与企业所在行业的关联度很高，语言类专业人才需求量最大。比如上海建工集团、上海承建（集团）公司、绿地控股集团、华润置地需要的是建筑工程、管理、语言类专业等人才，所调研的律师事务所需要的是法律和语言类专业等人才；携程集团及酒店类企业需要的是旅游、语言类专业等人才；银行和证券公司需要的是金融、语言类专业等人才。大部分受访对象都提到急需语言类专业人才。

由于此次调研中仅调研了一家医院，数据未能反映出受访上海企事业单位对医疗医药类专业人才的需求程度，但在重点访谈中，几家大型国有企业都谈到了对中医药、传染病防控、卫生服务、健康、卫生发展援助等领域人才的需求。

3. 受访上海企事业单位对"一带一路"建设人才的岗位需求

按照通常的企业中的管理岗、科研技术岗、干部岗和技能岗划分，我们基于调研资料给出了受访上海企事业单位对"一带一路"建设人才的岗位需求情况（见图3），分值越大表示需求程度越高。受访上海企事业单位对"一带一路"建设人才岗位需求最大的是技能岗，需求最小的是干部岗，管理岗和科研技术岗差异不大。受访上海企事业单位在"一带一路"建设过程中，对技能岗的需求更大。

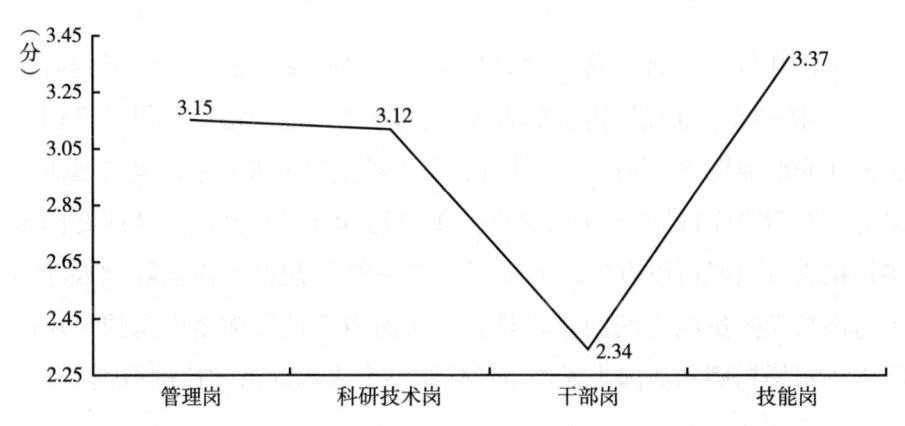

图3 受访上海企事业单位对"一带一路"建设人才的岗位需求情况

4. 受访上海企事业单位希望得到的支持

图4给出了受访上海企事业单位希望得到的支持。从图4中可以看出，上海用人单位最希望得到的支持是对"一带一路"建设人才

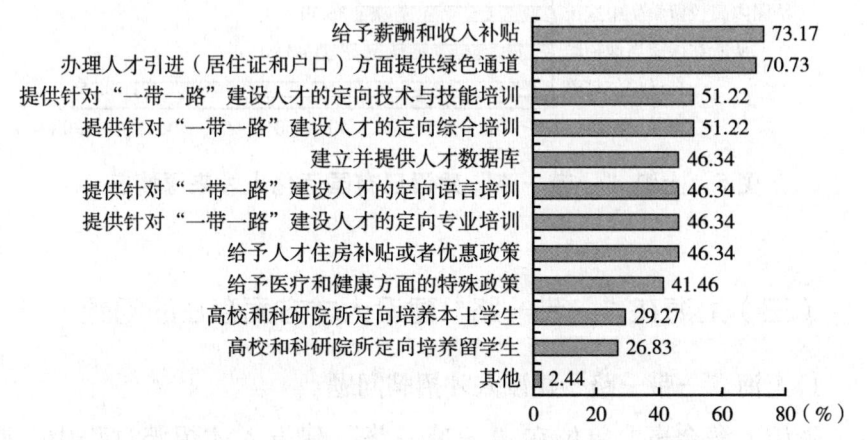

支持项目	比例(%)
给予薪酬和收入补贴	73.17
办理人才引进（居住证和户口）方面提供绿色通道	70.73
提供针对"一带一路"建设人才的定向技术与技能培训	51.22
提供针对"一带一路"建设人才的定向综合培训	51.22
建立并提供人才数据库	46.34
提供针对"一带一路"建设人才的定向语言培训	46.34
提供针对"一带一路"建设人才的定向专业培训	46.34
给予人才住房补贴或者优惠政策	46.34
给予医疗和健康方面的特殊政策	41.46
高校和科研院所定向培养本土学生	29.27
高校和科研院所定向培养留学生	26.83
其他	2.44

图4 受访上海企事业单位希望得到的支持情况

给予薪酬和收入补贴,这与国际化人才激励的分析结果一致。其次是希望在办理人才引进(居住证和户口)方面提供绿色通道,说明目前上海的"一带一路"建设人才引进政策还有较大优化空间。

(二)上海"一带一路"建设已有国际化人才来源

上海作为"一带一路"建设桥头堡,经过多年发展,已经拥有不少"一带一路"建设所需要的人才。上海"一带一路"建设已有国际化人才来源见图5。从图5中可以看出,最主要的人才来源是自己单位培养,有78.05%的受访上海企事业单位选择此项;其次是从所在国家当地招聘。由此可以看出,上海"一带一路"建设所需国际化人才与上海高校学生供给之间的差距较大,从国内高校留学生中选拔、从国际人才市场招聘和从国内人才市场招聘三个来源的人才比例差别不大。

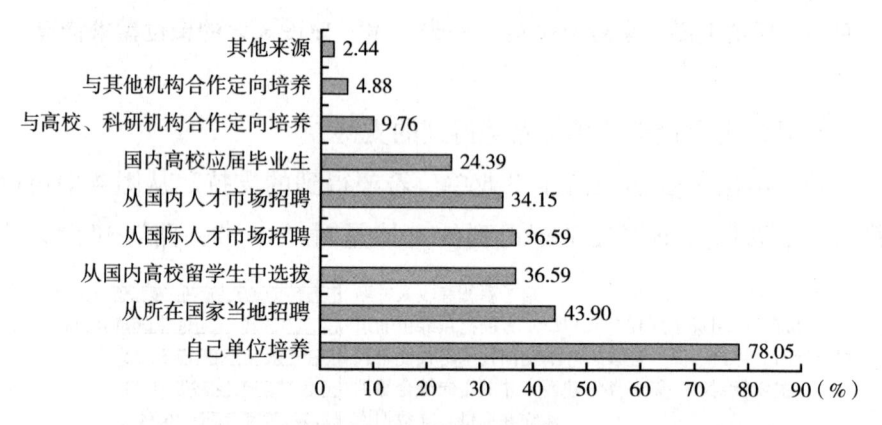

来源	比例(%)
其他来源	2.44
与其他机构合作定向培养	4.88
与高校、科研机构合作定向培养	9.76
国内高校应届毕业生	24.39
从国内人才市场招聘	34.15
从国际人才市场招聘	36.59
从国内高校留学生中选拔	36.59
从所在国家当地招聘	43.90
自己单位培养	78.05

图5 上海"一带一路"建设已有国际化人才来源情况

(三)上海在"一带一路"建设人才方面存在的问题

1. 上海"一带一路"建设人才招聘问题

受访上海企事业单位在"一带一路"建设人才招聘过程中,遇到的最突出的问题是缺少人才资源和招聘渠道,找不到合适的专业人才，现有的人才市场和人才数据库达不到用人单位的要求，而且差距很大，复合型的、具有国际经验的人才更加缺乏。有不少受访上海企事业单位陷入两难境地，国内缺乏可以输出到"一带一路"项目所在地的人才，而当地招聘成本高、管理困难。调研中，语言问题多次被提及，用人单位缺乏小语种人才，更加缺乏"小语种+技术"人才。

2. 上海"一带一路"建设人才培养问题

在"一带一路"建设人才培养方面，根据调研结果，在缺少相关外语培养前提下，很难将"一带一路"项目所在地语言与专业技术结合起来进行培养；紧缺人才的培养方式单一；人才的职业生涯、回国安置和家庭三者无法有效结合；人才培养与原有人才"论资排辈"之间存在冲突；缺少政府、高校在人才培养方面的支持。

3. 上海"一带一路"建设人才激励问题

在"一带一路"建设人才激励方面，根据调研结果，主要存在以下问题：

- 薪酬水平不高，现有薪酬水平与薪酬总额限制之间有矛盾（主要是国有企业和事业单位），薪酬不成体系，国内外薪酬差异大；
- 激励手段简单，激励效果差；
- 长期激励与短期激励不协调，人才外派回归后缺少有效安置政策支持；
- 缺乏长期激励；
- 缺乏家庭安置方面的支持。

4. 上海"一带一路"建设人才供需不平衡

受访上海企事业单位"一带一路"建设人才问题表现为两大问题：一是国内国际化人才培养不足的问题，用人单位在国内培养、储备的人才与海外项目的实际需求常常出现脱节，不仅导致人才浪费，也造成海外人才短缺；二是境外人才属地化管理问题，东道国担心外籍人员的加入会对本国就业市场造成冲击，因而绝大部分国家都已出

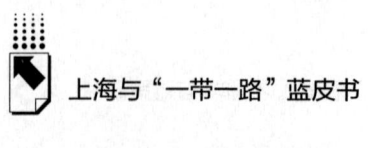

台限制外籍劳动力过多入境的法律法规。

根据上海"一带一路"建设人才需求调研数据,我们得到上海"一带一路"建设人才供需平衡分析表(见表2)。

表2 上海"一带一路"建设人才供需平衡分析

	用人单位人才需求/特征	供给情况描述	建议
高校	更高层次高校群	68所普通高校	提高高校质量,高校间协同创新,形成集群效应
上海高校研究生	符合"一带一路"建设需求	5.6万研究生/年	培养符合"一带一路"建设需求的研究生
高校成立"一带一路"相关机构	更多实用型,为用人单位提供支持的机构	50个	加强与用人单位联系,形成产学研联动的"一带一路"研究机构和人才培养机构
高校"一带一路"人才培训项目	定制化、长期性、针对性、实用性	34个	加强与用人单位联系,提供定制化、长期性、针对性、实用性培训项目
中外合作办学机构与项目	扩大合作范围	14个机构,84个项目	加强与"一带一路"沿线国家和支点城市高校之间的合作
孔子学院	"一带一路"支点城市全覆盖	48个	力争覆盖每一个"一带一路"支点城市和所有"一带一路"沿线国家
高校"一带一路"智库	更多聚焦于人才服务与研究	6个	建立聚焦于"一带一路"建设人才方面的智库
行业服务机构	高端、合理有序,配合政府	1500个	聚焦于"一带一路"建设人才的机构,与政府功能互补
小语种人才种类	40多种	20种	加强与小语种国家的联系,在资金、政策方面支持高校设立相关专业,加强小语种人才培养
小语种人才数量	大	少(每年个位数)	补贴与支持,增加小语种人才数量

续表

	用人单位人才需求/特征	供给情况描述	建议
国际化人才类型	"一带一路"国际化人才	针对中国市场的国际化人才	在对国际化人才"引进来"的同时,加大对"走出去"国际化人才的培养与培训力度,拓展来源渠道
行业国际化人才	体育赛事管理与运营国际化人才	国内少	与上海相关高校合作培养;与国际体育组织合作培养;培养"语言+体育+管理"人才
	中医类人才	国内供给足,但缺乏"语言+中医"人才	与上海相关高校合作培养,注重培养"文化+语言+中医"人才,去医院、高校等宣传
在沪留学生	缺乏定制化人才	在每年6万名留学生基础上,数量逐年增加	高校根据企业需求,"定制人才",提高留学生质量,使留学生融入上海"一带一路"建设;建立留学生人才数据库与跟踪系统
归国留学人员	人数更多,层次更高	目前每年近15万	建立人才数据库,建立满意度调查系统,提供个性化服务
招聘渠道	真实的人才数据库	少,人才数量少,不符合需求	建立"联系上海""一带一路"猎头机构,建立数据库
人才培养	系统性、稳定性、定制化	数量少,质量不高	根据用人单位需要联合培养,高校等人才培养机构前期介入
在沪外籍人才	72万人	22万人	通过"联系上海"吸引全球国际化人才,精准服务,打造城市共融软环境,建立人才缓冲带,等等
金融从业人数	更多	35万人	加大国际化金融人才引进力度,加强与相关高校合作,引进国际金融机构,等等
人才薪酬激励	具有国际竞争力的高薪酬	政策限制	人才特区,创新人才激励的机制,试点激励措施

对于上海"一带一路"建设人才的用人单位而言，一方面人才需求量大，另一方面得不到有效供给，与政府、行业、高校、智库等机构之间信息不对称，合作不紧密，因此需要一个平台，或者一个抓手，将所有参与方整合起来，以用人单位人才需求为目标，达到有机整合所有参与方的目的。比如引进海外人才的工作涉及公安、人社、外事等相关部门，各个部门之间的信息交流还不够充分，对文件的办理期限等要求缺乏协调，导致海外人才的申请和办理费时较长，程序较烦琐，相关部门应在"一带一路"建设人才方面加强协调。

上海对于"一带一路"建设人才的需求处于动态变化中，比如受新冠肺炎疫情影响，目前上海需要公共卫生与健康方面的国际化人才，而人才的培养是一个缓慢的过程，因此就需要政府进行顶层设计，做出前瞻性判断。

三　相关对策建议

（一）打造上海"一带一路"建设人才一站式云平台

调研中发现，参与上海"一带一路"建设的企业、事业单位都对信息与数据有迫切的需求，建议尽快建立"一带一路"建设人才一站式云平台，这个平台具有以下功能：

- 人才数据库（存量数据库、需求数据库）；
- 多样化人才公共服务系统，包括面向全社会的公共资讯、政策咨询、创业扶持、人才流动、人才培养系统等（覆盖已有上海国际人才网）；
- 留学生信息动态更新平台；
- 动态、及时、全方位的"一带一路"建设人才满意度调查与扫描系统；

● 动态、及时、全方位的"一带一路"建设人才用人单位人才需求调查与扫描系统。

通过打造"一带一路"建设人才一站式云平台，期待可以解决用人单位人才需求与供给之间的信息不对称问题，并能为人才培养与输出单位提供动态人才需求信息，形成人才需求与供给的动态平衡机制。

（二）筹建上海"一带一路"大学

上海合作组织大学是上海合作组织成员国高校间的非实体合作网络，由5个成员国的75所院校组成。但中方的20所高校中，并没有上海的高校。受上海合作组织大学启发，建议建立上海"一带一路"大学或者大学联盟、大学集群，将上海的高校资源与"一带一路"沿线主要国家的大学资源相结合，形成聚集效应。

筹建上海"一带一路"大学可以有效解决上海在"一带一路"建设人才方面面临的困境，通过高校间的交流沟通，打通不同国家、不同文化、不同语言之间的壁垒，使国际化人才在上海服务"一带一路"建设中发挥更大的作用。

（三）建立"联系上海"重要载体

受"联系新加坡"效果与功能的启发，建议上海建立高级别的国际化人才服务实体机构"联系上海"。这个实体机构的功能：对内统一协调所有相关政府部门及用人单位，对外是联系所有国际人才市场的窗口，其核心功能是搜索、挖掘、引进国际化人才，同时对外宣传上海及上海"一带一路"建设。

（四）建立"一带一路"建设人才生态环境评价指标体系

建立科学的"一带一路"建设人才生态环境评价指标体系。根

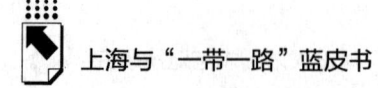

据相关研究，所谓人才生态环境，主要指组成人才环境的各要素间动态、平衡的发展状况，内容涉及居住环境、工作生活环境、儿童教育、社保、卫生状况等。[①]

（五）创新人才政策

充分发挥上海自贸区先行先试优势进行相关创新。国务院支持上海科创中心建设，允许先行先试，建立国家级人才改革试验区。上海应充分利用这一优势，突破目前影响上海"一带一路"建设人才工作的瓶颈，比如薪酬政策限制等。2022年上海在人才落户方面进行了创新，为后续"一带一路"建设人才的引进与培养提供了保障。

（六）建立"一带一路"国际联合实验室

针对关键领域的国际化专业技术人才，建议整合科技部门、教育部门及实体企业，建立"一带一路"国际联合实验室，促进多学科复合型人才培养，同时力促前沿技术融入"一带一路"建设中。"一带一路"国际联合实验室致力于解决技术壁垒问题，同时促进不同国籍人才的交流合作。

---

① 姚凯：《上海全球城市人才资源开发与流动战略研究》，复旦大学出版社，2019，第3页。

B.6
上海服务"一带一路"新型基础设施建设研究

刘朝青 胡琼方*

摘　要： 本文在厘清新型基础设施建设概念的基础上，梳理总结了我国"一带一路"新型基础设施建设的总体情况以及上海新型基础设施建设成效，深入分析了上海服务"一带一路"新型基础设施建设的特点及企业参与方式，认为当前虽然外部环境面临"百年未有之大变局"，但自身综合实力不足是制约企业"走出去"的关键因素。最后报告从扎实提升上海自身新型基础设施建设能级、提前谋划布局、持续营造宽松的外部环境等方面提出了对策建议。

关键词： 新型基础设施建设　"一带一路"　上海

2018年12月中央经济工作会议首次提出"新型基础设施建设"概念，之后这一概念迅速成为全社会关注的"热词"。近年来社会各界都在深入讨论新型基础设施建设的内涵、范围、功能、特点。其中，关于新型基础设施建设的概念，比较有代表性的是"七领域说"和"三方面说"。"七领域说"最早由央视中文国际频道在一期节目

---

* 刘朝青，上海智慧城市发展研究院研究顾问，研究方向为智慧城市；胡琼方，上海智慧城市发展研究院综合研究部副主任，研究方向为智慧城市。

中提出，具体是将新型基础设施建设概括为 5G 基建、特高压、城际高速铁路和城际轨道交通、新能源汽车充电桩、大数据中心、人工智能、工业互联网七大领域①；"三方面说"是国家发展和改革委员会在 2020 年 4 月 20 日的例行新闻发布会上提出的，主要是将新型基础设施概括为信息基础设施、融合基础设施和创新基础设施三大方面②。自此，新型基础设施建设的"七领域说"和"三方面说"被地方政府和研究者广泛接受与使用。

上海是我国推进新型基础设施建设的领先城市。早在 2020 年 4 月，上海就发布了《上海市推进新型基础设施建设行动方案（2020~2022 年）》。该方案是基于"三方面说"的界定，根据上海发展情况，将新型基础设施建设划为新一代网络基础设施建设、创新基础设施建设、融合基础设施建设和智能化终端基础设施建设四大领域（以下简称"四领域说"）。对此，本文为更好地展开分析，对新型基础设施建设的概念界定以"四领域说"为主，同时兼顾学术研究中的"七领域说"。

一 我国"一带一路"新型基础设施建设的总体情况

自 2013 年我国提出"一带一路"倡议以来，得到了"一带一路"沿线国家的积极响应和大力支持。根据"走出去"公共服务平台数据，2015~2021 年，我国企业在"一带一路"沿线国家的非金融类直接投资累计达到 1124.8 亿美元，呈现波动上升特点。从投资

---

① 黄波：《加速布局"新基建"，为新经济发展注入新动能》，《科技日报》2020 年 4 月 2 日，第 5 版。
② 《国家发改委 4 月份例行新闻发布会》，http://www.china.com.cn/zhibo/content_75950998.htm，2020 年 4 月 20 日。

方向看，非金融类直接投资市场主要集中在新加坡、印度尼西亚、越南、老挝、柬埔寨、泰国、马来西亚等东南亚国家。从业务发展态势看，受疫情和外部环境的叠加影响，2015~2021年，我国企业在"一带一路"沿线国家的新签对外承包工程项目合同数量和新签合同额的年度数据均略有下降；除2015年外，我国企业在"一带一路"沿线国家新签合同额占同期我国对外承包工程新签合同额的比重仍超过50%，说明当前我国企业在"一带一路"沿线国家的业务总体保持稳步发展态势。

表1 2015~2021年我国企业在"一带一路"沿线国家对外承包工程项目合同情况

年份	新签对外承包工程项目合同（份）	新签合同额（亿美元）	新签合同额占同期我国对外承包工程新签合同额比重（%）
2021	6257	1340.4	51.9
2020	5611	1414.6	55.4
2019	6944	1548.9	59.5
2018	7721	1257.8	52.0
2017	7217	1443.2	54.4
2016	8158	1260.3	51.6
2015	3987	926.4	44.1
总计	45895	9191.6	—

资料来源：整理自"走出去"公共服务平台。

作为"一带一路"高质量发展的新兴推动力量，近年来新型基础设施建设对外投资增速较快。数据显示，2020年，我国企业对"一带一路"沿线58个国家的非金融类直接投资达到177.9亿美元，其中对科学研究和专业技术服务的投资增长18.1%。[①] 2021年1~11

---

① 《2020年中国对"一带一路"沿线非金融类直接投资同比增长18.3%》，https://baijiahao.baidu.com/s?id=1689638336148409118&wfr=spider&for=pc，2021年1月23日。

月,流向信息服务领域的投资同样呈增长态势①;从"一带一路"新型基础设施建设项目情况看,5G网络、大数据中心、特高压、城际高速铁路和城际轨道交通是优势领域,而人工智能、工业互联网、新能源汽车充电桩等领域发展速度较慢②;从企业性质看,国有企业承担了"一带一路"新型基础设施建设的主力军角色,同时像华为、深兰科技等一批优秀的非公科技企业也积极投身于"一带一路"新型基础设施建设领域。

二 上海新型基础设施建设成效

《上海市推进新型基础设施建设行动方案(2020~2022年)》明确了上海新型基础设施建设的内涵、行动目标和主要任务。次年3月,上海又对2021年新型基础设施建设的重点工作做了具体细化。截至2021年底,上海新型基础设施建设已经取得一系列成效。

一是搭建了"新网络"。上海新型基础设施的"新网络"建设以5G、工业互联网等为代表。目前,上海已经成为我国5G发展领先城市之一。截至2021年末,上海累计建设超5.4万个5G室外基站,16万个5G室内小站;全球信息枢纽功能进一步完善。2021年,临港新片区和虹桥商务区的国际互联网数据专用通道陆续宣布投入使用,标志着上海国际通信服务能力不断增强;上海工业互联网建设居于全国第一梯队。数据显示,2021年,上海工业互联网平台普及率位居全

---

① 《去年我国对"一带一路"沿线国家投资增长18.3%》,http://www.mofcom.gov.cn/article/zwjg/zwxw/zwxwoy/202102/20210203035763.shtml,2021年2月1日。

② 郭朝先、徐枫:《新基建推进"一带一路"建设高质量发展研究》,《西安交通大学学报》(社会科学版)2020年第5期。

国第一，数字化研发设计工具普及率位居全国第二，工业云平台使用率和工业互联网模式创新突破比例均位居全国第三。此外，近三年上海的国家级工业互联网相关试点示范数量突破了100个，数量位居全国前列。在平台赋能方面，目前，上海已累计培育26个有行业影响力的工业互联网平台，链接超120万家企业，工业互联网平台深度赋能效应不断显现。①

二是形成了"新设施"。上海新型基础设施的"新设施"建设以重大科技基础设施、先进科教基础设施、产业创新基础设施等为代表。重大科技基础设施是为人类探索未知世界、发现自然规律、引领技术变革提供极限研究手段的大型复杂科学技术研究装置或系统。2021年，上海已建成（含试运行）的国家重大科技基础设施有8个，在建的国家重大科技基础设施有6个，全部位于张江国家自主创新示范区内。相比较而言，无论是拥有国家重大科技基础设施的数量，还是投资金额和建设进度，上海在全国均处于领先地位。先进科教基础设施和产业技术创新基础设施建设在2021年也取得了诸多新进展，如世界首条35千伏公里级超导电缆示范工程在上海正式投入运行，标志着我国超导输电应用迈入全球领先行列；华力12英寸集电生产线建成，进一步助推我国集成电路产业的做大做强；国家儿童医学中心张江院区建设项目按时开工建设，建成后，该中心将全面引领我国儿科医疗发展方向。

三是建设了"新平台"。上海新型基础设施的"新平台"建设以互联网数据中心、人工智能、云计算、大数据等为代表。互联网数据中心是数据、计算和网络发展的基石。为满足城市发展需求，上海数据中心在已建12万机架的基础上，2021年首批又新增10个用能数

---

① 上海经信委：《2021年工业互联网促制造业数字化转型十件大事》，https：//mp.weixin.qq.com/s/s-I3XDNmaMVV4xVmzojpPA，2021年12月27日。

据中心项目，每个项目支持规模是3000机架[①]，这意味着上海数字化转型的数字底座基础更加稳固，算力、算法、数据、应用资源的集约化、服务化发展功能得到进一步强化；在新技术平台建设方面，2021年，上海发布了全国首个AI算法创新计划，成立AI算力产业生态联盟，构建临港数字孪生城等综合性应用场景，人工智能算法算力数据加快协同发展；"一网统管"的市区两级融合指挥平台建设进一步完善，城市运行数字体征系统建成投用，有力提升了城市管理和应急处置能力。自2018年7月上海"一网通办"上线运行以来，成效显著，在中央党校（国家行政学院）电子政务研究中心发布的《省级政府和重点城市一体化政务服务能力（政务服务"好差评"）调查评估报告（2021）》中，上海排名全国第一。[②] 此外，国家（上海）新型互联网交换中心启动运营、长三角生态绿色一体化发展示范区智慧大脑工程组织实施等工作的稳步推进也将进一步提升上海乃至长三角地区的互联网效率和性能。

四是布设了"新终端"。上海新型基础设施的"新终端"建设主要是针对城市管理和生产生活领域的传统基础设施进行智能化改造或者新建智能终端系统，场景应用方面包括智慧政务基础设施、智能交通基础设施、智慧物流基础设施、智能化"海空"枢纽基础设施、智慧医疗等。数据显示，2021年上海各行各业的新型基础设施建设都在稳步推进。如在充电桩方面，新建公共（含专用）充电桩2万个，建成并验收共享充电桩示范小区17个、出租车示范站27个；在智慧医疗方面，医疗、医保、医药联动改革纵深推进，67家互联网

[①] 《上海：支持10个用能新建数据中心项目 规模仍是3000机架》，http://server.ctocio.com.cn/server/2021/0727/89553.html，2021年7月27日。

[②] 《上海市"一网通办"改革取得显著成效 在全国省级政府一体化政务服务能力评估中位列第一》，https://www.shanghai.gov.cn/nw4411/20210527/e7d12107838d41d1943e2713f68f88cd.html，2021年5月27日。

医院被成功纳入医保结算;在智慧交通方面,上海已在嘉定、临港、奉贤、金桥等测试区开放测试道路近400条,测试场景上万条,智能网联汽车测试道路开放里程达1290公里。①

"新网络"、"新设施"、"新平台"和"新终端"的建设成果有助于全方位提升上海新型基础设施的建设能级,促进上海加快构建现代化产业体系,同时也为上海更好地服务"一带一路"新型基础设施建设提供了技术、资金和经验,为政府引导企业"走出去"提供了方向和抓手。

三 上海服务"一带一路"新型基础设施建设的特点及企业参与方式

(一)上海服务"一带一路"新型基础设施建设的特点

总体来看,上海新型基础设施建设的四大领域,上海在服务"一带一路"新型基础设施建设过程中均有所涉及。从服务领域看,互联网与云计算、大数据服务、人工智能等新一代信息技术是上海当前正在积极谋划的重点,掌握前沿技术的上海企业已着手在共建"一带一路"国家布局新产品、推进新项目;从企业类型看,国有企业在传统基础设施建设方面积累了丰富的经验,是服务"一带一路"新型基础设施建设的主力军,同时非公企业中的行业领军企业、"独角兽"企业正在发挥越来越大的作用。

具体来看,上海服务"一带一路"新型基础设施建设呈现如下特点。

---

① 《关于上海市2021年国民经济和社会发展计划执行情况与2022年国民经济和社会发展计划草案的报告》,https://fgw.sh.gov.cn/fgw_ndjh/20220128/3d154727050a4ee383a42ecaead0857a.html,2022年1月28日。

一是信息基础设施是上海服务"一带一路"新型基础设施建设的重点领域。上海处于全国人工智能发展的第一梯队，据不完全统计，2021年上海人工智能相关企业超过1200家。① 这些企业在共建"一带一路"国家开展的项目合作为上海服务"一带一路"新型基础设施建设打下了基础。在卫星互联网基础设施建设方面，被誉为"一带一路星"的风云二号H星由中国航天科技集团上海航天技术研究院抓总研制，其提供的气象云图被广泛应用于阿拉伯海气旋风暴、斯里兰卡洪涝等自然灾害应对中。② 在推进共建"一带一路"国家的5G网络建设等业务合作中，上海诺基亚贝尔股份有限公司是典型，其已为菲律宾、柬埔寨、老挝、尼日利亚、喀麦隆、多哥等国家提供2G/3G/4G移动网络、IP及光网络、超宽带接入方案，并开展5G战略合作。③

二是融合基础设施是上海服务"一带一路"新型基础设施建设的优势领域。自"一带一路"倡议提出以来，上海与共建"一带一路"国家在传统基础设施领域开展了大量合作，并将诸多新技术应用于其中，进一步提升了相关国家和地区基础设施的智慧化、智能化水平。如上海电气集团股份有限公司已在共建"一带一路"国家建设了多个超级工程。其中，参建的巴基斯坦卡拉奇2、3号机组项目采用了具有中国完全自主知识产权的三代压水堆核电技术，成为上海企业助力共建"一带一路"国家绿色低碳发展的标志性项目；深兰科技（上海）有限公司自主研发的熊猫智能公交车是一款搭载自动

---

① 许鑫、衣春波：《全国统一大市场环境下上海人工智能产业发展对策》，https：//www.thepaper.cn/newsDetail_forward_18261763，2022年5月26日。
② 俱鹤飞：《上海造的这颗星，在太空拓展"一带一路"朋友圈》，https：//export.shobserver.com/baijiahao/html/432574.html，2021年12月14日。
③ 王雅洁：《诺基亚贝尔的5G布局曝光 涉及"一带一路"40多个国家》，https：//baijiahao.baidu.com/s？id=1580303313140196376&wfr=spider&for=pc，2017年10月4日。

驾驶技术的 AI 客车，已经陆续出口东南亚和欧洲等地区，促进了相关国家和地区的智慧交通发展。此外，在共建"一带一路"国家，上海还相继落地了一批智慧农业、智慧医疗项目。如上海鹏欣（集团）有限公司在巴西、新西兰、缅甸等国家开展农业项目建设时，不断输出我国农业物联网、智慧灌溉等技术，加速了共建"一带一路"国家传统农业设施的智慧化改造进程；上海联影医疗科技股份有限公司的医疗产品销往缅甸、越南、哈萨克斯坦等共建"一带一路"国家，为上海与其在互联网医疗、人工智能等多领域展开深度合作奠定了基础。

三是企业在"走出去"的同时，上海也在积极与共建"一带一路"国家联合创设实验室，为推进"一带一路"创新发展提供科技支持。"一带一路"联合实验室是由科技部批准建设的国家对外科技合作创新高级别平台。截至目前，上海争取到国家支持的"一带一路"联合实验室包括中国-匈牙利脑科学"一带一路"联合实验室、中国-葡萄牙星海"一带一路"联合实验室等。这些实验室的研究成果将直接推动共建"一带一路"国家的科技进步。此外，上海高校、科研机构、各类智库也在积极与共建"一带一路"国家联合创设实验室、创新中心等科研机构以及产业园、创新园，这些都为上海更好地服务"一带一路"新型基础设施建设提供了重要的科技支撑。

四是积极在"海空"枢纽设施、智慧物流等领域推动智能化终端基础设施建设。打造智能化"海空"枢纽设施是上海推进新型基础设施建设的重点工作，而此项工作也同样体现在上海服务"一带一路"新型基础设施建设中。上海振华重工（集团）股份有限公司、上海宝冶集团有限公司、上海国际港务（集团）股份有限公司等国有企业是上海智能化"海空"枢纽设施建设的龙头企业，也是上海对外服务的领先企业。如上海振华重工（集团）股份有限公司参与设计、建造的"智能型"自航耙吸挖泥船——"航浚6008"轮、"航浚6009"轮实现了各种工况下的"智能"疏浚,更能适应共建"一带一路"国家港口航道的疏浚施工环境,提升海外港口的服务能级。此外,除了国有企业,民营企业也积极投身于智能化终端基础设施建设。如上海西井信息科技有限公司正式交付瑞典斯德哥尔摩码头的无人驾驶智能跨运车以及在泰国林查班码头落地运营的Q-Truck无人驾驶电动重卡量产车,有效提升了海外国家智慧港口的运营水平。

(二)上海企业参与"一带一路"新型基础设施建设的方式

基于现有资料来分析,上海企业参与"一带一路"新型基础设施建设的方式主要有以下三种。

一是上海企业单独或者联合行业内其他有实力的企业积极竞标共建"一带一路"国家的重大项目。这种方式大多出现在上海自身发展基础比较好的领域。如上海电气-东方电气联营体成功中标埃及汉纳维电站EPC项目,这是我国企业首次将拥有自主知识产权的超超临界清洁燃煤技术推向世界。[①] 上港集团中标以色列海法新港码头经营权,该港口建设全面借鉴洋山四期自动化码头技术,是我国企业向发达国家输出"智慧港口"技术和管理经验的标杆。

二是上海企业与共建"一带一路"国家的本土企业组建开发"联合体",共同完成国际项目的开发建设。出于对关税、成本、语言文化、制度政策等方面的综合考量,为尽快打开共建"一带一路"国家的市场,上海企业也在积极谋划与东道国企业联合设立合资企业。如上海汽车集团股份有限公司与泰国正大集团合资成立上汽正大有限公司,在泰国新建整车生产基地,销售网络遍及东南亚多个国

---

① 《上海电气-东方电气联营体签约埃及汉纳维电站EPC项目》,http://www.sasac.gov.cn/n2588025/n2588129/c9603020/content.html,2018年9月20日。

家，其中投资生产的 MG ZS 是首款可以使用泰语进行语音控制的互联网汽车①，深受当地消费者欢迎和喜爱。

三是上海企业通过"港口出海""业务出海"等方式，间接带动更多国内企业参与到"一带一路"新型基础设施建设中。一方面，上海利用港口、航空、铁路、通信等本地优势资源，方便我国与共建"一带一路"国家的国际贸易和人员往来，畅通国内企业出海通道，促进新型基础设施建设需要的设备、零部件以及其他技术产品出口；另一方面，上海企业在"走出去"的同时，通过产业链、供应链嵌入以及业务分包等方式，也在间接带动国内新型基础设施建设领域的上下游企业共同参与到"一带一路"建设中来。

四 上海服务"一带一路"新型基础设施建设展望

（一）上海服务"一带一路"新型基础设施建设仍面临较大挑战

外部环境面临"百年未有之大变局"。当前，国际政治经济形势、区域安全等方面的"黑天鹅"事件不断，国际环境面临前所未有的复杂性和不确定性，这给"一带一路"新型基础设施建设带来了较大风险。关于风险类型，《2021年度"一带一路"国家基础设施发展指数报告》总结概括了四点，即新冠肺炎疫情、地缘政治、财政和债务以及极端天气。其中，报告认为新冠肺炎疫情是未来1~2年内基础设施发展面临的首要风险。② 这些客观存在的外部因素迫使

---

① 《上汽国际化发展"起势"有望乘"一带一路"之风上青云》，https：//www.yoojia.com/article/9185187582631158135.html，2022年4月28日。
② 《2021年度"一带一路"国家基础设施发展指数报告》，https：//www.chinca.org/CICA/prview/21070513270411，2021年7月5日。

上海企业放慢了在部分国家和地区"走出去"的步伐。

自身综合实力不足是制约企业"走出去"的关键因素。无论国际环境如何风云变幻，归根到底是外因，对上海企业"走出去"不起决定性作用，科技创新能力、对国际形势变化的灵活应变能力以及对不同地区文化、风俗、习俗等的适应能力等才是关键因素。在研究过程中笔者发现，有不少企业受自身创新能力不足、对国际规则把握不深刻等因素制约，在海外竞标、项目启动、项目执行、项目验收等环节受阻。

（二）持续修炼内功，扎实提升上海自身新型基础设施建设能级

要服务好共建"一带一路"国家的新型基础设施建设，上海首先要注意提升自身新型基础设施建设的能级。在新一代网络基础设施建设方面，要遵循适度超前原则，统筹建设算力基础设施，加强科技创新策源地建设，推进核心技术研发布局，提高新型基础设施的系统可控性和安全性；在创新基础设施建设方面，要促进大学和科研机构、企业、科技产业园、科普单位等创新载体合作，打通"产学研用"新通道，对于短期内难以产生经济效益的基础和前沿领域，要积极争取国家政策支持；在融合基础设施建设方面，要强化应用牵引，以市场需求和问题为导向，稳步推进各行各业智慧平台建设，要统一发展思路，推进跨行业的集约共建和开放共享，避免重复建设，降低社会成本；在智能化终端基础设施建设方面，要瞄准新赛道，优先支持涉及民生保障以及可能助力上海弯道超车的智能化终端基础设施建设。

此外，上海还要注重对新型基础设施建设领域内"独角兽"企业的培育，发挥龙头企业的引领作用。对于发展潜力大、行业细分优势突出的中小企业，政府部门在促进它们成长的同时，可以适时引导它们以多样化

的方式走出国内,增加它们成长为国际企业的可能性;对于发展基础较好的行业龙头企业,政府部门要帮助它们不断提高管理水平和技术创新能力,同时加强海外投资风险预警提示,提高海外项目落地的成功率。

(三)加强分析研判,在资金利用、技术输出、规划决策参与等方面提前谋划布局

提前研判国际形势,率先推进当下与上海发展契合度较高、时机条件较为成熟的共建"一带一路"国家新型基础设施建设。在资金利用方面,上海应充分利用我国在上海合作组织框架内实施二期专项贷款契机以及上海国际金融中心优势,力争成为我国对外投资的融资中心,同时鼓励和支持社会资本积极参与中亚、南亚、东南亚等地区的新型基础设施建设,并对"走出去"的企业,加大提供融资、专业人才培养培训等方面的服务和支持力度;在技术输出方面,结合上海在软件和信息技术服务业、科学研究和技术服务业等方面的技术优势,深度融入绿色、低碳、可持续发展等理念,加强对共建"一带一路"国家港口、航空枢纽、再生能源等领域的技术输出;在规划决策参与方面,政府部门要鼓励"走出去"的企业打破"点对点"做项目的局限思维,重视共建"一带一路"国家提供的参与标准制定、对经济发展建言献策等机会,以更好地将自身发展需求融入当地新型基础设施建设中。

(四)注重打造软环境,为上海更好地服务"一带一路"新型基础设施建设持续营造宽松的外部环境

面对不同发展水平和发展战略的共建"一带一路"国家,上海企业要深入了解它们多样且独特的自然条件、历史发展脉络、风俗习惯、民族文化、制度规则,因地制宜,采取理性沟通、正面传播、战略对接等措施,持续营造宽松的新型基础设施建设的外部环境。与传

统基础设施建设相比，新型基础设施建设涉及技术创新、数据安全等，因此海外项目的推进阻力势必也会更大。在这种背景下，上海企业在"走出去"之前，要提前了解目标地区的软环境，注重细节安排，加强沟通交流，未雨绸缪，避免出现不必要的困难和麻烦。上海要加强与共建"一带一路"国家的互利合作，积极推进落实相关多边合作协议，加快行业规则制度互认，健全互利合作平台，促进海外新型基础设施项目的顺利推进。为更好地促进企业"走出去"，近年来上海出现了很多非政府组织，如行业国际联盟、国际交流促进会，这些非政府组织虽然无法代表政府部门，但是组织往往吸纳了行业龙头企业、国际知名企业。上海要进一步加强国际民间组织建设，借助它们的国际影响力和行业自主权，争取巧妙地化解海外项目推进过程中的矛盾纠纷。

案例报告
Case Studies

B.7
上海致力于全球碳市场建设改革探索

朱云杰 于宏源*

摘　要： 为尽快实现"双碳目标"，并在减排过程中确保公正转型，自2004年起，中国就围绕碳交易机制出台了系列办法、指南、规则、工作方案、指导意见等。本研究通过回顾全球碳交易制度的演进及中国碳市场的发展，并就上海碳市场的具体实践进行分析后认为：上海碳交易试点形成了一套完整的碳排放权交易制度和机制，上海碳市场升格为全国碳市场后，这套制度向更为包容、普惠的方向发展。全国碳市场运行过程中，上海负责交易系统建设，对于企业通过交易来降低减排成本并获得更多的资金用于能源转型具有显著的驱动作用。碳中和行动

---

* 朱云杰，上海国际问题研究院比较政治与公共政策研究所博士、助理研究员，研究方向为环境科学与工程；于宏源，上海国际问题研究院比较政治与公共政策研究所所长、博士、研究员，研究方向为全球治理和能源经济学。

联盟和碳普惠机制作为碳市场的补充,完善了以碳市场为核心的绿色金融体系。目前,碳市场整体体量距高度市场化、商业化、规模化还存在较大差距,需要继续完善框架设计、碳审计、消费端平衡和碳价等环节。

关键词: 公正转型 绿色金融 上海碳市场 碳交易 普惠

一 气候变化与碳中和——碳交易的底层逻辑

气候变化是人类与城市面临的全球性问题,联合国政府间气候变化专门委员会(IPCC)第六次评估报告第一工作组报告内容反映了人类活动对全球气候影响的严重程度:全球气温相比工业化前水平已上升1.2℃,并不断逼近1.5℃(见图1)。人类活动导致的极端气候变化已经影响到地球上每一个有人居住的地区,给全球带来了严峻的挑战。[1] 面对新冠肺炎疫情、经济危机和气候变化带来的叠加风险,各国纷纷重申和更新各自的碳减排承诺,应对气候变化成为今后相当长时期内实现可持续发展的核心任务之一。我国也制定了"双碳目标",分三个阶段完成能源转型:第一阶段(碳达峰阶段,2020~2030年),旨在通过引导生产生活、消费方式的改变来降低能源消费强度和对应的碳排放强度;第二阶段(快速降低排放阶段,2030~2045年),旨在通过完成能源转型,从根本上减少碳排放来源;第三阶段(碳中和阶段,2045~2060年),旨在围绕碳中和进行技术迭代,基于负排放技术与高能效技术塑造零碳经济体系。

---

[1] IPCC, "AR6 Climate Change 2021: The Physical Science Basis", https://www.ipcc.ch/report/ar6/wg1/.

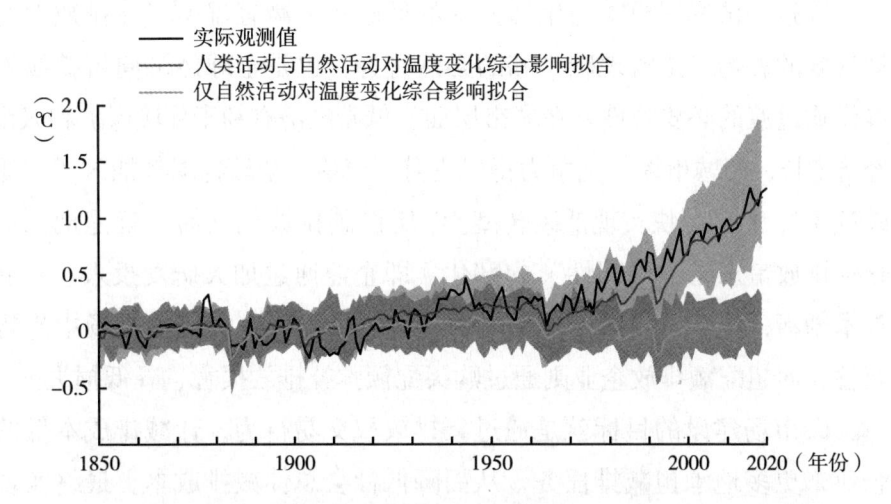

图1　已证实的人类活动造成的地表温度变化远超自然消纳容量

资料来源：IPCC，"AR6 Climate Change 2021: The Physical Science Basis"，https://www.ipcc.ch/report/ar6/wg1/。

需要强调的是，气候变化不仅是环境问题，归根结底还是发展问题。由于绿色低碳转型需要围绕净零排放目标进行，全人类的技术结构、经济结构、社会结构都将发生巨大变化，带来大量的公正转型问题。① 世界银行在早期反贫困理论基础上提出了"普惠式增长"理念，主张经济增长应吸纳、惠及社会大众。② 《巴黎协定》的提出旨在减缓气候变化、应对气候危机以及使资金流动符合温室气体低排放和气候适应型发展路径。上述观点引出了对绿色低碳转型的重要思考，即：如何塑造低碳经济，用金融手段，建立碳市场、进行碳交易，驱动低碳转型自发进行，并实现公正转型？

---

① 公正转型（Just Transition），即在低碳转型过程中，关注弱势群体（包括个人、社区、企业、行业、国家、集体等层面）在转型过程中的付出、损失和困难。
② 郑福金：《关于"包容性发展"的哲学思考》，硕士学位论文，福建师范大学，2013。

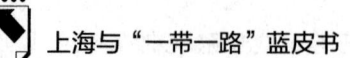

通过经济发展模式与生活方式的低碳化来减轻温室气体排放对全球气候的影响,是实现碳中和的必然选择,也是全球经济向可持续发展模式过渡的必要条件。在城市层面,低碳经济有利于环境保护和城市经济增长,使城市综合竞争力得以提升。当前,全球各国都加入了"零碳竞赛",希望尽快实现低碳转型。[1] 所谓碳排放权交易,就是把二氧化碳排放带来的"外部性"内部化,即企业通过加大研发投入、开展技术创新,使碳排放低于配额之后,将剩余配额在碳交易市场中出售获益,而超配额排放企业则通过购买配额弥补排放损害、降低损失。[2]

碳市场建设的目标就是通过碳排放权交易行为,让减排成本低的企业来更多地承担减排任务,从而降低社会总体减排成本,最终实现加速减排的目的。碳市场包括碳核算、碳配额和碳定价三要素,用于决定碳排放的定量、碳排放权的分配以及碳价的调整,进而构建一套科学的市场交易体系。[3]

目前已有国内外学者开展关于碳市场运行对减排贡献的理论研究。相关学者的研究表明,不论国家之间是单独分配还是合作分配初始碳排放配额(CEA),碳排放配额交易都有助于降低全球碳排放量。[4] 也有学者根据已经实施的碳交易政策对碳交易的减排效果进行了验证:有研究者通过一般均衡模型对中国广东、湖北等地区执行碳交易政策

---

[1] UNFCCC, "Race to Zero Campaign", https://unfccc.int/climate-action/race-to-zero-campaign.

[2] 马梅若:《十年磨剑 全国碳市场正式上线》,《金融时报》2021年7月19日,第1版。

[3] 王文举、赵艳:《全球碳市场研究及对中国碳市场建设的启示》,《东北亚论坛》2019年第28卷第2期,第97~112、128页。

[4] T. C. Lee, "Endogenous Market Structures in Non-cooperative International Emissions Trading", *Mitigation and Adaptation Strategies for Global Change*, 2011, 16 (6), pp. 663-675；杨仕辉、魏守道、翁蔚哲:《南北碳排放配额政策博弈分析与策略选择》,《管理科学学报》2016年第1期,第12~23页。

对多种温室气体排放量的模拟研究验证了碳交易的减排效果。① 也有学者通过对欧盟以及中国国内在实施碳交易政策前后碳排放量变化的实证比较研究验证了碳交易对减排的显著成效。② 在实现减排的基础上，碳市场机制也能在一定程度上有助于公正转型，例如有学者发现碳交易可使各企业的边际减排成本趋近乃至相等。③ 上述研究都表明，在制度设计合理且碳排放审计透明性得到保证的前提下，碳交易不仅有助于减排，也有助于公正转型，且碳交易的规模越大，减排效果越显著，碳金融的普惠性也逐渐显现。

二 碳市场发展

（一）全球碳交易制度的源起与发展

在全球环境治理的大背景下，以市场手段解决问题的碳交易机制逐渐登上历史舞台。碳交易最早源于1992年通过的《联合国气

---

① B. Cheng, H. Dai, P. Wang, et al., "Impacts of Carbon Trading Scheme on Air Pollutant Emissions in Guangdong Province of China", *Energy for Sustainable Development*, 2015, 27 (8), pp. 174-185；谭秀杰、刘宇、王毅：《湖北碳交易试点的经济环境影响研究——基于中国多区域一般均衡模型 TermCo2》，《武汉大学学报》（哲学社会科学版）2016年第2期，第64~72页。

② 李广明、张维洁：《中国碳交易下的工业碳排放与减排机制研究》，《中国人口·资源与环境》2017年第10期，第141~148页；黄向岚、张训常、刘晔：《我国碳交易政策实现环境红利了吗?》，《经济评论》2018年第6期，第86~99页；王文军、谢鹏程、李崇梅、骆志刚、赵黛青：《中国碳排放权交易试点机制的减排有效性评估及影响要素分析》，《中国人口·资源与环境》2018年第4期，第26~34页；J. Abrell, A. N. Faye, & G. Zachmann, "Assessing the Impact of the EU ETS Using Firm Level Data", *Working Papers of BETA*, 2011。

③ P. A. Jouvet, P. Michel, & G. Rotillon, "Competitive Markets for Pollution Permits: Impact on Factor Income and International Equilibrium", *Environmental Modeling & Assessment*, 2010, 15 (1), pp. 1-11；魏守道：《碳交易政策下供应链减排研发的微分博弈研究》，《管理学报》2018年第5期，第155~163页。

候变化框架公约》，1997年通过的《京都议定书》是《联合国气候变化框架公约》的补充条款，其中规定了三种补充性的市场机制，即国际排放贸易（IET）机制、联合履行（JI）机制和清洁发展机制（CDM），构建起了发达国家与发展中国家广泛链接的国际碳交易体系，以降低各国实现减排目标的成本。

源于累积碳排放的历史责任以及已经成熟的市场体系，碳市场早期主要在欧洲、美国、韩国、新西兰等发达国家和地区运行。发展中国家通过《巴黎协定》明确减排义务以及参与世界银行"市场准备伙伴计划"["Partnership for Market Readiness（PMR）"] 也加入了全球"零碳竞赛"的行列之中。①

2013年后，《京都议定书》第二承诺期的约束力严重下降，国际交易量大幅下降，地区性碳市场逐步承担起实现地区减排目标的重任，新的地区性碳市场纷纷建立并蓬勃发展。《巴黎协定》采用自下而上的模式，即各国自行制定并实施符合其国情的措施，推动国内各地区间转让碳资产。《巴黎协定》第六条中最受关注的是第二款和第四款：第二款提出了基于各国自愿合作完成国家自主贡献减排目标的国际合作机制；第四款提出了代替"清洁发展机制"的"可持续发展机制"（Sustainable Development Mechanism, SDM）。《巴黎协定》第六条为建立一个全新的全球气候治理框架、推动各国之间通过市场机制的国际合作达成更高排放目标的减排提供了可能。② 2021年第26届联合国气候变化大会（COP26）达成的系列成果集中体现在《格拉斯哥气候协议》（"Glasgow Climate Pact"）中，其中对《巴黎协定》第六条有关国际碳市场的机制安排，会议达成共识并通过了

---

① World Bank Group, "Partnership for Market Readiness (PMR)", https://www.thepmr.org/system/files/documents/PMR%20brochure_final.pdf.
② 陈志斌、林立身：《全球碳市场建设历程回顾与展望》，《环境与可持续发展》2021年第3期，第37~44页。

"6.2合作方法"以及"6.4减排机制"两个决定。这两个决定建立的制度框架集中体现在两个附件中,解决了碳排放国际转移问题,并提出了取代《京都议定书》清洁发展机制的新减排量生成机制。①

欧洲议会分别于2003年和2005年决定建立和正式实施欧盟碳排放贸易体系(European Union Emission Trading Scheme,EU-ETS),执行总量设定和配额分配制度,即欧盟各成员国对范围内履约企业实行绝对总量控制,成员国在自主决策权基础上,制定国家分配方案,明确配额总量并提交欧盟委员会批准。也就是说,欧盟层面先建立EU-ETS,然后各个国家再分别建立各自国内的碳市场运行机制。在企业层面,基于获得的二氧化碳排放许可权(即欧盟排放配额,EUA),如果企业碳排放量超出配额则受到重罚,未超出配额部分可用于交易,购买配额可避免超额排放带来的罚款,这种模式促使企业主动向低排放转型进而获得新的利润增长点。② EU-ETS可分为四个阶段,第一阶段(2005~2007年)为试验阶段,旨在完成《京都议定书》中所承诺减排目标的45%,并建立制度、数据库和基础设施;第二阶段(2008~2012年)为制度化阶段,旨在实现《京都议定书》第一承诺期下的减排目标,并开始逐步向逐年降低排放限额发展;第三阶段(2013~2020年)为加速减排阶段,旨在使第三阶段末和第四阶段末的排放总量较1990年水平大幅降低,并完善碳配额分配方式,让更多领域内的排放主体、减排技术和免费碳配额进入碳市场;第四阶段(2021~2030年)为全面减排阶段,旨在完成《巴黎协定》下

---

① United Nations, "The Glasgow Climate Pact-Key Outcomes from COP26", https://unfccc.int/process-and-meetings/the-paris-agreement/the-glasgow-climate-pact-key-outcomes-from-cop26;杨博文:《〈巴黎协定〉后国际碳市场自愿减排标准的适用与规范完善》,《国际经贸探索》2021年第37卷第6期,第102~112页。
② 贺城:《借鉴欧美碳交易市场的经验,构建我国碳排放权交易体系》,《金融理论与教学》2017年第2期,第98~103页。

2021~2030年的减排目标,针对碳泄漏丰富了管理审计体系,并引入了包括创新基金、现代化基金等在内的更多促进企业低碳创新投入的支持政策。

美国有四种碳交易体系,包括芝加哥气候交易所、区域温室气体倡议、西部气候倡议和气候储备行动。美国于2000年成立芝加哥气候交易所(Chicago Climate Exchange,CCX),并于2003年开始运行,是北美地区唯一交易6种温室气体的综合碳交易体系。CCX实行会员制,会员提交减排承诺,并根据CCX的配额进行履约,实际减排量相较于分配额度的差额部分可用于交易或存储,超额排放须匹配碳金融工具合约(CFI)。① 区域温室气体倡议(Regional Greenhouse Gas Initiative,RGGI)是美国以有自主裁量权的各州为单位的区域性应对气候变化合作倡议,聚焦电力行业,并通过法律规范和具体规则的相互补充来实现区域合作性减排机制的协调一致和灵活操作。RGGI于2005年12月启动,是美国首个强制性交易体系,并于2016年开展第二轮方案审查,不断完善市场机制。② 西部气候倡议(Western Climate Initiative,WCI)是2007年由美国加州等西部7个州和加拿大中西部4个省为应对气候变化而发起,重点覆盖电力行业和工业部门,并在机制上与RGGI互补。气候储备行动(Climate Action Reserve,CAR)于2009年正式启动,作为北美碳市场的首个碳抵消登记处,气候储备行动通过确保环境完整性和减排项目的财务效益,鼓励采取行动减少温室气体(Greenhouse Gas,GHG)排放。它制定了一个可量化、可开发、可核查的温室气体减排标准。该行动旨在通过高质量的碳补偿来真正减少温室气体排放以及相关

---

① 贺城:《借鉴欧美碳交易市场的经验,构建我国碳排放权交易体系》,《金融理论与教学》2017年第2期,第98~103页。
② "Regional Greenhouse Gas Initiative(RGGI)",https://www.c2es.org/content/regional-greenhouse-gas-initiative-rggi/.

地区空气污染天数,刺激新绿色技术的发展,并以较低的成本实现减排目标。

在亚洲,韩国是全球清洁发展机制市场的第四大参与国,于2015年启动全国性碳排放权交易市场,其交易体系主要覆盖高排放企业(其排放量约占韩国总排放量的60%)。第一阶段(2015~2017年)仅要求超过预估排放量的企业购买配额,并允许配额的储存和预借,但只允许在一个遵约期内借出;第二阶段(2018~2020年)要求超过预估需求配额3%的企业购买配额;从第三阶段(2021~2025年)起该比例调整为10%。

(二)发展碳市场对中国的意义

第一,兑现减排承诺并匹配《巴黎协定》。《巴黎协定》要求建立针对国家自主贡献机制、资金机制、可持续性机制(市场机制)等的完整、透明的运作和公开透明机制以促进其执行。所有国家(包括欧美、中印)都将遵循"衡量、报告和核实"的同一体系,但会根据发展中国家的能力灵活调整。

第二,碳市场是碳中和技术尽快实现市场化、商业化、规模化的核心支撑。中国目前虽处在碳达峰阶段,但最终目的是实现碳中和,这两个阶段都要求低碳技术的全面商业化和负碳技术的快速产业化,大部分技术均已经过实验室验证或逐步迈入示范工程阶段,但规模化、商业化难以实现,缺乏市场是其发展的瓶颈所在。为避免低碳技术研发遭遇市场失灵,需要铺垫市场,建立消费循环,碳市场提供了绿色能源、绿色物料的消费需求,也为供给侧提供了足够的资金支持。

第三,碳市场是中国探索和发挥绿色领导力的重要平台。以绿色低碳为基础的全球能源结构、市场和技术与主要大国国际地位息息相关,各主要大国都已开始向低碳发展方向转变,利用自身技术和资本优势，大力发展绿色产业，在绿色金融和标准领域谋求国际竞争的制高点。但对发展中国家而言，绿色经济转型需要大量资金支持，而传统的全球环境基金（GEF）不足以支持发展中国家应对气候变化，加上发达国家出资援助意愿下降，国际绿色融资在资金来源与分配机制上仍面临严峻挑战。碳配额交易类似大宗商品交易，碳市场需要考察市场机制如何吸引投资，乃至实现减排、避免碳泄漏和转型成本的降低。中国从地方碳市场试点走向全国碳市场，其基于金融手段的转型经验也能支撑中国在国际绿色金融援助中发挥更大作用。此外，与全球气温较工业化之前水平上升1.5℃乃至全球回归工业化之前的碳中和情景所对应的排放总量控制绝对值和碳市场直接挂钩，能够切实反映中国在国内减排和参与国际援助过程中帮助发展中国家减排的实际成效。

第四，碳的"放量中和"特征是碳市场作为全球应对气候变化金融工具的重要属性。在疫情之前，随着全球化的发展，新兴经济体对化石能源的依赖难以在短期内完全转变，虽然印度、巴西等国都在第26届联合国气候变化大会（COP26）期间宣布了"绿色增长"计划和2070碳中和目标，但它们和中国一样，都还处在先增长（达峰）后下降（中和）的轨道上。而为了加速推进这一进程以更快实现碳中和目标，需要碳市场作用范围不断扩大，乃至覆盖全行业，即碳的"放量中和"特征。中国根据国内煤炭供需形势，通过向市场投放国家煤炭储备来达到增加供应、平抑价格的目的，这种短期排放的增量也需要通过碳交易来快速消化。

第五，上海碳市场为中国在"一带一路"地区碳交易试点和提升全球碳定价话语权提供了重要的经验。从碳定价影响力构建的角度和当前各国碳定价体系的互动关系来看，自制定双碳目标以来，中国在完善国内碳交易体系的基础上，需要就如何与国际碳市场联结进行探索。其中，开展绿色低碳的国际化实践、探索碳交易人民币跨境结算业务有助于形成我国国际碳定价影响力。① 上海碳市场的实践为中国加强与共建"一带一路"国家在绿色基建、绿色能源、绿色金融等领域的合作提供了经验,并为建立和推动"一带一路"绿色发展国际联盟、"一带一路"绿色投资原则、"一带一路"应对气候变化南南合作计划、"一带一路"科技创新行动计划、生态环保大数据服务平台等提供了实践基础。周小川指出,上海应聚焦"一带一路"沿线国家和地区企业的股权和债券融资问题。② 在"十四五"期间,上海碳市场将支持金融标准化开放,并对"一带一路"绿色金融合作发挥作用:一方面,就金融标准化双向开放向多技术领域延伸,可就移动支付、区块链等技术在碳交易中的应用进行实践,从提供全球公共产品的角度提高"一带一路"沿线国家和地区参与跨地区碳交易行动的积极性,充分发挥"走出去"的作用,建立共同绿色经济话语体系;另一方面,可为共建"一带一路"金融标准化合作网络提供法律法规、金融标准、第三方服务和最佳实践等多维度支持,助力金融基础设施互联互通。

三 上海碳市场的实践

上海碳市场既作为绿色金融的平台工具发挥着推动企业加速向低碳转型的作用,又承载着国际国内"碳达峰/碳中和"竞赛大背景下维护社会公正转型的使命,还要着眼于"双循环"新发展格局,打造可支持地区挖掘新经济增长点的转型范式。因此,从上海碳市场试

---

① 周小全:《加快建设全国碳排放权交易市场 提升绿色低碳发展核心竞争力》,https://www.cneeex.com/c/2021-03-29/491011.shtml,2021年3月29日。

② 参见《推进上海国际金融中心建设/吴清、周小川、黄奇帆和周延礼这样献策》,https://www.cneeex.com/c/2021-12-27/491795.shtml,2021年12月27日。

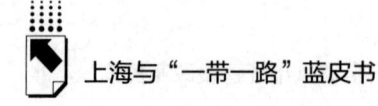

点到升格为全国碳市场，上海基于地方优势，始终在社会、国家、国际三个维度不断进行新的尝试，强化碳交易体系对低碳转型的服务功能。

（一）中国碳市场的发展历程

中国建立碳市场既是承担国际责任、履行减排义务，也是着眼于国内低碳治理、构建零碳社会的必要进程的一环。如表1所示，中国碳市场准备工作于2004年开始，围绕清洁发展机制进行设计，并在2008年进入区域碳排放交易试点阶段。"十二五"期间，碳排放权交易地方试点在技术方面已积累较为丰富的经验，因此碳市场运营也开始进入法制化阶段。"十三五"期间，地方碳市场开始进一步挖掘金融工具属性，包括公布重点排放单位名单、设定全国碳排放权交易配额总量（发电行业）等，并就登记、交易、结算等对市场机制进行完善。2021年7月16日，全国碳市场上线交易正式启动。从2008年设立全国首家环境权益类交易机构至今，中国碳市场建设经历了十多年的探索历程。后疫情时代，坚持绿色复苏的气候治理新思路，以市场机制激励减排是推进气候治理公正转型的长效路径。

表1 中国碳市场准备工作各阶段主要政策法规和行动

时间	主要政策法规和行动
2004年5月31日	《清洁发展机制项目运行管理暂行办法》
2005年10月12日	《清洁发展机制项目运行管理办法》
2008年	上海、北京、天津、深圳、广州、湖北等地成立环境交易所，启动碳排放权交易地方试点，为企业在减排方面提供信息获取渠道和试点以交易为驱动力的自愿减排体系
2011年10月29日	《国家发展改革委办公厅关于开展碳排放权交易试点工作的通知》

续表

时间	主要政策法规和行动
2012年6月13日	《温室气体自愿减排交易管理暂行办法》
2012年10月9日	《温室气体自愿减排项目审定与核证指南》
2014年	碳排放交易地方法规颁布
2016年10月27日	《"十三五"控制温室气体排放工作方案》
2017年12月18日	《全国碳排放权交易市场建设方案(发电行业)》
2020年10月20日	《关于促进应对气候变化投融资的指导意见》
2020年12月29日	《2019~2020年全国碳排放权交易配额总量设定与分配实施方案(发电行业)》 《纳入2019~2020年全国碳排放权交易配额管理的重点排放单位名单》
2020年12月31日	《碳排放权交易管理办法(试行)》
2021年3月28日	《关于加强企业温室气体排放报告管理相关工作的通知》
2021年5月14日	《碳排放权登记管理规则(试行)》 《碳排放权交易管理规则(试行)》 《碳排放权结算管理规则(试行)》
2021年6月22日	《关于全国碳排放权交易相关事项的公告》
2021年7月16日	全国碳市场上线交易正式启动:采用"双城模式",将交易中心设置在上海,将碳配额登记中心设在武汉;采取基准法对全国发电行业重点排放单位分配核发首批配额

(二)上海碳市场需要实现的功能

上海碳市场需要基于自身优势,在社会层面探索惠及社区、个人的普惠式增长的运行机制,在国家层面掌握对碳定价机制的影响力,在国际层面展现提出议题、制定标准的能力。

第一,上海需要基于包容性气候金融行动,不断发挥"立足上海、带动区域、辐射全球"的重要作用。当前,"普惠式增长""益贫式增长"需求凸显，城市的公正转型能力将成为衡量城市经济发展领导力的重要标尺。基于碳市场实践，上海可以开展能源创新、储备调配、循环经济、数字网络等领域的援助行动，并且聚焦社区项目，以增强社区权能为核心关切。上海碳市场可以国企、沪企、跨国企业作为联合主体，以建立扁平化、自下而上的气候韧性组织结构，稳定城市经济发展；基于碳市场为核心的"普惠式增长"产业范式，推动张江、临港、闵行、杨浦、徐汇、嘉定、松江等科技创新中心承载区与省级可持续发展项目形成产研合作，促进跨地区的绿色经济发展。这些案例也可为"一带一路"合作、中非气候合作等提供绿色金融合作的模板。

第二，上海需要发挥独特的金融优势，并且有效发挥碳定价对绿色转型的驱动功能。上海碳市场既需要遏制碳价过高导致推高民生成本的问题，又要避免碳价过低无法起到减排激励作用的情况。当前上海碳市场的交易价格还需要进一步与碳排放综合社会成本或边际减排成本挂钩，并且强化放量，从而提高优化资源配置、管理气候风险、发现市场价格的能力。此外，碳定价受中国发展过程中民生、环保、经济、资源等多维度的影响，因此在未来很长一段时间，维护碳价稳定将是工作重点。同时，进一步激发交易市场活力也是重要环节。当前的碳市场交易和投资热度还没有完全反映国家政策及新能源产业层面对于碳达峰、碳减排进程的推动作用，未来还需进一步激活市场，以便更好地达成碳中和政策目标。

第三，可将上海经验作为提供全球公共产品的支柱。随着中国与老挝、缅甸、越南、白俄罗斯、哈萨克斯坦、蒙古国等"一带一路"沿线国家和地区的金融标准化交流持续深入，[1] 以后必然面临碳定价

---

[1] 《中国人民银行、市场监管总局、银保监会、证监会关于印发〈金融标准化"十四五"发展规划〉的通知》，https://www.cneeex.com/c/2022-02-09/492041.shtml，2022年2月9日。

机制的接轨与合作。中国与"一带一路"沿线国家都属于发展中国家，虽然在能源、制造业上存在相似特点，但碳市场发展面临不同经济社会背景和比较优势产业。中国作为负责任大国承担着为全球碳市场建设，尤其是为发展中国家碳市场建设提供"中国方案"的使命。这就需要上海经验作为提出全球公共产品的支柱，引导新型环境治理范式的构建与推广。①

（三）上海碳市场的具体实践

《上海市城市总体规划（2017~2035年）》明确提出：全市碳排放总量与人均碳排放于2025年之前达到峰值，2035年碳排放总量较峰值减少5%。② 面对新的"双碳"目标与挑战，上海需要进一步加强对本地区碳排放达峰路线图的研究，结合本地区经济和产业发展特点，明确推动碳排放达峰的重点领域和关键措施。

1. 上海碳交易试点效果与全国碳市场基本框架

在《长三角生态绿色一体化发展示范区绿色金融发展实施方案》支持下，上海碳市场积极开展碳金融创新，包括：为一体化示范区内符合条件的企业提供国家核证自愿减排量（CCER）质押、借碳、碳回购等服务，支持发展碳基金、碳信托、上海碳配额远期等；支持减排项目开展CCER交易，鼓励将环境收益再投资绿色环保项目，等等，使绿色金融创新覆盖发展碳市场的四个核心环节，即碳价值发现、碳市场投资、碳资产管理和碳风险控制。截至2021年6月底，上海碳现货各品种累计成交量1.66亿吨，累计成交额18.57亿元；CCER成交量占全国CCER总成交量的约41%，稳居全国第一；上海

---

① 孙永平：《中国碳市场的目标遵循、根本属性与实现逻辑》，《南京社会科学》2020年第12期，第9~18页。
② 上海市人民政府：《上海市城市总体规划（2017~2035年）》，https://www.shanghai.gov.cn/newshanghai/xxgkfj/2035002.pdf，批准时间：2017年12月15日。

碳配额远期是国内唯一的标准化远期产品，自2017年上线运行以来累计成交437万吨。①

从上海碳交易试点总体运行效果来看，上海碳交易试点形成了一套完整的碳排放权交易制度和机制；建立了一个公开透明、稳定有效的市场；试点企业碳排放得到了有效控制，截至2019年，试点企业实际碳排放总量相比2013年启动时减少约7%，其中电力、石化和钢铁行业分别下降8.7%、12.6%和14.0%；②碳排放控制和市场化导向相结合，形成了一套适应碳市场要求的管理模式，在控制碳排放管理上确保符合上海温室气体减排总体要求，同时坚持市场化导向，尊重市场规律，保障较高的市场流动性和透明度；促进了碳关联产业的发展。

基于上述效果，上海已初步形成了较为完整的碳排放交易制度体系，在制度、数据、配额机制、审查等多个环节可结合碳排放管理要求的不断提高进一步完善。具体的完善方向包括：配额分配充分征求意见，数据由主管部门审核；运用市场化机制，根据市场情况，采用有偿发放办法，调整CCER履约比例；交易机制灵活，构建多层次监管体系；碳金融业务受金融主管部门协同监管，平衡碳市场发展与金融风险防范。

如图2所示，上海碳市场升格为全国碳市场后，其基本框架主要包括五个方面，即覆盖范围、配额管理、交易管理、数据审核、监管机制。其中，覆盖范围包括总量设定和覆盖范围；配额管理包含分配方案和清缴履约；交易管理包括交易规则和风险管理，其中碳交易体系的支撑系统包括全国碳排放注册登记系统、交易系统和数据报送系统；数据审核即碳排放的量化与数据质量保证的过程（MRV），包括

---

① 《全国碳市场于2021年7月16日正式启动上线交易》，https://www.cneeex.com/c/2021-07-16/491247.shtml，2021年7月16日。
② 陈玺撼：《温室气体能鞭策企业节能减排？上海这个交易市场功不可没》，https://export.shobserver.com/baijiahao/html/350900.html，2021年3月18日。

监测、报告、核查,涉及碳排放核算与报告以及第三方核查报告;监管机制包括监督管理系统和法律责任体系。全国碳市场启动初期,以电力行业(纯发电和热电联产)为突破口,后续按照稳步推进的原则,成熟一个行业,纳入一个行业。中国的电力行业是国内二氧化碳重点排放行业,相较于其他重点排放行业,发电行业的数据基础更好,具有相对统一、排放气体量大且集中,并易于被计量和监测等特点,成为碳交易市场的首选。①

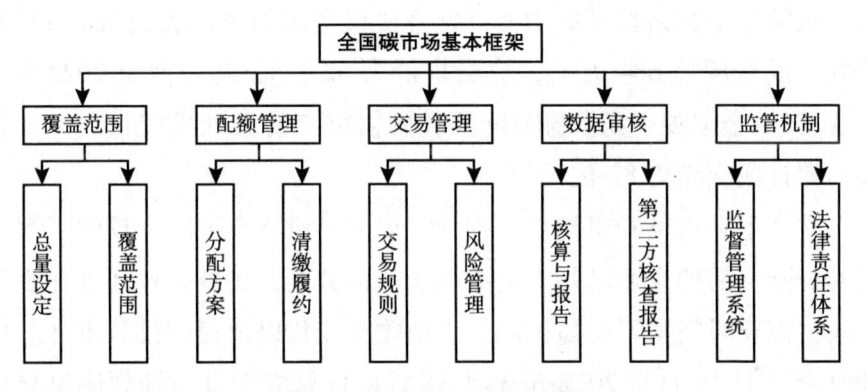

图 2　全国碳市场基本框架

资料来源:笔者根据上海环境能源交易所资料整理。

2. 全国碳市场启动初期概况

2021年6月22日,上海环境能源交易所正式发布《关于全国碳排放权交易相关事项的公告》,指出全国碳排放权交易机构将负责组织开展全国碳排放权集中统一交易。7月16日,全国碳排放权交易在上海环境能源交易所正式启动。首日交易结束,成交量已达410.40万吨,成交额21023.01万元,成交均价为51.23元/吨;中石油、中石化、华能集团、大唐集团等企业参与了全国碳

---

① 彭强:《率先纳入碳市场:电力企业碳资产管理能力迎考》,《21世纪经济报道》2021年7月19日,第3版。

市场首日交易。这标志着上海碳市场从试点市场正式迈向全国碳市场，通过明确以发电行业为突破口，分阶段、有步骤地推动中国碳市场建设。

此前，中国碳市场第一个履约周期（2021年1月1日至12月31日）预分配额已下发，随着碳市场相继纳入2000多家发电行业重点排放单位，碳排放量超过40亿吨二氧化碳，在体量上，中国碳排放权交易市场自开市起即为全球覆盖温室气体排放量规模最大的碳市场。从第二个交易日开始主要以挂牌协议交易为主，成交量为13.08万吨，成交额超684万元，成交均价为52.3元/吨。截至2022年3月31日，全国碳市场碳排放配额挂牌协议交易累计成交量为1.9亿吨，累计成交额为82亿元。①

在全国碳市场开市初期，挂牌协议交易量逐渐下降，反映了第一批参与碳交易的企业已基本完成配额的再分配，场外企业还处在观望阶段，需要时间学习交易机制、平衡收支变化以及梳理排放审计。从2021年7月19日至2022年3月31日单日总成交量与挂牌协议交易量的变化可以看到，交易量呈现单个明显的峰值变化，反映了电力行业剩余企业开始就碳排放配额进行第二轮交易，尤其是挂牌协议交易量的增长反映了企业比较了解交易机制（见图3）。此外，从每日碳交易均价来看，碳交易均价从开市初期的55元/吨迅速下降至40~45元/吨，从2021年末起至2022年4月19日价格主要在55~60元/吨这一价格区间（见图4）。从六阶趋势线来看，在现有的碳交易机制下，碳交易均价还有短期上涨的趋势，这也呈现了和欧洲碳市场较为接近的碳价上浮的趋势，反映了监管环节的覆盖范围不断扩大以及企业减少碳排放成本、参与碳市场的意愿上升。

---

① 上海环境能源交易所"全国碳市场每日成交数据"，https：//www.cneeex.com/qgtpfqjy/mrgk/，最后访问日期：2022年3月31日。

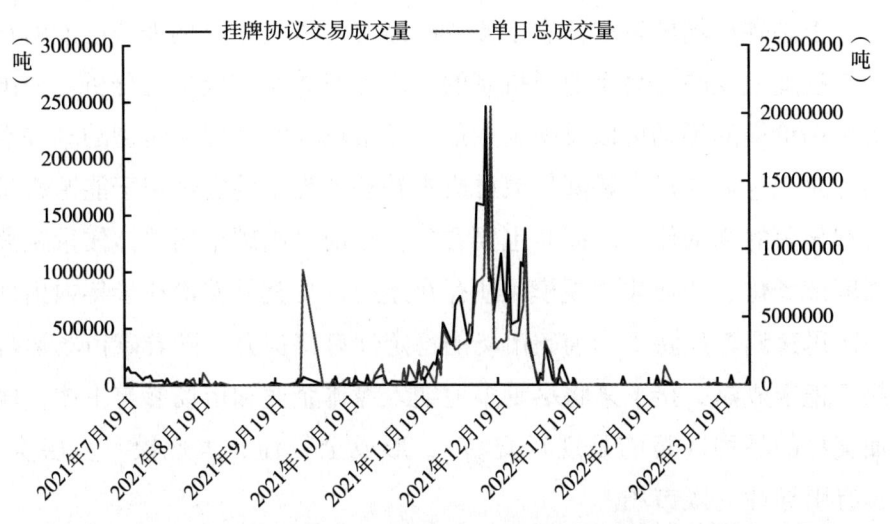

图3 2021年7月19日至2022年3月31日挂牌协议交易成交量及单日总成交量

资料来源：笔者基于上海环境能源交易所"全国碳市场每日成交数据"（https://www.cneeex.com/qgtpfqjy/mrgk/，最后访问日期：2022年3月31日）制作。

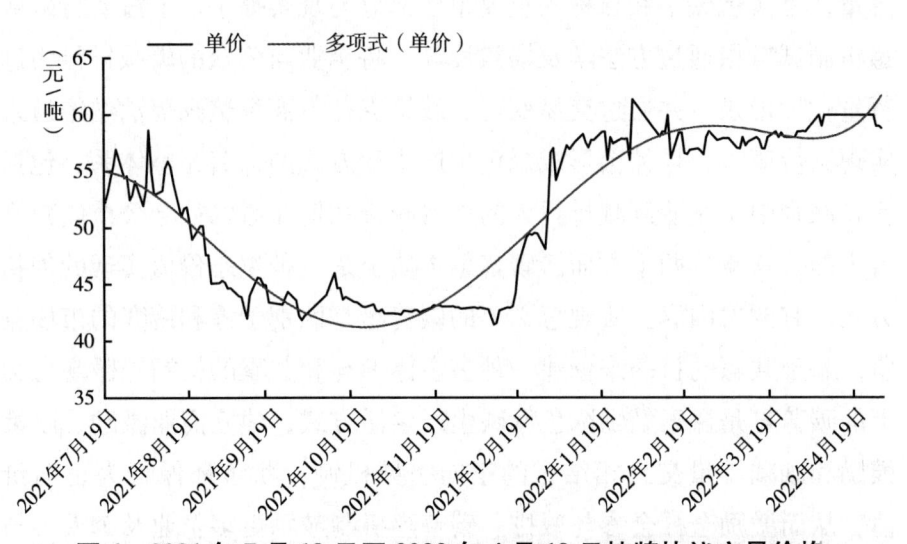

图4 2021年7月19日至2022年4月19日挂牌协议交易价格走势及六阶趋势线分析

资料来源：笔者基于上海环境能源交易所"全国碳市场每日成交数据"（https://www.cneeex.com/qgtpfqjy/mrgk/，最后访问日期：2022年3月31日）制作。

中国碳市场的发展已有十多年的经验，碳交易早期表现已能够在一定程度上反映交易企业对机制的熟悉和对碳交易成本的分析。中国碳市场价格的浮动可以反映企业加入碳市场并实现绿色转型的利好空间，对于企业通过交易降低减排成本并获得更多的资金用于能源转型具有显著的驱动作用。同时也要看到，目前全国碳市场整体体量距离高度市场化、商业化、规模化还存在差距，尤其是碳价在半年内出现两次迅速调整反映了当前碳市场的稳定性有待提升。随着碳市场运行趋于稳定成熟，接下来将尽量多地纳入控排企业和市场参与主体，增加交易的品种（目前是现货交易），形成全行业、大规模、多层次、具有引导性的碳市场。

3. 碳普惠机制

在总量控制和强制减排基础上，基于碳普惠理念的自愿减排机制将成为有效降低碳排放的重要补充手段，产生可用于碳中和的核证减排量，是实现碳中和目标的重要组成部分与现实抓手。上海实行碳普惠机制试点指通过方法学及场景设计，将企业与公众的碳减排行为进行量化、记录，并通过交易变现、政策支持、商场奖励等消纳渠道来实现其价值，引导社会形成绿色生产生活方式的一套完整体系，包括旨在激励中小企业碳减排行为的项目减排和旨在激励社会公众碳减排行为的公众减排两个方面。碳普惠本质上是一种生态价值实现的创新方式，有两层内涵：宏观意义上的碳普惠是区别于零和博弈的市场竞争，基于共赢的目的来创建一种多主体参与和共享的机制；微观意义上的碳普惠是探索鼓励绿色低碳生产生活方式，建立商业激励、政策鼓励和碳减排量交易相结合的正向引导机制，赋予环保行为正向价值，从而激励全社会参与减排。碳普惠机制鼓励更多企业及个人参与到碳中和进程中来，通过抵消机制实现减排价值，为潜在的、持久性的排放量"买单"。上海碳市场的未来发展方向将是形成容纳全民参与、塑造人人低碳的生活方式。

在碳交易中心、碳定价中心、碳金融中心和碳创新中心四大中心定位[①]下，上海通过基于气候投融资的碳减排市场化，优化经济结构，加强能源消费侧管理，在能源领域大力发展低碳技术，围绕全国碳市场交易中心进一步完善碳市场交易体系，从而积极引领长三角气候行动。上海于2021年7月16日成立了碳中和行动联盟[②]，加入碳中和行动联盟的企业作为自愿减排机制的需求方签订减排协议，承诺减排目标并购买减排项目。碳中和行动联盟为企业/产品提供碳中和贴标或认证，推动企业实现碳达峰和碳中和目标，承担社会责任，推动整个社会碳中和目标的实现。上海碳市场的实践，重点体现了其包容性的一面。首先，上海碳市场升级为中国碳市场是对多年来各地试点经验以及国际经验在包容性基础上的借鉴。在十多年发展历程中，上海碳市场先后纳入钢铁、电力、化工、航空、水运、建筑等27个行业约300家企业和约400家投资机构，是全国唯一连续7年实现企业履约清缴率100%的试点地区，在市场包容性方面领跑全国。[③] 但上海市碳排放权交易体系目前仅能覆盖规模以上工业企业的碳排放及少数建筑及交通行业的碳排放。此外，针对碳普惠计划，采取"上海本地建设"与"长三角区域合作"并行的"双路径"推进办法，来弥补中小企业及公众在生产生活过程中所产生的未能被纳入交易的这部分碳排放。

上海对碳普惠的实践倾向于"双创、一转、三消纳"的闭环机制："双创"即项目减排和公众减排。项目减排即基于项目方法学由企业及其他主体通过实施减碳项目和综合项目所进行的集中减排，实

[①] 上海环境能源交易所：《2021碳市场工作报告》，https://www.cneeex.com/c/2022-04-29/492312.shtml，2022年4月29日。

[②] 上海环境能源交易所：《碳中和行动联盟在全国碳市场启动仪式上正式成立》，https://www.cneeex.com/c/2021-07-16/491245.shtml，2021年7月16日。

[③] 岑盼、王春：《推动"碳市场"建设 上海能源"智慧"转型》，https://sthj.sh.gov.cn/hbzhywpt1272/hbzhywpt1158/20210408/507767b33f34481aaac40a8daf4cca50.html，2021年4月7日。

施项目减排将获得碳普惠减排量；公众减排则是由个人通过参与低碳活动或减排场景进行的分散减排，参与公众减排将获得碳普惠积分。"一转"即碳普惠减排量和碳普惠积分之间设置转换机制。"三消纳"即交易、政策、商业三个渠道的碳排放消纳成果，其中交易渠道将碳市场履约与碳中和规划结合，政策渠道将政策优惠和荣誉证明相结合，商业渠道则将现金奖励与折扣兑换相结合。

4. 全国碳市场仍需面对的挑战

全国碳市场尚处在发展早期，而地方试点过程中还存在一些问题有待解决，未来中国碳市场需要面对以下挑战。

第一，目前中国碳市场在框架设计上计划经济性偏强，例如由各级政府决定发电机的销售量和价格，非市场因素干扰交易体系的形成，导致配额供应过剩、约束范围有限、碳达峰峰值无法设限，碳市场的总量控制属性难以对减排发挥预期作用。同时，现阶段对碳排放的奖惩标准还不完善，导致出现补贴与购买配额对象重叠、超额排放惩罚不足等问题，难以完全通过碳市场支撑实现碳减排的目的。此外，目前碳市场的运行对电力公司仍会产生反向激励，即企业通过升级设备和基建来提高能效和交易排放额度，虽然单位产能实现了碳减排，但总体上仍呈现超额排放的现象。

第二，碳市场是将碳排放配额作为大宗商品交易对象的市场，其审计规则本质上更接近金融属性或税收制度。目前中国碳市场仅限于现货市场，其监管管辖权归生态环境部所有，基于国家环境标准进行规范，还没有远期参考价格作为借鉴，电力市场缺乏交易向自由化方向发展的动力，远期价格曲线对推动能源转型的影响较小。此外，中国国内目前运行的燃煤电机组距离退役还有很长时间，在设备更新资金不到位的情况下，燃煤发电产生的二氧化碳排放量将在一段时间内锁定，这就使其他行业的减排压力增加了。

第三，仍需注重消费端的平衡。在生产上，中国每个省份的经济增长率和工业发展都各不相同,电力行业的发展南北不均衡。重工业集中的北方省份需要从南方省份购买碳排放配额,在碳成本增加的情况下,南北 GDP 增速差距进一步拉大,陕西、内蒙古、陕西等依赖煤炭开采和电力行业高税收的省份将面临更严峻的能源转型挑战。在生活上,提高居民电力消费价格将导致碳价向消费端传递遭遇体制性障碍的问题,而增加消费补贴则将导致分化加剧(如穷人、富人共享补贴)和浪费现象(如过度用电),与社会可持续发展初衷背道而驰。

第四,需要注意碳价变化与企业边际成本浮动区间相匹配。当前欧盟、美国等地的碳市场都表现出碳价不断上涨的趋势,中国碳市场目前碳价平缓下降,但在市场活跃度不断上升以及逐渐向全行业覆盖的趋势下,碳价走势还未明朗。① 随着碳价的上升,企业减排成本跟着上升,企业盈利空间缩减,不少企业会通过缩减经营规模来追逐呈现稳定上升走势的碳定价。② 对于具有高竞争强度的生产领域,碳价上涨给企业盈利带来的负面影响将被继续放大,导致规模性的经营策略变化和行业萎缩。③ 碳价下降也并非完全是利好因素,正向的边际效应(即碳排放权销售价上升>企业转型的成本价上升,企业盈利增加)将导致企业延缓创新,转而向规模化快速推进,降低了企业技术迭代的倾向。碳市场作为循环经济的一部分,其可持续发展将带动循环经济的可持续发展。但是,碳交易制度越发严格、配额收紧、碳

---

① 贺城:《借鉴欧美碳交易市场的经验,构建我国碳排放权交易体系》,《金融理论与教学》2017 年第 2 期,第 98~103 页;李大元、曾益、张璐:《欧盟碳排放权交易体系对控排企业的影响及其启示》,《研究与发展管理》2017 年第 6 期,第 91~98 页。

② M. Ralf, M. Mirabelle, & U. J. Wagner, "The Impact of the European Union Emissions Trading Scheme on Regulated Firms: What Is the Evidence after Ten Years?" *Review of Environmental Economics & Policy*, 2016 (1): rev 016.

③ C. Okereke & D. Mcdaniels, "To What Extent Are EU Steel Companies Susceptible to Competitive Loss Due to Climate Policy?" *Energy Policy*, 2012, 46 (Jul.), pp. 203-215.

价抬升，迫使企业向减排方向追逐创新，如果企业盈利与减排无法并轨，这种关联性缺失将导致产品、服务发展质量的停滞。在这种情况下，碳市场只是一种单纯的减排工具，无法为社会经济发展提供有力的支持，从打造新经济增长点的角度来看，对国家总体经济绿色转型和绿色增长的支撑作用并不显著。

四 结论和展望

本文回顾了全球碳市场和中国碳市场的发展历程及上海碳市场的实践，认为碳市场作为绿色金融工具将在各国家和地区加速推广，以维持经济增长。同时，上海碳市场升格为全国碳市场后的交易情况及机制完善情况也反映了当前碳交易机制向普惠、包容的方向发展。虽然全国碳市场刚进入起步阶段，整体体量距高度市场化、商业化、规模化还存在较大差距，但上海碳交易经验的积累也为地方合作、中国与其他发展中国家合作提供了新的金融渠道。

第一，上海碳市场的经验最重要的体现莫过于将包容与普惠相联结、将碳市场与城市建设相联结。包容是上海城市建设的底色，普惠是上海城市建设的品格。上海碳市场博采众长，吸收了广东尝试碳普惠项目和区域碳市场的实践经验，把碳普惠作为对接机制的一部分，并将经验并传递到下一轮碳普惠建设中。碳普惠是碳市场构建及完善道路上的关键一步，是主体范围扩大化和多方参与的重要体现，更是经济包容性增长的重要目标。上海已经明确宣布探索基于碳普惠理念的自愿减排机制，凸显了上海在碳金融领域敢为人先的创新精神。

第二，对发展中国家的示范效应。上海在碳市场建设和碳普惠实践道路上始终走在全球城市的前列，作为全球城市开展包容性气候行动的重要组成部分，上海碳市场建设在规模效应、主体参与、金融创新等方面为发展中国家的城市提供了可复制推广的宝贵经验。碳市场可以通过价格信号，激励低碳技术研发和投资，在一定程度上缓解资金和技术的短缺问题，并使技术和资金更有效率地匹配，以较低成本实现低碳转型发展，从而避免被锁定在不可持续的高碳发展路径上，平衡社会经济发展和环境治理。在"一带一路"倡议的引领下，中国不断加强同沿线发展中国家以及欧洲国家的经济合作，其中涉及诸多碳经济合作项目，使以中国为代表的发展中国家在全球碳交易体系中的话语权不断增强。

第三，上海的城市底蕴是碳市场建设的底气。首先，上海在此前已经初步形成了碳排放交易制度体系，可结合碳排放管理要求的不断提高进一步完善。上海具有得天独厚的金融优势和制度先行探索经验，为碳市场建设积累了丰富经验，也为搭建多层次的监管体系提供了协同监管的平台。其次，上海碳市场不是仅依靠上海的孤军奋战，而是基于多个试点城市的宝贵经验，创建了依托长三角碳中和产学研联盟和市场化相对完善的企业竞争环境，其中政府只是出面搭建平台和提供监管服务。最后，基于试点推广、先易后难的总思路，上海碳市场早在试点起步时期便分为两个阶段，分批次纳入重点行业企业，其中第二阶段纳入 27 个行业近 300 家纳管企业。

第四，未来上海碳市场的发展将继续坚持包容、普惠的底色，对内不断容纳更多行业企业参与多场景交易，同时积极推进碳普惠机制的构建，鼓励全民参与，形成全社会气候包容性行动；对外，随着全球各国单一碳市场的广泛建立，许多国家和地区开始关注建立全球链接的碳市场，在更大范围内通过低成本、高效率的方式实现碳减排承诺目标。上海碳市场也将积极融入全球碳市场链接这一未来国际碳减排主流合作趋势中。[1]

---

[1] 翁玉艳、张希良、何建坤：《全球碳市场链接对实现国家自主贡献减排目标的影响分析》，《全球能源互联网》2020 年第 1 期，第 27~33 页。

B.8 新开发银行助力上海服务"一带一路"建设高质量发展

叶 玉 赵精一*

摘　要： 新开发银行是第一家总部落户上海的国际金融机构，致力于支持金砖国家以及其他新兴经济体和发展中国家基础设施建设与可持续发展项目，为上海服务国家总体外交、推进"一带一路"倡议的落实提供了新的重要平台。具体表现为：在战略层面，促进国家及上海加大与其他金砖国家等关键新兴国家的合作；在金融层面，赋能上海国际金融中心建设，弥补其国际化的不足，促进"一带一路"资金融通；在项目层面，聚焦可持续基础设施，深化与国内政策性和商业性金融机构的合作，带动上海发展经验"走出去"，同时还为上海与其他金砖国家开展人才培养和人文交流提供了重要窗口。展望未来，新开发银行将进一步扩员，发展为全球性的多边银行，为上海服务"一带一路"建设高质量发展提供更大助力。

关键词： 新开发银行　"一带一路"倡议　上海国际金融中心

---

* 叶玉，上海国际问题研究院世界经济研究所副研究员，研究方向为国际发展融资与全球经济治理；赵精一，复旦大学发展研究院金砖国家研究中心科研助理，研究方向为金砖合作与全球经济治理。

新开发银行助力上海服务"一带一路"建设高质量发展

2014年7月，在金砖国家领导人第六次会晤期间，中国、巴西、俄罗斯、印度、南非金砖五国领导人签署了《成立新开发银行的协议》，① 宣布将总部设在中国上海。2015年7月，新开发银行在上海正式开业。新开发银行是新兴国家发起设立的最有影响力的多边开发银行（MDB）和中国参与全球经济治理的重要里程碑，也是上海引进的第一个正式的国际金融机构，对上海服务国家总体外交、推进"一带一路"倡议的落实具有重要的意义。2021~2022年对于新开发银行具有承上启下的意义：一是新开发银行正式入驻其位于上海浦东新区世博园区的永久总部大楼；二是新开发银行第一届领导班子任期结束并成功换届；三是新开发银行第一个五年战略实施结束、第二个五年战略正式开启。在这一背景下，对新开发银行的发展历程进行回顾和展望具有重要意义。

一 新开发银行发展概况

（一）新开发银行的设立及运营概述

金砖四国于2006年9月联合国大会期间举行了首次金砖国家外长会晤，2009年6月，金砖四国领导人在俄罗斯举行首次正式会晤，标志着金砖国家在二十国集团（G20）框架下不断深化全球经济治理合作的开始。2013年金砖国家领导人第五次会晤在南非德班举行，决定共同设立一家新的开发银行，以为金砖国家、其他新兴市场和发展中国家的基础设施和可持续发展项目筹集资金，作为对全球增长和

---

① "Agreement on the New Development Bank", July 15, 2014, https://www.ndb.int/wp-content/themes/ndb/pdf/Agreement-on-the-New-Development-Bank.pdf.

发展领域的现有多边和区域金融机构的补充。① 2014年7月在金砖国家领导人第六次会晤期间签署《成立新开发银行的协议》。新开发银行是金砖国家务实合作和参与全球经济治理的标志性成果，也为金砖合作机制的发展增强了动力，初始资本1000亿美元，初始认缴资本为500亿美元，其中实缴比例为20%，已全部完成注资。新开发银行聚焦基础设施融资，其资本金规模可与主要多边开发银行相媲美。

新开发银行自2015年7月正式开业以来，制定和落实了第一个五年战略（2017~2021年），组织架构和制度框架逐步成型，项目运营顺利推进。截至2022年5月19日，新开发银行第七届理事会年会召开之际，新开发银行共批准贷款项目超过80个，金额逾300亿美元。② 新冠肺炎疫情发生后，新开发银行的响应十分迅速，于2020年3月批准对中国70亿元人民币紧急援助贷款；之后，新开发银行为金砖国家提供100亿美元的抗疫特别贷款，较世界银行、亚洲开发银行、亚洲基础设施开发银行的支持力度更大，速度也更快。相比于金砖国家在卫生、贸易等其他功能领域的合作机制而言，新开发银行在疫情危机应对方面的表现更为突出。新开发银行组织架构相对精简，财务状况"极为稳健，资本金占比高、流动性充裕"③。基于此，新开发银行在第一个五年战略（2017~2021年）期内顺利获得标普、惠誉的AA+信用评级，以及中国、俄罗斯及日本等国信用评级机构

---

① 《金砖国家领导人第五次会晤德班宣言》，http://www.gov.cn/jrzg/2013-03/28/content_2364217.htm，2013年3月28日。

② "Opening Address by President Troyjo at the Seventh Annual Meeting of the Board of Governors of the New Development Bank", May 20, 2022, https://www.ndb.int/president_desk/opening-address-by-president-troyjo-at-the-seventh-annual-meeting-of-the-new-development-bank/.

③ "Outlook for the New Development Bank Looks Stable: S&P Ratings", *The Economic Times*, February 26, 2021.

的 AAA 评级，为其向各成员国国内和国际资本市场融资提供了坚实基础。

（二）新开发银行的扩员

新开发银行虽然由金砖国家发起成立，但对所有联合国成员国开放，其与"一带一路"倡议的全球性更具一致性。

可见，金砖国家从一开始便对新开发银行持开放发展的共识。2016年新开发银行提出的第一个五年战略（2017~2021年）明确，将在不给运营能力和决策进程带来过大压力的情况下，实现逐步扩员，以促进规模化经营；2017年新开发银行发布了《新成员加入的条款、条件和程序》，正式启动扩员进程。因新开发银行在最初阶段的主要任务是建章立制和组织建设，包括金砖国家在内的新兴经济体亦面临政治经济局势波动，扩员进程中经历了一定的挑战。但是，2019年11月金砖国家领导人第十一次会晤后，新开发银行扩员进程加速，于2021年9月批准吸收阿联酋、乌拉圭和孟加拉国为首批新成员，12月进一步批准埃及加入。

第一个五年战略（2017~2021年）期间，新开发银行在俄罗斯莫斯科、巴西圣保罗、南非约翰内斯堡、印度古吉拉特邦国际金融科技城设立了欧亚区域中心、美洲区域办公室（在巴西利亚成立分办公室）、非洲区域中心及印度区域办公室。① 有学者提出，相比于"四方机制+"以个别国家为基础，"金砖+"更加具有包容性，加强了与发展中国家主导的地区一体化机制的互动，如东盟、南方共同市场等。②

---

① New Development Bank, "HQ/Host Country Agreements", https://www.ndb.int/data-and-documents/ndb-core-documents/, visited on June 1, 2022.
② Yaroslav Lissovolik, "BRICS+as an Anti-Crisis Platform for the Global South", Aug. 28, 2020, https://valdaiclub.com/a/highlights/brics-as-an-anti-crisis-platform/.

如果按照这样的发展愿景，新开发银行作为全球新兴国家发展融资网络节点的地位将更为突出。

（三）新开发银行第二个五年战略（2022~2026年）公布

2022年5月19日，新开发银行理事会通过题为"扩大发展融资，实现可持续未来"的新开发银行第二个五年战略（2022~2026年），[1] 提出在2022~2026年，新开发银行要进一步加强制度建设和提升运营标准，提升资源动员能力，使用更复杂的融资工具为更多元化的项目提供融资，扩大发展影响，成为全球领先的新兴与发展中国家基础设施建设与可持续发展解决方案提供者。新开发银行第二个五年战略（2022~2026年）明确列出如下量化发展目标：[2]

◇利用自有资金批准总规模300亿美元的项目，将新开发银行的总批准项目金额增加至600亿美元左右；

◇项目融资总规模中的30%以本币形式提供；

◇项目融资总规模中的30%提供给非主权机构；

◇20%的项目（以项目数量计）与其他多边开发银行联合融资；

◇总的批准项目中，40%具有促进能源转型、减缓和适应气候变化的影响；

◇专业和管理人员中女性占比提高至40%。

第二个五年战略（2022~2026年）明确，新开发银行将进一步聚焦支持基础设施项目建设，特别是促进清洁和高效能源、道路交

---

[1] "NDB Board of Governors Approved the Bank's General Strategy for 2022–2026", May 20, 2022, https://www.ndb.int/press_release/ndb-board-of-governors-approved-the-banks-general-strategy-for-2022-2026/.

[2] "NDB Board of Governors Approved the Bank's General Strategy for 2022–2026", May 20, 2022, https://www.ndb.int/press_release/ndb-board-of-governors-approved-the-banks-general-strategy-for-2022-2026/.

通、水和卫生、环境保护、社会部门及数字经济发展的六大基础设施项目建设，并优先支持有利于应对气候变化、提升灾害风险适应性及具有技术赋能及包容性的基础设施项目。新冠肺炎疫情突袭而至，使所有多边开发银行均加大了对卫生类基础设施项目的支持力度，新开发银行亦是如此。同时，新开发银行致力于在第二个五年战略（2022~2026年）期间继续以渐进的方式推进扩员进程。

二 新开发银行助力上海服务"一带一路"建设的主要体现

新开发银行是金砖国家财金合作进程中具有里程碑意义的成果，对促进金砖国家及其他新兴经济体和发展中国家基础设施建设和可持续发展、促进全球金融治理机制改革具有重要意义。时任中国财政部部长楼继伟提出了中方对新开发银行的四点期待："一是为金砖五国的共同发展服务，促进五国的互补性合作；二是推动全球经济治理改革，倡导新的发展理念，与现有多边开发银行形成互补；三是要按照专业、高效、透明、绿色的原则组建和运营；四是要建立广泛的发展合作伙伴关系，探索包括政府与社会资本合作（PPP）等在内的多种业务模式，不断提高金砖银行的效率和包容性。"[1]

上海作为新开发银行总部所在地，可利用新开发银行聚集的国际资源和平台，更好地发挥其"一带一路"桥头堡功能，其意义超出上海自身对"一带一路"建设的参与。

（一）为新开发银行提供总部服务作为一种国际公共产品

上海履行新开发银行总部所在城市的责任，为新开发银行提供总

---

[1] 《楼继伟部长就金砖国家新开发银行回答记者提问》，https://www.163.com/news/article/AV1RBHB100014SEH.html，2015年7月21日。

部服务。从以下两个方面可以看出其公共产品的性质。首先是总部大楼的提供。上海市政府出资，并专门成立新开发银行总部大楼项目建设指挥部，负责推进新开发银行总部大楼的建设。建造过程秉承"高起点、高水平、高质量"的方针，坚持绿色、健康、可持续发展理念，历时两年多完成，通过中国绿色三星建筑和中国健康三星建筑认证，[1] 体现了上海建造的品牌和质量，既可作为中国落实"一带一路"基础设施合作项目的样板，也为新开发银行展现其绿色与可持续发展理念提供了样板。

其次是上海为新开发银行的运营及员工提供服务等方面，如上海市政府按照国际惯例并结合自身实际，为新开发银行员工入驻、组织运营、资金筹措等提供最大支持和便利，使之顺利启动运营。[2] 新开发银行作为政府间国际金融组织，依据协议，在水、电、通信等各种公共服务方面享有不低于政府和外国驻华外交机构的待遇与保障，其职员享有国际化水准的收入和福利待遇，并享有国际公务员的税收豁免，同时在旅行等方面亦享有其他一些特权，对上海而言亦是一种贡献。

（二）促进中国与"一带一路"重要国家的合作

金砖国家遍布全球各大洲，是新兴国家的代表。俄罗斯、南非正式与中国签署了"一带一路"合作协议，而巴西、印度未签署。但是，这些金砖国家均是中国对外基础设施贷款合作的重要目的地，特别是俄罗斯和巴西。美国波士顿大学更早的一份研究估计，2007~

---

[1] 重点参考《新开发银行总部大楼全面建成》，http：//www.sasac.gov.cn/n2588025/n2588129/c16494644/content.html，2021年1月12日。

[2] "Interview with President, New Development Bank（NDB）", October 15, 2016, http：//www.ndb.int/president_desk/situation-indias-banking-sector-not-grim-k-v-kamath/.

2014年，中国政策性银行为发展中国家能源部门提供了1175亿美元贷款，其中俄罗斯、巴西与印度是前三大接受国，分别接受的贷款规模为310亿美元、130亿美元、90亿美元，合计530亿美元，占总规模的比重高达45%。① 换言之，有近一半的中国对外能源贷款流入其他金砖国家，充分说明金砖国家是中国对外产能合作的重点国家。中国与其他金砖国家的能源合作体现了各方在全球价值链中所处的地位及各自的比较优势。

新开发银行还推动向其他多边机构（包括欧亚开发银行、黑海贸易与开发银行等）提供贷款，并积极推进向跨境互联互通基础设施项目提供贷款，② 这意味着新开发银行业务辐射的范围超出金砖国家成员国而延伸至它们所在的地区，对于其分散财务风险特别是国别聚焦风险有一定的好处。

三 新开发银行赋能上海国际金融中心与"一带一路"资金融通

（一）上海支持新开发银行与"一带一路"合作

上海市最具地标意义的浦东世博园是新开发银行总部大楼所在地，与上海国际金融中心的核心地带陆家嘴地区毗邻，体现了上海市政府对新开发银行的高度重视，同时也表明新开发银行与

---

① Kevin P. Gallagher, Rohini Kamal, and Yongzhong Wang, "Fueling Growth and Financing Risk: The Benefits and Risks of China's Development Finance in the Global Energy Sector", Boston University, Global Economic Governance Initiative, 2016, Table 4.

② 周艾琳：《新开发银行副行长周强武首度发声：NDB 将聚焦三大重点》，https://www.yicai.com/news/101129936.html, 2021年8月3日。

上海发展互动的主要切入口在其金融功能。新开发银行行长马可指出，新开发银行将致力于增强国际影响力，也有助于提升上海国际金融中心建设的国际化。① 不少专家认为，上海服务"一带一路"建设，首先是要发挥金融服务引领功能，上海国际金融中心的建设亦首先应定位于"一带一路"国际金融中心。② 上海国际金融中心应如何服务于"一带一路"建设，亦成为一个专门的研究课题。③

2014年11月6日，时任上海市常务副市长屠光绍阐述了新开发银行总部落户上海对国家及上海发展的重大意义，认为其主要体现为六个"新"：一是搭建了一个跟金砖国家之间合作的新平台；二是拓展了中国和金砖国家合作的新空间；三是代表金砖国家在金融合作方面新的进程；四是标志着上海国际金融中心的建设进入新的阶段；五是使上海城市经济发展提升新的动能；六是弥补世界银行和国际货币基金等现有国际金融机构的不足，为促进上海乃至中国金融体系和国际金融体系的互动，提供了一个新的载体。④ 屠光绍常务副市长特别提到，新开发银行的设立将极大地推动上海国际金融中心的建设，促进国内和国际金融资源的优化配置，因为后者面临的一大短板即是国际化进程不快。⑤ 实际上，就在新开发银行成立后不久，国家大幅放

---

① 《新开发银行总部大楼正式启用，对上海意味着什么？》，https：//sh. house. 163. com/21/0929/09/GL270H3K0007870L. html，2021年9月29日。
② 《专家：上海应在"一带一路"金融合作中发挥引领作用》，http：//fec. mofcom. gov. cn/article/fwydyl/zgzx/201712/20171202681004. shtml，2017年12月6日。
③ 杨晔、计小青编著《上海国际金融中心建设服务"一带一路"战略研究》，格致出版社，2017。
④ 《屠光绍：金砖银行将拓展金砖国家合作新空间》，http：//intl. ce. cn/zhuanti/brics/hy/201411/06/t20141106_ 3864198. shtml，2014年11月6日。
⑤ 《上海副市长：金砖银行落户上海促进金融中心建设》，http：//finance. china. com. cn/news/20141106/2776583. shtml，2014年11月6日。

宽资本项下管制，扩大金融服务部门对外开放，基本取消外资进入中国银行间债券市场的限制，为新开发银行后来的本土化融资提供了很大便利。

2021年上海市政府发布的《上海国际金融中心建设"十四五"规划》（以下简称《规划》）明确提出，"支持新开发银行与'一带一路'沿线国家和地区加大投融资领域的战略合作"，将之作为加强"一带一路"金融合作、扩大上海金融高水平开放、强化其全球资源配置功能的六大举措之一。这也是《规划》唯一提及的除政府监管机构外的金融机构，表明其地位的特殊性。《规划》提出了"十四五"时期上海国际金融中心建设规划的主要预期指标，涉及金融市场规模、直接融资功能、金融开放程度和金融科技发展四个方面。除了金融科技发展外，前面三个方面均与新开发银行有直接关联，表明支持新开发银行与"一带一路"沿线国家和地区的投融资合作，可促进上海国际金融中心的整体发展，特别是在金融开放程度和直接融资功能方面。这主要是因为新开发银行作为多边开发性金融机构，本质上亦是一个弥补基础设施市场失灵的金融中介，以股东国出资作为担保，利用国际资本市场筹集资金，为以金砖国家为代表的新兴国家的大规模基础设施建设提供支持。

（二）熊猫债券的"基准发行人"

2008年全球金融危机以来，西方主要经济体开始实施量化货币宽松政策，加剧了国际金融市场的波动性，汇率贬值成为很多新兴市场国家与发展中国家面临的最主要外部风险之一。世界银行、亚洲开发银行等传统多边开发银行的贷款成本确实低于一般的商业性机构，但即便它们提供优惠性的贷款，亦主要用美元放贷，而让借款国承担汇率贬值风险，实际上使借款国无法掌控自主发展规划，是它们目前面临债务问题的根源之一。① 为此，新开发银行从一开始便将本币的使用作为其优先战略，并在第一个五年战略运营中取得了突出的成绩，较其兄弟机构亚投行更具领先性。

首先，新开发银行在利用国内资本市场筹集人民币资金方面，具有重要的创新意义。新开发银行从一开始便将本币业务作为其战略重点，其中以其人民币市场发债最为突出（见表1）。为抗击疫情，2020年4月2日，新开发银行在中国银行间债券市场发行3年期50亿元人民币疫情防控债券。该债券是多边开发银行在中国发行的单笔金额最大的本币债券，也是首笔以人民币定价发行用于抗击新冠肺炎疫情的债券，旨在为受新冠肺炎疫情影响较大的湖北、广东、河南三省的公共卫生支出提供资金支持。

表1 新开发银行发债融资情况（截至2022年5月底）

发行日期	交易市场	发行货币	数额	备注
2016年7月13日	中国银行间债券市场（债券通）	人民币	30亿元,5年期,3.07%	在中国首次发行绿色债券
2019年2月25日	中国银行间债券市场（债券通）	人民币	30亿元:3年期,20亿元,3.00%;5年期,10亿元,3.32%	2018年9月25日中国人民银行和财政部联合发布《全国银行间债券市场境外机构债券发行管理暂行办法》后批准的首笔国际机构发债
2020年4月2日	中国银行间债券市场（债券通）	人民币	50亿元,3年期,2.43%	在中国首次发行的疫情防控债券,用于湖北、广东、河南三省的公共卫生支出

---

① Ruurd Brouwer, "Multilateral Development Banks Are Part of the Problem", *Financial Times*, October 9, 2019.

续表

发行日期	交易市场	发行货币	数额	备注
2020年7月6日	中国银行间债券市场（债券通）	人民币	20亿元，5年期，3%	
2021年3月24日	中国银行间债券市场（债券通）	人民币	50亿元，3年期，3.22%	依据UNDP"可持续发展目标债券影响力标准"和《可持续发展投融资支持项目目录（中国）》相关标准发行，也是首个按上述标准发债的机构
2021年9月16日	中国银行间债券市场（债券通）	人民币	20亿元，5年期，3.02%	用于新开发银行总部及成员国业务
2022年1月27日	中国银行间债券市场（债券通）	人民币	30亿元，3年期，2.45%	用于新开发银行总部及成员国业务
2022年5月18日	中国银行间债券市场（债券通）	人民币	70亿元，3年期，2.7%	用于新开发银行总部及成员国业务
2020年6月16日	爱尔兰证券交易所	美元	15亿，3年期，0.660%	用于紧急抗疫及一般项目
2020年9月22日	爱尔兰证券交易所	美元	20亿，5年期，0.695%	用于紧急抗疫及一般项目
2021年4月20日	爱尔兰证券交易所	美元	15亿，5年期，1.154%	用于紧急抗疫及一般项目
2021年7月15日	爱尔兰证券交易所	美元	22.5亿，3年期，0.672%	用于紧急抗疫及一般项目
2021年12月1日	爱尔兰证券交易所	美元	5亿，3年期，SOFR加28个基点	用于紧急抗疫及一般项目

资料来源：笔者根据新开发银行网站信息整理。

注：按发行货币排列。

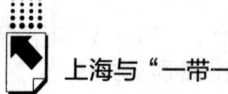

相对于"一带一路"建设对融资需求的总规模以及上海国际金融中心的总规模而言，新开发银行的融资规模较小。但是，就单个金融机构而言，新开发银行仍具有相当的影响力，特别是新开发银行作为一家多边开发性金融机构，为其他国际同行机构到全球第二大债券市场和最大的本币债券市场融资发挥了关键的"基准发行人"的示范作用，①对上海国际金融中心建设具有重要的促进作用，带动更多境外机构和投资者到上海筹集资金或投资，也带动人民币"走出去"。

其次是本币项目贷款，目前主要是提供给国内借款方。如上所述，新开发银行在成立时便强调要探索使用本币开展投融资业务。2018年，新开发银行在批准中国呼和浩特新机场建设以及广东粤电阳江沙扒海上风电厂建设贷款中首次采用本币。截至2020年底，新开发银行累计批准的中国境内项目约有75%以人民币贷款，向南非借款人提供的贷款中约有27%是以兰特贷款。②从2019年起，新开发银行开始推出各种货币计价的金融工具，以满足其客户的多样化需求。③

（三）国际资本市场融资

新开发银行获得国际评级后，开启了美元等国际货币筹资和贷款的进程，使本币业务占比出现逆转。2020年6月，新开发银行第一次到国际资本市场（爱尔兰证券交易所）发行美元债券，

---

① "2022 Renminbi Bond (Series 2) (Bond Connect)", May 18, 2022, https://www.ndb.int/investor-relations/borrowings/.
② New Development Bank, "Annual Report 2020: Meeting Ever-Evolving Development Challenges", https://www.ndb.int/annual-report-2020/.
③ New Development Bank, "Annual Report 2019: Investing for Innovation", https://www.ndb.int/wp-content/uploads/2020/07/NDB_2019_ARA_1.pdf, p.38.

至2021年12月已连续发行五次，总计77.5亿美元，3年期或5年期（见表1）。在美元加息预期上升背景下，2021年12月美元债发行使用"担保隔夜融资利率"（SOFR）加28个基点的浮动收益率。相对于本币债券主要为商业性银行和私人投资者持有而言，新开发银行的美元债券投资者中各国中央银行和官方投资者占比更高。

与新开发银行在获得国际评级后加大国际资本市场美元筹资力度的趋势一致，新开发银行自2020年起加大了美元贷款的项目比重。据2020年新开发银行年报[①]披露，截至2020年底批准的项目中，20%使用了本币（其中中国的人民币和南非兰特分别占15.1%和4.9%（见表2），较2019年降低了7个百分点。据此分析，新开发银行要完成第二个五年战略（2022~2026年）提出的30%的项目以本币实施的目标，仍面临一定的挑战性。

表2 新开发银行按币种累计批准项目金额（截至2020年12月31日）

币种	折合金额(百万美元)	各币种占比(%)
人民币	3664	15.1
南非兰特	1183	4.9
瑞士法郎	568	2.3
欧元	1040	4.3
美元	17880	73.5
总计	24335	100.0

资料来源：New Development Bank, "Annual Report 2020: Meeting Ever-Evolving Development Challenges", https://www.ndb.int/annual-report-2020/, p.9。

---

① New Development Bank, "Annual Report 2020: Meeting Ever-Evolving Development Challenges", https://www.ndb.int/annual-report-2020/, p.9。

（四）对国内商业性银行的带动

新开发银行的大规模市场筹资有力地带动了国内商业性银行的成长，以及与国际同行机构的三方合作。自2016年以来，新开发银行先后与中国银行、中国建设银行、交通银行、中国农业银行、中国工商银行五家主要商业性银行签署了合作协议，约定就结算与清算、外汇、债券发行、金砖国家基础设施联合融资等广泛的金融服务开展全球性合作，为共建"一带一路"国家及其他新兴市场国家和发展中国家基础设施项目提供高质量服务。[1] 随着新开发银行大规模融资的开展，相关合作已全面铺开。新开发银行的人民币筹资主要由上述五大行牵头担任主承销商，特别是中国银行在早期担任更为重要的角色，部分国际性银行担任联合主承销商，投资者亦主要来自国内。今后，五家商业性银行与新开发银行的合作可能进一步向下游项目联合融资等更广泛的领域拓展，进一步形成相互间风险共担、互补合作的格局。

相比较而言，新开发银行的美元债券承销商和投资者均更为国际化和多元化，但同样不乏五大行的广泛参与，实际上为国内银行与美欧金融资产管理公司的合作与分摊风险提供了机会，亦为国内银行学习资产管理业务提供了机会。如2020年6月新开发银行在海外发行的第一笔美元债券，由花旗银行、法国农业信贷银行、高盛银行、汇丰银行、摩根大通银行等共同担任主承销商，中国银行、中国工商银

---

[1] New Development Bank, "Partnership", https：//www.ndb.int/partnerships/list-of-current-mous/; New Development Bank, "NDB Sign Memorandum on Strategic Cooperation, China Daily", September 14, 2017, http：//www.chinadaily.com.cn/business/2017-09/14/content_31978627.htm; "New Development Bank and China Construction Bank Signed Memorandum on Strategic Cooperation", June 8, 2016, https：//ndbwebhk.azurewebsites.net/press_release/new-development-bank-china-construction-bank-signed-memorandum-strategic-cooperation/.

行等作为联合主承销商参与,而在同年9月新开发银行发行的另一笔20亿美元债券中,中国银行牵头担任主承销商,中国建设银行和中国工商银行作为联合主承销商参与。①

四 新开发银行支持绿色融资和可持续基础设施建设与"一带一路"建设

新开发银行聚焦动员成员国国内和国际资源,弥补新兴市场国家和发展中国家可持续基础设施建设资源的不足。截至2020年底,新开发银行批准项目总承诺资金244亿美元,印度、中国、巴西、南非、俄罗斯分别占28%、20%、20%、18%和14%。除紧急抗疫项目(金额约占25%)外,交通基础设施、清洁能源、城市化发展及水资源管理项目金额占新开发银行批准的其余项目的金额的八成以上。② 新开发银行表示,未来将创新置于公司文化核心,增加其投资组合中开创性项目的份额,包括智能基础设施和远程教育等。③

(一)支持绿色融资和可持续基础设施建设

新开发银行从一开始便将绿色与可持续基础设施建设作为其支持的重点,其第一个五年战略(2017~2021年)明确,要将2/3的资金投向"可持续基础设施发展",即"将经济、环境与社会标

---

① 参见 New Development Bank, "Investor Relations", https://www.ndb.int/investor-relations/borrowings/。

② New Development Bank, "Annual Report 2020: Meeting Ever-Evolving Development Challenges", https://www.ndb.int/annual-report-2020/, p. 56.

③ New Development Bank, "Annual Report 2020: Meeting Ever-Evolving Development Challenges", July, 2021, p. 16, https://www.ndb.int/wp-content/uploads/2021/07/NDB-AR-2020_ complete_ v3. pdf.

准纳入设计和实施的基础设施项目",① 包括但不限于能源转型。与此相应,新开发银行在绿色融资方面亦创造了多个第一,如是第一个在国内资本市场发行绿色债券的国际机构,也是全球第一个依据联合国开发计划署(UNDP)"可持续发展目标债券影响力标准"和《可持续发展投融资支持项目目录(中国)》标准发债的机构,有利于带动参与共建"一带一路"机构的绿色化发展,同时也在一定程度上对绿色融资起到了一定的示范作用,非常契合国内市场对可持续发展的关注。②

应该说,自美国奥巴马政府上台以来,其推动主要多边开发银行放弃支持煤电项目,带动全球范围官方融资的"气候化";欧洲投资银行等更是宣布停止支持所有化石燃料项目,打造完全的"气候银行";亚投行亦宣布停止支持煤电项目。相比较而言,新开发银行的绿色融资与可持续基础设施建设标准更为务实。不过,随着全球应对气候变化合作的推进,新开发银行刚刚通过的第二个五年战略(2022~2026年)提出了更为激进的气候应对目标,要实现40%的项目有利于减缓和适应气候变化,基本采纳了主要多边开发银行的标准。2021年9月中国国家主席习近平亦在第七十六届联合国大会一般性辩论上庄严承诺,中国将力争在2030年前实现碳达峰、2060年前实现碳中和,同时大力支持发展中国家能源绿色低碳发展,不再新建境外煤电项目。③

2017年1月,新开发银行理事会决定设立项目准备基金,为成

---

① "NDB's General Strategy: 2017-2021", https://www.ndb.int/wp-content/uploads/2017/07/NDB-Strategy-Final.pdf.
② "NDB Issues RMB 5 Billion Sustainable Development Goals Bond, New Development Bank", March 25, 2021, https://www.ndb.int/press_release/ndb-issues-rmb-5-billion-sustainable-development-goals-bond/.
③ 习近平:《坚定信心·共克时艰 共建更加美好的世界——在第七十六届联合国大会一般性辩论上的讲话》,http://www.qstheory.cn/yaowen/2021-09/22/c_1127887219.htm,2021年9月21日。

员国的基础设施项目环境与社会评价、技术、财务及经济可行性研究等项目准备环节提供技术支持，以开发更高质量和可持续的项目，有利于更好地动员其他开发性银行和商业性银行加入。截至2020年底，该基金共获得成员国捐款700万美元，其中中国捐助400万美元，俄罗斯、印度各捐款150万美元。①

（二）"一带一路"框架下新开发银行与开发性、政策性金融机构的合作

2017年5月14日，时任新开发银行行长卡马特与世行、亚投行、亚洲开发银行、欧洲投资银行及欧洲复兴开发银行等其他五家主要的多边开发银行负责人与中国财政部部长肖捷在北京共同签署《关于加强在"一带一路"倡议下相关领域合作的谅解备忘录》，承诺共同加大对基础设施和互联互通项目的支持力度，努力为"一带一路"构建稳定、多元、可持续的融资机制。② 该备忘录签署后不久，2017年9月1日，新开发银行与中国国家开发银行签署了双边合作谅解备忘录，约定就如下八大广泛领域开展合作：基础设施开发与可持续发展项目等具有共同利益的部门或主题性领域的合作，如可再生能源、能效、清洁运输、可持续水管理和污水处置等；促进联合融资及其他形式的发展合作；探索财务管理合作；通过临时任务、借调及人员互换等形式促进人员相互培养；能力建设倡议和研究，促进知识分享和制度性能力发展；就各自规则、政策及战略交换信息；积累项目准备和实施等方面的技术援助分享经验和知识；其他基础设施

---

① New Development Bank, "Annual Report 2020: Meeting Ever-Evolving Development Challenges", https://www.ndb.int/annual-report-2020/, p. 55.
② 《财政部与6家多边开发银行共同签署"一带一路"合作谅解备忘录》，http://www.mof.gov.cn/zhengwuxinxi/caizhengxinwen/201705/t20170514_2600067.htm，2017年5月14日。

和可持续发展发展领域的合作。①

2021年5月18日，新开发银行和中国进出口银行签署合作谅解备忘录，同意就绿色融资、可再生能源、贸易赋能基础设施、社会基础设施等可持续发展项目融资等加强合作。② 2021年9月14日，新开发银行和中国农业发展银行签署合作框架谅解备忘录，覆盖如下领域合作：基础设施及农业可持续发展项目的及早甄别、筹备、转贷款及联合融资；加强在农业基础设施、水资源管理和卫生、清洁能源、交通基础设施、信息和通信技术、医疗卫生和教育、环境保护及污染控制等具有共同利益的领域交流；财务管理合作；宏观经济、农业和农村基础设施、绿色与可持续发展等方面的分析研究；信息交换与知识分享及相互培训与员工发展。③ 这标志着国内所有主要开发性、政策性和商业性银行均与新开发银行建立了深度合作关系。

实际上，新开发银行与国家开发银行、中国进出口银行等国内开发性与政策性银行支持"一带一路"建设的融资方式类似，对后者亦形成有力的外部竞争，有利于将开发性金融业务进一步做优做大，

---

① "Memorandum of Understanding between New Development Bank and China Development Bank", September 1, 2017, https：//www.ndb.int/wp-content/uploads/2019/09/19.-MOU_CDB_Memorandum-of-Understanding-between-New-Development-Bank-and-China-Development-Bank.pdf.

② "New Development Bank and Export-Import Bank of China Sign Memorandum of Understanding", May 31, 2021, https：//ndbwebhk.azurewebsites.net/press_release/new-development-bank-export-import-bank-china-sign-memorandum-understanding/.

③ "New Development Bank and Agricultural Development Bank of China Sign Memorandum of Understanding to Establish Framework for Cooperation", September 15, 2021, https：//www.ndb.int/press_release/new-development-bank-agricultural-development-bank-china-sign-memorandum-understanding-establish-framework-cooperation/.

并为国内其他商业性金融机构服务"一带一路"建设提供更多的借鉴。①

此外，截至 2022 年 5 月底，新开发银行共与世行、拉美开发银行、国际投资银行、欧亚开发银行、亚投行、欧洲投资银行、欧洲复兴开发银行、拉普拉塔河流域发展金融基金、美洲开发银行、非洲开发银行及国际经济合作银行 11 家金融机构签署了合作协议。

（三）发展经验共享与更广泛的人文交流

新开发银行不仅提供基础设施融资，也越来越注重"知识银行"的功能，为中国与其他金砖国家等加强经验分享提供了新的平台。实际上，新开发银行第一个五年战略（2017~2021 年）实施期间，便十分注重上海城市化发展经验的总结和推广。2017 年在印度新德里举行的新开发银行第二届理事会年会期间，上海市受邀参与"城市规划与可持续基础设施投资"主题研讨，介绍上海城市发展经验。② 2020 年底，新开发银行行长马可一行赴上海城投集团有限公司调研，分享其成功实践经验。③ 马可行长亦进一步扩大与上海学术界和非政府组织的交流，促进新开发银行与上海在发展经验等方面的交流。

2021 年新开发银行副行长周强武表示，新开发银行未来发展的重点之一是持续推进与东道城市上海之间的伙伴关系。新开发银行将促进上海国际金融中心建设；积极发挥平台和纽带的作用，推动成员国和其他新兴市场及发展中国家了解中国，了解上海及浦东，同时将

---

① 秦焕梅：《上海国际金融中心建设与"一带一路"倡议》，《科学发展》2019 年第 1 期。
② 《市财政局副局长王岚出席新开发银行第二届理事会年会并介绍上海城市发展经验》，https：//czj.sh.gov.cn/zys_8908/xwzx_8909/czyw/20170413/0017-175201.html，2017 年 4 月 13 日。
③ 《新开发银行行长调研上海城投集团》，https：//czj.sh.gov.cn/zys_8908/xwzx_8909/czyw/20201229/xxfbinfo0000008366.html，2020 年 12 月 29 日。

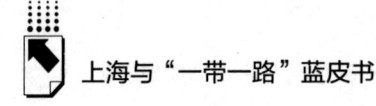

上海在基础设施建设、数字经济发展等方面的经验，进一步打造成公共产品，为其他新兴市场和发展中国家提供参考和借鉴。①

此外，新开发银行作为金砖国家务实合作的重要成果，也为金砖国家创建了人才培养、拓展国际交流合作的新平台。新开发银行与复旦大学、上海财经大学等沪上高校签署了合作协议，为后者的毕业生提供访问、实习和交流机会，帮助后者更好地培养适应国际组织工作的人才，也使自己有更多的人才储备，促进了金砖国家间的人文交流，长远来看其意义可能大于经济金融层面的合作。上海市教育委员会专门设立了上海暑期学校（金砖国家项目），由复旦发展研究院金砖国家研究中心作为主要项目承担单位。截至2021年，上海暑期学校（金砖国家项目）已连续举办了8届，校友规模累计300余人，② 有力地促进了金砖国家青年一代对上海文化和经济发展的了解。2016年，上海暑期学校（金砖国家项目）优秀学生受邀参加新开发银行首届理事会年会，与时任副行长保罗·巴蒂斯塔先生交流，直观了解了新开发银行的宗旨和运营情况，他们对上海文化表示出了极大的好感与热情。不少曾参与过上海暑期学校（金砖国家项目）的学员在结束本科或研究生的课程之后到复旦大学继续深造，毕业后选择落户上海。

---

① 周艾琳：《新开发银行副行长周强武首度发声：NDB将聚焦三大重点》，https://www.yicai.com/news/101129936.html，2021年8月3日。
② 数据由复旦大学发展研究院金砖国家研究中心提供。

地区和国别报告
Country & Region Reports

B.9 上海服务东盟地区"一带一路"建设

封 帅*

摘 要: 2021年,新冠肺炎疫情仍在全球肆虐,东盟国家在疫情防控和经济恢复发展方面面临诸多挑战。2021年第四季度,大部分东盟国家经济显现出明显的复苏迹象。在"一带一路"建设的推动下,除新加坡外,中国与东盟主要经济体的双边贸易额实现了高速增长,双向投资与工程承包规模都有所扩大,中老铁路等重点项目顺利完工,人文合作成绩斐然,在复杂多变的国际环境中取得了丰硕的成果。在这一过程中,上海基于自身比较优势,充分发挥既有多边机制的作用,不断夯实与东盟国家的经贸和人文交流基础,有力推动了东盟地区"一带一路"建设。随着"十四五"规划的发布和《区域全面

---

* 封帅,上海国际问题研究院国际战略研究所副研究员;研究方向为东盟研究、欧亚研究、人工智能与国际关系。

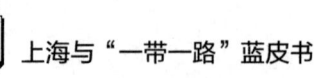

经济伙伴关系协定》（RCEP）正式生效，东盟地区"一带一路"建设将进入新的发展阶段，上海与东盟各国也将迎来新的发展契机。

关键词： "一带一路"　东盟地区　上海　RCEP

在中国-东盟双边关系发展史上，2021年算得上是一个特殊的年份。从双方政治关系来看，2021年是中国-东盟对话关系建立30周年，在双方的共同努力下，中国-东盟经贸合作取得了丰硕的成果，中国-东盟关系升级有利于亚太地区的和平、稳定。2021年11月22日，在中国-东盟建立对话关系30周年纪念峰会上，双方共同宣布建立中国东盟全面战略伙伴关系，① 中国东盟关系开启了新篇章。同时，2021年是"一带一路"倡议提出8周年，也是推动高质量共建"一带一路"重要的一年。在新冠肺炎疫情全球蔓延、全球化进程遭遇挑战、美国对外战略严重偏离合作与发展轨道等复杂的国际背景下，东盟地区始终坚持推动地区发展的目标，继续深度参与"一带一路"建设，在多个领域取得了丰硕的成果。作为"一带一路"建设桥头堡，上海充分发挥自身比较优势，搭建各种制度性平台，不断夯实上海与东盟国家的合作基础，助力上海企业"走出去"，深耕东盟地区市场，为东盟地区"一带一路"建设做出重要贡献。

一　2021年东盟地区"一带一路"建设成果

2021年，新冠肺炎疫情仍在全球肆虐，东盟国家在疫情防控

---

① 习近平：《命运与共　共建家园——在中国-东盟建立对话关系30周年纪念峰会上的讲话》，http：//www.gov.cn/gongbao/content/2021/content_5659508.htm，2021年11月22日。

和经济恢复发展方面面临诸多挑战。但东盟各国采取各种措施，加强内部合作，并积极获取外部支持，取得了一定效果，整体上实现了经济的平稳复苏，为中国-东盟双边经贸关系的发展打下了坚实的基础。在高质量共建"一带一路"目标指引下，中资企业摆脱了各种不利条件的制约，积极恢复正常的生产经营，与东盟国家一起为地区经济复苏提供关键助力。

（一）2021年第四季度，大部分东盟国家经济显现出明显的复苏迹象

2020年对于东盟国家来说是相当艰难的一年。受到新冠肺炎疫情的严重冲击、全球贸易体系和地区产业链运转不畅等多重负面因素的影响，东盟国家经济在2020年陷入了普遍性衰退。这是东盟地区自1997年亚洲金融危机以来最为严重的衰退，这种衰退的趋势一直延续到2021年第一季度才告结束。从2021年第二季度开始，东盟各国逐渐摸索出在疫情下恢复经济增长的合理逻辑，实现了地区经济的触底反弹。

如表1所示，除文莱外，其他东盟国家在2021年都实现了经济的正增长，使这些国家在经济困境中获得了宝贵的信心，也为"一带一路"项目在东盟地区的继续推进提供了有力支持。

表1 2020~2021年东盟国家经济增长率比较

单位：%

国家	2020年GDP增长率	2021年GDP增长率
印度尼西亚	-2.10	3.69
泰国	-6.10	1.30
菲律宾	-9.60	5.60
越南	2.90	2.58
新加坡	-5.40	7.20

续表

国家	2020年GDP增长率	2021年GDP增长率
马来西亚	-5.60	3.10
缅甸	3.30	3.80
柬埔寨	-3.10	2.40
老挝	-0.50	3.60
文莱	1.20	-1.60

资料来源：笔者根据东盟各国官方公布的经济数据汇总统计制作。

这些成绩的取得有赖于东盟在2021年对于地区经济发展的全面关注和做出的相应制度安排。2020年11月，为了推动地区经济发展，第37届东盟峰会通过了《东盟全面复苏框架》，并根据东盟地区国家的实际情况，制定了较为符合地区发展需要的经济政策，强调东盟国家应将实现经济复苏作为当前国家发展的总原则，在防疫与民生之间实现有效平衡，采取各种务实举措促进经济增长。

除此之外，东盟国家还努力加大对国内企业的扶持力度，采取直接注资、税收减免、财政倾斜、重启旅游业等方式促进国内经济恢复。泰国等部分东盟国家还采取了更加激进的经济刺激计划，包括发放现金补贴等，希望能够尽快恢复消费市场活力。在各种措施的共同作用下，东盟国家第四季度的经济表现非常优异，带动了大部分东盟国家全年经济实现正增长，显现出明显的复苏迹象。①

但我们也要认识到，在全球疫情尚未整体好转、产业链运行仍不畅的情况下，东盟地区经济恢复仍然任重道远。

一方面，东盟国家当前经济增速仍然较慢，且增长趋势并未稳定。由于2020年经济数据非常不理想，因此2021年的经济增长很大

---

① 《东南亚纵横》编辑部：《东南亚地区形势2021～2022年回顾与展望——专家访谈录》，《东南亚纵横》2022年第1期，第33～34页。

程度上是在低起点的情况下实现的，东盟很多国家GDP尚未恢复到2019年的水平。而且综观2021年的季度数据，除新加坡外，并无任何其他东盟国家在四个季度的经济都为正增长，很多国家甚至有两个季度出现了负增长，地区整体经济增长态势尚不明朗。

另一方面，东盟国家目前经济复苏的行业差距、国别差距仍然较大，全面复苏尚待时日。在东盟新的防疫思路下，不同行业受到的影响不同，制造业、建筑业等在新政策的影响下复苏趋势明显，但服务业仍然受到相当严重的冲击。同时，由于东盟国家经济属于高度的外向型经济，受全球市场的影响较大，在全球疫情蔓延和经济发展仍存在变数的时期，东盟地区经济复苏的基础并不稳固，能否在复杂的国际环境下维持增长态势仍有待观察。

在这样的背景下，"一带一路"高质量发展作为东盟地区经济发展的重要外部要素，对于东盟国家经济复苏有重要影响。在"一带一路"框架下，中国与东盟国家采取各种措施，努力消除疫情负面影响，交出了一份亮眼的成绩单，为中国与东盟国家在疫情期间的经济复苏发挥了重要作用。

（二）中国-东盟双边经贸关系更加紧密

虽然全球疫情对国际贸易造成了严重冲击，但中国对外贸易展现出强大的韧性，取得了令人瞩目的成绩。而在中国的对外贸易体系中，东盟地区已经成为最重要的板块之一，在"一带一路"高质量发展的推动下，亚太地区的经贸合作将更加紧密，为全球经济走出困境提供了重要助力。

据海关总署统计，2021年中国货物贸易进出口总额创纪录地达到39.1万亿元，与2020年相比大幅增长，增幅高达21.4%。其中出口总额为21.73万亿元，增幅为21.2%；进口总额为17.37万亿元，增幅为21.5%。中国与"一带一路"沿线国家双边贸易额达到11.6

万亿元，同比增长23.6%。①

需要注意的是，这种大幅增长并不是基数过低造成的数字增长，如以2019年数据为基数，中国货物贸易进出口的增幅达到了23.9%，其中，出口增长26.1%，进口增长21.2%。②

按照美元计价，2021年中国贸易总额达到了6.06万亿美元，这是中国贸易史上首次突破6万亿美元关口，是中国对外贸易的历史高点。在疫情背景下取得了如此优异的成绩充分体现了中国经济的强劲韧性，这一结果也彰显了"一带一路"高质量发展正在全球范围内开花结果。

如表2所示，从地区结构视角来看，东盟继续在中国对外贸易体系中扮演重要角色。按照人民币计价，2021年中国东盟进出口总额达到5.67万亿元，同比增长19.7%。其中，中国对东盟出口3.13万亿元，增幅为17.7%；中国从东盟进口2.55万亿元，增幅达到22.2%。按照美元计价，中国与东盟双边货物贸易额为8782亿美元，同比增长28.1%，这是中国东盟双边货物贸易额首次突破8000亿美元关口。③ 总体来看，中国与东盟双边货物贸易占中国进出口总额的比重达到了14.5%，更是占我国与共建"一带一路"国家双边贸易额的一半左右。东盟连续两年成为我国第一大货物贸易伙伴，而中国则连续13年成为东盟第一大贸易伙伴，中国与东盟之间贸易联系的紧密状态前所未有。

---

① 《中国外贸额首破6万亿美元关口》，http：//www.gov.cn/xinwen/2022-01/14/content_5668212.htm，2022年1月14日。
② 《2021年进出口规模首次突破6万亿美元 "十四五"外贸开局良好》，http：//www.gov.cn/xinwen/2022-01/15/content_5668288.htm，2022年1月15日。
③ 《经济研究》智库"经济形势分析课题组"：《2021年中国外贸形势分析与2022年展望》，http：//ie.cass.cn/academics/economic_trends/202202/t20220210_5392368.html，2022年2月10日。

表2　2021年中国与主要贸易伙伴货物贸易进出口数据

单位：亿元，%

国家或地区	出口额	进口额	进出口总额	进出口增速
东盟	31254.5	25488.5	56743.1	19.7
欧盟	33483.4	20028.4	53511.8	19.1
美国	37224.4	11602.8	48827.2	20.2
日本	10721.7	13298.0	24019.7	9.4
韩国	9616.7	13790.8	23407.5	18.4
澳大利亚	4290.8	10656.1	14946.8	26.0
巴西	3464.4	7137.7	10602.1	27.0
俄罗斯	4364.3	5122.3	9486.6	26.6
印度	6302.3	1818.9	8121.3	33.9
英国	5624.0	1656.9	7280.9	13.8

资料来源：转引自《经济研究》智库"经济形势分析课题组"《2021年中国外贸形势分析与2022年展望》，http://ie.cass.cn/academics/economic_trends/202202/t20220210_5392368.html，2022年2月10日。

注：表格内数字是原始统计数据四舍五入后形成的，保留到小数点后一位数字。

在2021年中国与东盟贸易关系中，按照美元计价，中国对东盟出口额为4836.9亿美元，同比增长26.1%；自东盟进口额为3945.1亿美元，同比增长30.8%。进口增长率超过出口增长率，贸易逆差呈现缩小态势。①

如表3所示，在中国与东盟的经贸关系中，排名靠前的六个国家分别为越南、马来西亚、泰国、印度尼西亚、新加坡、菲律宾。它们不仅是东盟国家中经济总量较大的六个国家，也是与中国经贸关系最紧密的六个国家，中国与上述六国之间的贸易额占中国与东盟总贸易额的95.5%以上。

---

① 《突破8000亿！东盟保持我国第一大货物贸易伙伴》，http://asean.mofcom.gov.cn/article/o/r/202201/20220103237104.shtml，2022年1月14日。

表3　2021年中国与东盟主要经济体双边贸易情况

单位：亿元，%

国家	出口额	进口额	进出口总额	同比增速
越南	8913.5	5964.8	14878.3	12.0
马来西亚	5086.2	6333.8	11420.0	25.6
泰国	4482.2	3994.6	8476.9	24.0
印度尼西亚	3920.6	4117.8	8038.4	48.0
新加坡	3571.6	2506.2	6077.8	-1.6
菲律宾	3703.5	1597.9	5301.4	25.2

资料来源：转引自《经济研究》智库"经济形势分析课题组"《2021年中国外贸形势分析与2022年展望》，http://ie.cass.cn/academics/economic_trends/202202/t20220210_5392368.html，2022年2月10日。

注：表格内数字是原始统计数据四舍五入后形成的，保留到小数点后一位数字。

越南是目前东盟国家中与中国双边贸易额最高的国家，也是近年来经济增速最快的东盟国家。据海关总署统计数据，2021年中越双边贸易额按人民币计价接近1.5万亿元，按照美元计价达到2302亿美元，同比增长19.7%，按照单一国别计算，越南已经成为我国第六大贸易伙伴。

马来西亚是"一带一路"建设在东盟地区的重要对象国。2021年中国与马来西亚双边贸易额超过1.1万亿元，按照美元计价达到1768亿美元。按照国别计算，马来西亚已经成为我国第七大贸易伙伴。

除此之外，印度尼西亚与中国的双边贸易额在2021年出现了大幅增长，按照人民币计价增速为48.0%，按照美元计价增速高达58.6%，是中国所有主要贸易伙伴中贸易额增长最快的国家。

总的来说，2021年中国-东盟贸易额大幅增加，东盟主要经济体初步摆脱了疫情的影响，重回持续增长的轨道。从东盟国家角度来看，2021年除新加坡对华贸易额小幅下降外，其他东盟国家与中国的贸易额都有明显增加。在中国前十大贸易伙伴名单中，东南亚国家占据三席。① 这些数据充分彰显了东盟地区在中国贸易体系中的重要地位，也反映出"一带一路"倡议在东盟地区落地和推进的重要价值。

（三）重点项目与东盟地区"一带一路"建设成就

在"一带一路"建设的框架下，中国与东盟国家间更加紧密的经贸关系还体现在投资、工程承包与人文合作等多个领域。

1. 投资与工程承包

投资额度是评估两国经贸关系紧密程度的重要维度，资本的注入代表对于对方市场环境和发展前景的认可。中国与东盟都是冷战结束后全球重要的新兴市场，双方对于对方市场的重视和关注在投资领域表现得非常明显。据统计，自中国与东盟建立对话关系以来（截至2021年11月），双方累计双向投资总额约3000亿美元。② 20世纪90年代初期，东盟国家是中国重要的外资来源地，特别是东盟国家的华侨资本，为中国改革开放事业做出了重要贡献。目前东盟投资者仍然看好中国市场，相关投资始终保持高位运行。在"一带一路"建设启动后，中国对东盟地区的投资迅速增长，中国资本成为东盟市场上的活跃力量。

2020年东盟在华实际投资79.5亿美元，2021年这一数据大幅增长，在前9个月就已经达到了76.1亿美元，基本追平2020年全年数据，最终全年对华实际投资金额达105.8亿美元，同比增长超过

---

① 分别是第六名越南、第七名马来西亚以及第十名泰国。
② 《中国-东盟贸易投资合作成效显著 累计双向投资总额约3000亿美元》，https://news.cctv.com/2021/11/24/ARTIaUnGQjSPGFTLmJh2kLL4211124.shtml，2021年11月24日。

30%，其中前三大投资来源国是新加坡、泰国和马来西亚。①

中国对东盟国家投资在2021年同样出现显著增长。2020年中国是东盟第四大外资来源地，中国企业在东盟国家直接投资160.6亿美元。② 2021年，中国对东盟各行业投资总额达143.5亿美元，其中前三大投资目的国为新加坡、印度尼西亚和马来西亚。③

2021年，参与共建"一带一路"的中国企业继续深耕东盟市场。据统计，2021年中国企业在东盟新签工程承包合同额606.4亿美元，完成营业额326.9亿美元，如果按新签合同额计算，印度尼西亚、菲律宾、马来西亚是中国在东盟的前三大工程承包市场。④

2. 重点项目结出硕果

2021年12月3日，中老铁路全线开通运营，中国和老挝两国领导人线上参加了通车仪式，并下达发车指令。至此，东盟地区"一带一路"建设重点项目中老铁路正式完工，它将极大地造福中老两国人民，并对地区经济发展产生积极影响。

中老铁路是两国在共建"一带一路"倡议提出后，结合双方实际需要，经过反复磋商而确定的建设项目。2015年11月，时任老挝政府副总理宋沙瓦·凌沙瓦与时任中华人民共和国国家发展和改革委员会主任徐绍史分别代表两国政府签署了政府间铁路合作协定，中老铁路正式开工建设。在两国领导人的亲切关怀下，中老铁路的建设顺利推进，并于2021年全线贯通。

---

① 《2021年中国-东盟经贸合作简况》，http：//asean.mofcom.gov.cn/article/o/r/202201/20220103239743.shtml，2022年1月26日。

② 《中国与东盟投资合作成效显著》，https：//www.thepaper.cn/newsDetail_forward_15497090，2021年11月22日。

③ 《2021年中国-东盟经贸合作简况》，http：//bn.mofcom.gov.cn/article/ztdy/202201/20220103265625.shtml，2022年1月29日。

④ 《2021年中国-东盟经贸合作简况》，http：//bn.mofcom.gov.cn/article/ztdy/202201/20220103265625.shtml，2022年1月29日。

中老铁路通车后，不断加开班次，截至2022年6月2日，中老铁路累计发送旅客327万人次，发送货物403万吨，① 为中国与东盟国家之间的"互联互通"提供了巨大便利。

3. 人文合作成绩斐然

2021年，虽然受到疫情干扰，但中国与东盟仍然积极拓展人文交流的广度和深度，以"民心相通"为首要目标，加强顶层设计，采取有效的措施，巩固现有成果，推动各种形式的人文合作项目落实。

针对中国与东盟国家共同防疫抗疫的客观要求，2021年中方提出了"中国东盟健康之盾"合作倡议，以建构中国-东盟卫生健康共同体为目标，向东盟国家提供抗疫物资和新冠疫苗，并分享中国抗疫经验，推动国际公共卫生合作。

此外，各级政府部门还充分结合自身特点，举办了丰富多彩的人文交流活动，先后举办了中国-东盟文化旅游活动周、中国-东盟教育交流周、中国-东盟青年营、中国-东盟友好合作主题短视频大赛等多项活动，为中国与东盟国家民众相互了解发挥了重要作用。②

二 2021年东盟地区"一带一路"建设中的上海贡献

2021年，东盟地区"一带一路"建设在各种不利外部环境的影响下，仍然取得了突出的成绩，这离不开国内各级政府及各地企业对东盟地区"一带一路"建设的全力支持，其中上海所扮演的角色尤为重要。作为"一带一路"建设的桥头堡，上海深刻理解自身的重

---

① 李福明：《中老铁路在"锻炼"中铸"筋骨"》，http://cn.chinadaily.com.cn/a/202206/14/WS62a84d19a3101c3ee7ada81a.html，2022年6月14日。

② 《2021中国-东盟合作十大新闻》，https://baijiahao.baidu.com/s?id=1721572277845293270&wfr=spider&for=pc，2022年1月10日。

要战略地位，以高标准、可持续、惠民生为目标，坚持稳字当头、稳中求进，坚持共商共建共享原则，基于自身比较优势，为东盟地区"一带一路"建设贡献力量。

（一）上海与东盟地区经贸关系进一步拓展

2021年上海对外贸易额首次突破4万亿元大关，进口增幅明显大于出口，全年贸易逆差达到9173亿元，同比增长23.4%。无论是贸易总量还是各分项额度，均为历史新高。① 根据地区结构分析，上海最大的贸易伙伴仍然是欧盟，全年双边贸易总额达8069.3亿元，增长15.8%，占同期上海进出口总额的19.9%。东盟地区则继续超越美国与日本，保持上海第二大贸易伙伴地位，2021年全年双边贸易额为5380.8亿元，增幅为11.0%，占同期上海进出口总额的13.2%。其中，出口额1896.6亿元，增幅为12.2%；进口额3484.2亿元，增幅为10.3%。上海在与东盟地区的贸易中继续保持出超状态，贸易逆差为1587.6亿元。②

如表4所示，在东盟地区，上海的主要贸易伙伴仍然是越南、马来西亚、新加坡、泰国、印度尼西亚和菲律宾六国。其中越南、马来西亚两国与上海的双边贸易额均超过了1000亿元，并且仍然保持增长态势。而上海同泰国、印度尼西亚、菲律宾三国的双边贸易额在2021年大幅提升，呈现极为强劲的复苏势头。在东盟主要经济体中，仅有新加坡与上海的双边贸易额在2021年出现了小幅下降，其他5个东盟主要经济体与上海的双边贸易都保持了较快增长势头。

---

① 《首破4万亿元大关｜2021年上海市外贸进出口创新高》，https：//sghexport.shobserver.com/html/baijiahao/2022/01/24/642896.html，2022年1月24日。
② 根据上海海关（http：//shanghai.customs.gov.cn/shanghai_customs/423405/fdzdgknr8/423468/1879297/2021/4134068/index.html）数据计算。

表4 2021年上海市与东盟国家双边贸易额统计

单位：亿元，%

国家	进出口总额	进出口总额增幅	出口总额	出口总额增幅	进口总额	进口总额增幅
越南	1269.20	9.37	352.20	14.90	917.00	7.39
马来西亚	1151.90	2.77	286.80	-0.64	865.10	3.95
新加坡	924.10	-5.14	448.00	-3.16	476.00	-6.95
泰国	827.50	32.50	342.90	35.90	484.60	30.30
印度尼西亚	745.28	32.00	268.00	30.70	477.20	32.70
菲律宾	336.80	17.90	133.70	19.90	203.10	16.60
柬埔寨	65.60	22.70	35.60	15.70	2.80	5.89
缅甸	33.90	-18.40	25.90	-7.30	8.02	-41.10
老挝	24.30	93.90	1.99	-25.30	22.30	126.00
文莱	2.33	-77.10	1.50	-24.10	0.83	-89.90

资料来源：笔者根据上海海关（http：//shanghai.customs.gov.cn/shanghai_customs/423405/fdzdgknr8/423468/1879297/2021/4134068/index.html）数据整理。

注：表格内数字是原始统计数据四舍五入后形成的，保留到小数点后一位数字。

（二）上海企业参与东盟地区"一带一路"建设

虽然疫情形势依然严峻，但上海企业在2021年仍然深入践行"走出去"战略，积极克服疫情蔓延和其他因素带来的困难与干扰，积极参与东盟地区"一带一路"建设，交出了一份令人满意的答卷。

根据上海市商务委员会公布的数据，2021年，在"一带一路"框架内，上海企业继续加速海外布局，全年共备案非金融类对外直接投资项目958个，在所有备案项目中，中方投资额为196.21亿美元，同比增长29.8%，对外直接投资实际汇出额131.83亿美元，位居全国各省市第二。[1]

---

[1] 吴卫群：《上海企业交出靓丽"走出去"成绩单》，http：//sh.news.cn/2022-02/09/c_1310462043.htm，2022年2月9日。

从地区结构来看，上海企业海外布局的多元化趋势已经比较明显，并无任何区域占据绝对优势地位。相比较而言，东盟国家在上海企业"走出去"的目标排序中仍居首位，特别是对很多第一次"出海"的上海企业来说，东盟地区常常是它们"走出去"的第一个落脚点。更重要的是，上海企业对于东盟地区的投资在共建"一带一路"国家总投资中所占比例非常高。

2021年，上海在"一带一路"沿线国家（地区）备案的中方投资额为22.31亿美元，同比增长4.16%，在投资总额中占11.37%；对东盟备案的中方投资额达到21.02亿美元，与2020年相比大幅增长，增幅达到54.17%，占投资总额的比例为10.71%。① 东盟地区显然是上海企业在"一带一路"框架内的主要投资目的地，对于上海企业参与全球市场具有重要意义。

除了海外投资外，2021年上海企业全年新签合同额超5000万美元的大中型项目共42个，合同总额为50.21亿美元，占比为63.37%。② 2021年，上海企业在东盟地区承包的多个重点项目落地，对于地区经济发展和中国-东盟关系产生了重要影响。

2021年7月，由上海企业中建八局承建的泰国素万那普机场扩建项目顺利通过验收。素万那普机场建于2006年，经过十多年的发展已经成为东盟地区的航空枢纽之一。由于机场地位的提升，原有机场设备已经严重滞后。2017年，中建八局中标素万那普机场扩建项目，该项目也成为"一带一路"建设重点项目。在中泰两国企业的共同努力下，项目克服了疫情干扰，按照计划顺利完工。该项目的顺

---

① 吴卫群：《上海企业交出靓丽"走出去"成绩单》，http://sh.news.cn/2022-02/09/c_1310462043.htm，2022年2月9日。
② 《疫情仍在蔓延，挡不住上海企业大步"走出去"，哪些投资领域和地区是热点》，https://export.shobserver.com/baijiahao/html/449931.html，2022年2月8日。

利完工不仅为地区经济发展做出了重要贡献，而且对促进中泰两国企业合作和人文交流起到了积极作用。①

2021年12月，中建八局承建的东盟地区"一带一路"建设重点项目柬埔寨国家体育场正式竣工，柬埔寨首相洪森出席了体育场的启用仪式。该项目的竣工标志着柬埔寨第一次拥有了现代化的大型体育场，它也将作为2023年柬埔寨东南亚运动会的主场馆。②

除此之外，"一带一路"建设重点项目中国印尼综合产业园区青山园区在2021年取得重要进展，入园企业已经达到40家，园区销售收入超过170亿美元，直接和间接创造就业岗位超过10万个，对于投资对象国所在地区经济发展起到了重要的拉动作用。③

（三）利用制度优势服务东盟地区"一带一路"建设

2021年，上海继续充分利用各种具有独创性的地区合作平台服务东盟地区"一带一路"建设，取得了很好的效果。

2021年12月16日，上海市-新加坡全面合作理事会（沪新理事会）第三次会议正式举办。受疫情影响，此次会议继续以线上会议的形式举行。沪新理事会上海方主席、上海市市长龚正，沪新理事会新加坡方主席、新加坡财政部部长黄循财出席会议并发表致辞。沪新理事会是中新两国独创的地区与国家间的双边合作机制，为上海与东盟地区的经济合作提供了重要平台。在前两次会议上，沪新双方已经确定了包括"一带一路"建设、金融服务、科技创新、营商环境、

---

① 《素万那普机场顺利通过竣工验收！中建八局为泰国曼谷建造"新翅膀"》，https：//www.thepaper.cn/newsDetail_forward_13670615，2021年7月20日。

② 《中国援建柬埔寨国家体育场正式启用》，http://world.people.com.cn/n1/2021/1219/c1002-32311673.html，2021年12月19日。

③ 《走出去！沪企早早布局RCEP成员国》，https：//www.shanghai.gov.cn/nw4411/20220111/91b52cca0891446fa9d25be47ece9776.html，2022年1月11日。

城市治理和人文交流六大重点合作领域。面对新冠肺炎疫情和全球化的新态势，沪新双方聚焦"一带一路"建设，不断提升双方相互信任的程度，开展深度合作，持续推动制度创新，为营商便利化创造条件。在此次会议上，上海与新加坡两地政府部门和相关企业也分别签署了涉及科技创新、金融、经贸商务、人文交流等领域的合作备忘录。①

2021年11月5~10日，第四届中国国际进口博览会（以下简称进博会）在上海举行，虽然疫情仍未消除，但进博会还是吸引了来自127个国家和地区的近3000家企业参展，累计意向成交707.2亿美元。②经过4年的发展，进博会已经成为上海推动国际经贸合作的闪亮名片。从首届进博会开始，东盟国家政府、商会和各跨国企业就非常重视，并积极参与进博会的各项活动。参展的东盟国家企业看到了进博会这样一个能够有效促进全球贸易和充分展示产品的重要平台，看到了参与中国市场、分享中国发展成果的重要商机。③进博会的举办实际上为中国与东盟国家的经贸合作搭建了全新的协作平台，为双方全面合作关系的拓展发挥了积极作用。

作为"一带一路"建设的桥头堡，上海积极释放制度红利，助"一带一路"建设步入高质量发展阶段。上海抓住发展这个中心任务，积极拓展合作网络，加强与东盟各国的政策协调，尊重市场规律，在一定程度上克服了疫情的不利影响，双边贸易实现了恢复性增长。

---

① 《上海市-新加坡全面合作理事会第三次会议顺利举行》，http://wsb.sh.gov.cn/2020wsdt/20211217/319065f5fee446b9a5b7d296d86a2b9a.html，2021年12月17日。

② 《特稿：开放进博 共赢世界》，http://www.gov.cn/xinwen/2021-11/10/content_5650169.htm，2021年11月10日。

③ 《第四届进博会累计意向成交707.2亿美元》，http://www.gov.cn/xinwen/2021-11/10/content_5650186.htm，2021年11月10日。

三 东盟地区"一带一路"建设的新起点

如果用发展视角和全局视角对"一带一路"建设与东盟发展进行回顾，就会发现2021年是一个非常重要的时间点。在这一年，东盟地区"一带一路"建设的地区环境发生了变化，这种变化对上海与东盟国家都产生了重要影响。

从中国的角度来看，2021年出台的"十四五"规划对随后10~15年的"一带一路"建设提出了新的要求。"一带一路"建设将进入新的历史阶段，上海也将从新的规划中获得更加有利的发展条件，能够更好地扮演"一带一路"建设桥头堡的角色，为东盟地区参与"一带一路"建设注入新的活力。

2021年3月，党的第十九届五中全会通过的《中共中央关于制定国民经济和社会发展第十四个五年规划和二〇三五年远景目标的建议》，正式做出"加快构建以国内大循环为主体、国内国际双循环相互促进的新发展格局"的重大部署。"双循环"新发展格局的提出实际上为下一阶段"一带一路"建设与上海发展提出了崭新的时代命题。

上海将推进长三角高质量一体化发展，在新发展格局中找准定位，争取成为国内国际"双循环"战略节点，并以此为依托，为"一带一路"建设提供更多助力。一方面，上海需要进行制度创新和先行先试，参与"双循环"新发展格局的构建；另一方面，上海要积极对接"一带一路"高质量发展。

2022年1月，《区域全面经济伙伴关系协定》（RCEP）正式生效，这将促进所有东盟成员国经济发展，为中国与东盟的经贸合作提供更加优质的条件，也会为东盟地区参与"一带一路"建设提供重要助力。

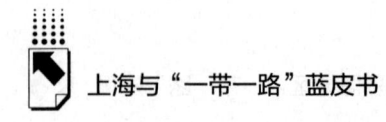

RCEP正式生效对于东盟地区参与"一带一路"建设将形成重大推动力。在RCEP框架下，中国与东盟国家将进一步降低贸易壁垒，各种投资便利化措施也会为中国企业进入东盟市场提供有力支持，同时也有利于东盟的农产品和消费品进入中国市场。在RCEP框架下，中国与东盟国家间的交通网络建设也将进入新的阶段。

此外，RCEP正式生效对于上海来说也是重大的发展机遇，上海市商务委的相关负责人表示："RCEP的正式生效，对上海的'走出去'企业是进一步优化产业布局的重大契机。上海企业可以在拥有自主品牌、核心技术、市场渠道等核心资源的前提下，在RCEP区域内进行供应链、产业链'强链、固链、补链'的高效布局，打造区域产业链龙头企业，从而更好地服务上海建设成为国内大循环的中心节点和国内国际双循环的战略链接。"[1]

综上所述，2021年是东盟地区参与"一带一路"建设的重要标志性节点，随着"十四五"规划的提出以及RCEP的正式生效，中国与东盟地区的经贸关系将进入新的发展阶段，东盟地区参与"一带一路"建设也将呈现新的局面。RCEP将助力中国新发展格局的形成，而新发展格局的形成又将赋予上海新的历史使命。在各种关键要素的共同作用下，亚太地区更高水平的开放经济体系正在逐渐成型。上海与东盟国家正站在"一带一路"高质量发展的新起点上，只要坚定发展信念，明确发展目标，采取合理的政策手段，就必能借"一带一路"之"风"，扬起地区发展之"帆"，在新的发展阶段取得更加突出的成就。

---

[1] 《走出去！沪企早早布局RCEP成员国》，https：//www.shanghai.gov.cn/nw4411/20220111/91b52cca0891446fa9d25be47ece9776.html，2022年1月11日。

B.10 上海服务南亚地区"一带一路"建设的机遇与挑战

李红梅*

摘　要： 南亚地区是"一带一路"建设的重点区域。"一带一路"倡议自提出以来，已在南亚地区取得积极进展，主要表现为：中国与南亚国家双边贸易不断增长，大型基础设施投资合作成效显著，其他领域合作多元化发展。上海充分发挥地缘、资源、技术和人才优势，为服务南亚地区"一带一路"建设做出了突出贡献，尤其是在经贸与基础设施投资合作、数字与金融合作、人文交流合作等领域。疫情背景下，南亚各国对外国投资需求大，上海与南亚国家贸易互补性强，民间外交展现强劲活力，这些因素为上海与南亚各国未来的合作带来了机遇，与此同时，面临的挑战也值得关注。

关键词： "一带一路"　上海　南亚国家　基础设施建设

"一带一路"倡议自提出和实施以来，各类合作项目不断"开花

---

* 李红梅，上海国际问题研究院国际战略研究所助理研究员，博士；研究方向为印度外交、南亚与印度洋地区安全、地缘政治理论。

结果",有效促进了沿线国家的经济发展,中国以实际行动践行人类命运共同体理念。截至2022年7月,中国已与140多个国家和30多个国际组织签署了200多份共建"一带一路"合作文件,① 越来越多国家和国际组织的积极参与说明"一带一路"建设成效是有目共睹的。在新冠肺炎疫情全球蔓延的背景下,共建"一带一路"国家面临复苏经济、缓解就业的压力,希望通过吸引外资,促进本国基础设施和社会民生改善。然而,作为发展中国家主要投资来源的西方发达国家,疫后经济发展自顾不暇,而"一带一路"倡议无疑为很多发展中国家提供了发展机遇。《2020年度中国对外直接投资统计公报》显示,2020年世界经济受到新冠肺炎疫情严重冲击,缩减了3.3%,而全球货物贸易缩减了5.3%,对外直接投资与2019年相比减少了近四成;2020年中国对外直接投资净额为1537.1亿美元,同比增长12.3%,首次位居世界第一。2013~2020年,中国对"一带一路"沿线国家累计直接投资1398.5亿美元。② 2021年,中国对外投资合作平稳发展,全行业对外直接投资同比增长2.2%,为9366.9亿元。其中,对"一带一路"沿线国家的非金融类直接投资同比增长14.1%,为203亿美元。对外承包工程大项目数量也在不断增加,新签合同额上亿美元项目达560个,同比增长近9%。③ 中国为推动全球经济发展特别是发展中国家的经济发展做出了突出贡献。

南亚地区是"一带一路"建设推进的重点区域之一,其中中巴经济走廊作为"一带一路"倡议的旗舰项目,既是中巴全天候战略

---

① 《已同中国签订共建"一带一路"合作文件的国家一览》,https://www.yidaiyilu.gov.cn/xwzx/roll/77298.htm,2022年8月15日。
② 中华人民共和国商务部、国家统计局、国家外汇管理局编《2020年度中国对外直接投资统计公报》,中国商务出版社,2021。
③ 《2021年我国对外投资超9300亿元》,http://www.gov.cn/xinwen/2022-01/20/content_5669524.htm,2022年1月20日。

合作伙伴关系的结果,也进一步巩固了中巴友谊。"一带一路"倡议的实施,促进了中国与共建"一带一路"国家间的政策沟通、设施联通、贸易畅通、资金融通和民心相通。上海则充分发挥其地缘优势、资源优势、技术优势与人力优势,积极服务"一带一路"建设,推动"一带一路"高质量发展。2020年,上海宣布大力推进国际经济中心、国际金融中心、国际贸易中心、国际航运中心和国际科技创新中心"五大中心"建设,这无疑将提升上海的国际软实力,增强上海的对外吸引力,为促进上海与南亚国家间的合作提供了保障。

一 "一带一路"建设在南亚的发展现状

目前,在南亚八个国家中,与中国正式签署"一带一路"合作文件的国家为5个,分别是巴基斯坦、斯里兰卡、孟加拉国、尼泊尔、马尔代夫。①

尽管中国与阿富汗未签署正式的"一带一路"合作文件,但是阿富汗方面表现积极,在2016年5月发布的《中华人民共和国和阿富汗伊斯兰共和国联合声明》中,"阿方重申支持丝绸之路经济带倡议,愿坚定地与中方合作,共同推进丝绸之路经济带建设"②。双方同意充分发挥中阿经贸联委会机制的作用,加强两国经贸投资合作,特别是可以发挥阿富汗在矿产与油气资源方面的优势,加强两国合作。随着美国从阿富汗全面撤军,2020年8月阿富汗塔利班重新掌权后,面临经济复苏、国家重建等压力,阿临时政府多次公开表示对参

---

① 《已同中国签订共建"一带一路"合作文件的国家一览》,https://www.yidaiyilu.gov.cn/xwzx/roll/77298.htm,2022年8月15日。
② 《中华人民共和国和阿富汗伊斯兰共和国联合声明(全文)》,http://www.gov.cn/xinwen/2016-05/18/content_5074519.htm,2016年5月18日。

与"一带一路"建设的强烈意愿,希望能将中巴经济走廊建设延伸至阿富汗境内。但是对中国而言,阿富汗国内局势的稳定和实现持久和平是阿方开展对外合作的前提。①

印度与中国尽管未正式签署"一带一路"合作协议,但"一带一路"建设所涉及的六大经济走廊,有三个在南亚地区,分别是中巴经济走廊、孟中印缅经济走廊和中尼印经济走廊,印度涉及其中的两个。尽管孟中印缅经济走廊与中尼印经济走廊出于各种原因目前还未进入整体建设阶段,但在中尼、中孟、中缅方面进行了局部推进。就"一带一路"建设在南亚地区的成效来看,"一带一路"建设对促进中国与南亚国家之间的双边贸易、投资合作、抗疫合作、人文交流等发挥了积极作用,对改善南亚国家的基础设施现状、社会民生福利起到了建设性作用。在此过程中,上海则努力建设为服务国家"一带一路"建设、推动市场主体走出去的"桥头堡",② 促进"一带一路"建设高质量发展。

(一)中国与南亚国家双边贸易不断增长

双边贸易是判断中国与共建"一带一路"国家合作进展情况的重要指标之一,因为贸易畅通是"一带一路"建设的基本目标。具体而言,印度是全球第五大经济体、南亚第一大经济体,中印经贸合作基础扎实,2020年中印货物进出口总额为876.9亿美元。③ 相比较而言,中国与孟加拉国的货物进出口总额为158.7亿美元、与巴基斯

---

① 《2021年9月3日外交部发言人汪文斌主持例行记者会》,http://new.fmprc.gov.cn/web/fyrbt_673021/jzhsl_673025/202109/t20210903_9171334.shtml,2021年9月3日。
② 《上海服务国家"一带一路"建设发挥桥头堡作用行动方案》,https://www.shanghai.gov.cn/nw12344/20200814/0001-12344_53799.html,2017年10月11日。
③ 国家统计局编《中国统计年鉴2021》,中国统计出版社,2021。

坦的货物进出口总额为174.8亿美元、与斯里兰卡的货物进出口总额为41.6亿美元，从数据看，印度是中国在南亚的最大贸易伙伴。2021年，中印经贸关系因边界问题被印度政府"政治化"，印度先后出台系列对华经济"脱钩"政策，但新冠肺炎疫情导致全球产业链、供应链暂时中断，使印度政府缺乏实施"脱钩"政策的战略资本，2021年中印双边贸易不降反升，创下了历史新高。海关总署发布的数据显示，2021年印度从中国进口总额高达988.6亿美元，全年中印进出口商品贸易总额为1274亿美元，累计比上一年同期增长33.9%（见表1），在2021年中国与其他国家或地区（中国香港、中国台湾）的进出口商品贸易总额中排名第13,[①] 超过了英国、荷兰和新加坡。从商品贸易结构来看，印度从中国进口额度比较大的主要是电子产品、化学用品和汽车零部件等。

表1 2021年中国与南亚国家进出口商品贸易额

单位：亿美元

国别	进出口	出口	进口	累计比去年同期±%
阿富汗	5.3	4.8	0.5	-11.8
孟加拉国	255.1	244.4	10.7	48.0
不丹	1.1	1.1	0.0001	642.8
印度	1274.0	988.6	285.4	33.9
马尔代夫	4.2	4.1	0.1	36.3
尼泊尔	20.2	19.8	0.4	56.4
巴基斯坦	282.3	245.8	36.5	48.7
斯里兰卡	59.9	53.3	6.6	32.6

资料来源：数据来自"（2）2021年12月进出口商品国别（地区）总值表（人民币）"，http://www.customs.gov.cn/customs/302249/zfxxgk/2799825/302274/302277/302276/4127605/index.html，2002年1月18日；笔者按美元计算获得（汇率按6.37计算）。

---

① "（2）2021年12月进出口商品国别（地区）总值表（人民币）"，http://www.customs.gov.cn/customs/302249/zfxxgk/2799825/302274/302277/302276/4127605/index.html，2022年1月18日。

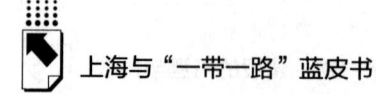

除阿富汗外，其他南亚国家与中国的双边贸易都呈增长态势。据海关总署统计，2021年中国进出口规模高达6.05万亿美元，比2020年增长21.4%，其中南亚八国与中国的进出口贸易额总计约为1902亿美元，占中国2021年对外贸易总额的3.1%左右，而同期东盟与中国的贸易总额为0.89万亿美元左右，约占中国对外贸易总额的14.7%。① 相比较而言，整个南亚地区在中国的对外贸易总额中占比较低，但这反过来也说明中国与南亚国家间的双边贸易还有较大增长潜力。南亚国家人口基数大，市场潜力巨大，加上中国与南亚国家存在贸易互补性，双边贸易前景广阔。

与南亚国家在中国的对外贸易总额中占比较小形成鲜明对比的是，中国在南亚国家的对外贸易中扮演了主要贸易伙伴角色，南亚国家对华经济依存度较高。例如，中巴经济走廊自2015年正式启动以来，中国就成为巴基斯坦最大的贸易伙伴，是巴基斯坦第一大进口来源国和第二大出口目的地。② 巴基斯坦统计局公布的数据显示，2021年7~9月，巴基斯坦对华贸易出口额占巴基斯坦出口总额的9.76%，仅次于美国，相比2020年同期的6.44%有所增长；而巴基斯坦从中国的贸易进口额占巴基斯坦进口总额的27.34%，与上一年同期相比基本持平。③ 2019年12月1日，《中

---

① "（6）2021年12月进出口商品主要国别（地区）总值表（人民币值）"，http://www.customs.gov.cn/customs/302249/zfxxgk/2799825/302274/302275/4122133/index.html，2022年1月14日；笔者按美元计算获得（汇率按6.37计算）。

② 《2020年中巴双边经贸合作简况》，中华人民共和国商务部，http://www.mofcom.gov.cn/article/tongjiziliao/fuwzn/ckqita/202101/20210103034953.shtml，2021年1月28日。

③ "External Trade Statistics Tables", Pakistan Bureau of Statistics, https://www.pbs.gov.pk/trade-tables.

华人民共和国政府和巴基斯坦伊斯兰共和国政府关于修订〈自由贸易协定〉的议定书》正式生效,自2020年1月1日起,中国和巴基斯坦相互实施零关税产品的税目数比例从此前的35%提升至75%,①关税优惠和贸易便利化政策进一步促进了中巴双边贸易发展。就印度而言,根据印度工商部的统计数据,2020~2021财年印度对华出口额占印度出口总额的7.26%,中国成为印度第二大贸易出口目的地。而2021~2022财年(2021年4~12月)印度对华出口额占印度出口总额的5.60%,同期印度对南亚其他七国的出口额占印度出口总额的7.75%,中国成为仅次于美国和阿联酋的印度第三大贸易出口目的地,美国和阿联酋占比分别为18.29%和6.57%。②从进口来看,2020~2021财年印度从中国进口额占印度进口总额的16.53%,中国是印度第一大进口来源国。而2021~2022财年(2021年4~12月)印度对华进口额占印度进口总额的15.34%,同期印度从南亚其他七国的进口额占印度进口总额的0.96%,中国依然保持印度第一大进口来源国地位。③由上可知,中印双边贸易依然具有强劲活力。另外,在"一带一路"倡议的助推下,中国与斯里兰卡、孟加拉国、马尔代夫、尼泊尔的双边进出口贸易都呈增长态势,而2021年由于阿富汗政局变动,中阿双边贸易受到严重影响,进出口贸易都呈两位数下滑态势,其中中国对阿富汗

---

① 《中巴自贸协定第二阶段议定书降税安排将于2020年1月1日起实施》,http://fta.mofcom.gov.cn/article/chpakistan/chpakistannew s/201912/42078_1.html,2019年12月24日。

② "Trade Statistics-Export Import Data Bank (Annual)", Ministry of Commerce and Industry, Government of India, February 11, 2022, https://tradestat.commerce.gov.in/eidb/default.asp.

③ "Trade Statistics-Export Import Data Bank (Annual)", Ministry of Commerce and Industry, Government of India, February 11, 2022, https://tradestat.commerce.gov.in/eidb/default.asp.

出口同比下降 11.7%、进口同比下降 12.6%。[①]

通过以上数据可以发现，南亚国家在中国的对外贸易中占比较小，这与南亚大部分国家经济发展落后、消费水平偏低、基础设施薄弱、经济结构不合理等综合因素有关，但中国是南亚国家的主要贸易伙伴，"一带一路"建设强化了这一趋势，缓解了南亚大部分国家长期存在的投资不足、基础设施落后、经济发展滞后问题，所以南亚大部分国家对"一带一路"建设都持积极肯定的态度。尤其是新冠肺炎疫情发生后，南亚国家面临较大的经济复苏压力。对南亚国家来说，吸引外资促进本国经济发展是复苏经济的有效途径，"一带一路"建设无疑是一个合作共赢的发展契机。

（二）大型基础设施投资合作成效显著

南亚主要由发展中国家组成，"一带一路"倡议自 2013 年提出并在南亚实施后，在完善南亚国家基础设施方面取得了系列成果，典型代表就是中巴经济走廊所取得的阶段性成果。中巴经济走廊坚持以走廊建设为中心，以瓜达尔港、能源、基础设施建设、产业合作为重点的"1+4"合作布局，其中 2015~2020 年是中巴经济走廊建设的第一阶段，这一阶段主要聚焦于交通、能源相关的大型基础设施建设项目，这些项目的建成在一定程度上弥补了巴基斯坦长期以来在交通基础设施与电力系统方面的短板，为巴基斯坦未来社会经济的可持续发展打好了"地基"，也为中巴经济走廊建设顺利进入第二阶段提供了基础条件。这些阶段性成果中包括历时近四年的中巴经济走廊最大的交通基础设施项目——巴基斯坦 PKM 高速公路项目（苏库尔—木尔

[①] "（2）2021 年 12 月进出口商品国别（地区）总值表（人民币）"，http://www.customs.gov.cn/customs/302249/zfxxgk/2799825/302274/302277/302276/4127605/index.html，2022 年 1 月 18 日。

坦段）392公里主线路面全部完工。该项目于2016年8月正式开工，于2019年7月23日竣工，打通了巴基斯坦南北运输大动脉，将卡拉奇到伊斯兰堡的行车时间缩短了4~6个小时，有力促进了当地社会经济的发展。① 据巴基斯坦中巴经济走廊事务局发布的消息，目前中巴经济走廊旗下的交通基础设施项目已竣工6项、在建5项，另有5项是长期建设项目。② 这些项目的建成将大大改善巴基斯坦国内交通网络状况，促进互联互通。

作为中巴经济走廊龙头项目的瓜达尔港，即使在疫情影响下也不断推进各项业务，包括阿富汗货物中转业务、液化石油气业务等，这表明瓜达尔港已开始发挥区位优势，而且瓜达尔化肥厂、瓜达尔展销中心、瓜达尔动物疫苗厂和瓜达尔润滑油厂等一系列民生产业项目纷纷落地，新瓜达尔国际机场、瓜达尔医院等项目也都在有条不紊的建设中。③ 这些基础设施建设将有助于释放瓜达尔港的发展潜力，造福当地社会民生。截至2021年9月，中巴双方已确立了70个中巴经济走廊早期收获项目，其中46个项目已开工建设或完工。④ 2021年中巴经济走廊建设进第二阶段——高质量发展阶段，主要聚焦于工业园区建设、农业、科技、社会民生等领域。此外，"一带一路"首个水电大型投资建设项目——巴基斯坦卡洛特水电站1号机组于2022年5月正式并网发电，⑤ 将大大缓解巴基斯坦国内长期缺电的问题。截至

---

① 《中巴经济走廊最大交通基础设施项目竣工》，http://www.sasac.gov.cn/n2588025/n2588124/c11824200/content.html，2019年7月26日。
② "Transport Infrastructure Projects Under CPEC", CPEC Authority, http://cpec.gov.pk/infrastructure.
③ 《中巴经济走廊绽放共赢之光》，https://www.yidaiyilu.gov.cn/xwzx/hwxw/203835.htm，2021年11月20日。
④ 资料来源于"中巴全天候战略合作伙伴关系的新机遇与新任务——纪念中巴建交70周年学术研讨会"，上海国际问题研究院，2021年5月19日。
⑤ 《卡洛特水电站1号机组正式并网发电》，中国水电，http://www.hydropower.org.cn/showNewsDetail.asp?nsId=33499，2022年5月12日。

2022年5月，中巴经济走廊的一批电力项目建成运营，发电量占巴基斯坦国内电力总供应量的1/3，大大缓解了巴基斯坦国内电力短缺的状况。

在"一带一路"合作框架下，中国与斯里兰卡的基础设施建设合作项目也取得了积极进展，例如中企完成了承建的13所斯里兰卡医院的升级改造工作，助力当地民生改善。① 又如，由中国电力建设集团有限公司承建的斯里兰卡卡鲁甘葛水库首部工程（K坝）项目作为斯里兰卡重大民生工程，于2019年7月完工，2021年1月库区水位首次到达满水位EL210高程，安全性得到了充分验证，为当地经济社会发展做出了重要贡献。② 而作为中斯高质量共建"一带一路"的重点合作项目汉班托塔港于2021年8月11日迎来了首个游艇项目，8月24日又迎来首单船舶加油作业，③ 汉班托塔港的国际性港口潜能正不断释放。另外，由中国进出口银行融资支持的斯里兰卡南部高速公路延长线项目是中国在斯里兰卡建设的最大工程项目，于2020年全线完工并投入运营，项目通车后实现了斯里兰卡两大港口、两大国际机场的互联互通，打通了斯里兰卡的经济大动脉。2022年是中国与斯里兰卡建交65周年，年初国务委员兼外长王毅访问斯里兰卡，双方同意弘扬"独立自强、团结互助"的米胶协定精神，推动共建"一带一路"等务实合作提质升级。④

---

① 《中企承建斯里兰卡医院设施升级项目开工》，https://www.yidaiyilu.gov.cn/xwzx/hwxw/58116.htm，2018年6月17日。
② 《斯里兰卡K坝大坝安全性得到可靠验证》，https://www.yidaiyilu.gov.cn/xwzx/hwxw/162562.htm，2021年1月25日。
③ 《行走·国缘｜中斯打造斯里兰卡的蛇口》，https://baijiahao.baidu.com/s?id=1711323354713542433&wfr=spider&for=pc，2021年9月19日。
④ 《中国同斯里兰卡建交65周年，外交部：愿进一步深化传统友谊》，https://baijiahao.baidu.com/s?id=1724094286236336663&wfr=spider&for=pc，2022年2月7日。

中国利用在基建、管理与技术、资金等方面的优势，在"一带一路"合作框架下积极参与其他南亚国家的基础设施建设，并取得积极进展。2020年12月，中国与孟加拉国合作的"一带一路"重点项目——孟加拉国首个超超临界燃煤电站全面进入商业运营阶段，每年可为孟加拉国提供约85.8亿度电，极大地缓解了区域内电力供应紧张局面。① 2021年7月，中方承建的孟加拉国N8公路改扩建项目顺利完工。② 中企承建的孟加拉国最大的污水处理厂——达舍尔甘地污水处理厂项目实体施工于2022年3月31日完工并从4月1日开始正式进入运维期。③ 同样，在"一带一路"合作框架下，中国与尼泊尔、马尔代夫等国在交通基础设施、教育与医疗卫生、住房、能源等领域务实合作，不断取得丰硕成果，促进了这些国家的经济社会发展，增进了民生福祉。

（三）其他领域合作多元化发展

双边贸易和基础设施建设是中国与南亚国家进行"一带一路"合作的亮点，除此之外，在投资、抗疫、人文等领域，中国与南亚国家的合作也不断推进。其中，巴基斯坦是"一带一路"沿线重要国家，也是中国在南亚地区的重要经贸合作伙伴。在2020年中国对外直接投资净额前20位国家中，巴基斯坦是唯一入围的南亚国家，排在第18位，共计9.6亿美元，占总额的0.6%。④ 2021年9月23日，

---

① 《中企参与投资的孟加拉国电站全面投运》，http：//www.gov.cn/xinwen/2021-01/06/content_ 5577521.htm，2021年1月6日。
② 《孟加拉国N8公路改扩建项目完工》，https：//www.yidaiyilu.gov.cn/ydylsdzjjq/hwxw/rdxw/182144.htm，2021年7月29日。
③ 《中企承建的孟加拉国最大污水处理厂正式投运》，http：//www.gov.cn/xinwen/2022-04/02/content_ 5683081.htm，2022年4月2日。
④ 中华人民共和国商务部、国家统计局、国家外汇管理局编《2020年度中国对外直接投资统计公报》，中国商务出版社，2021。

中巴经济走廊联合合作委员会召开第十次会议,中巴经济走廊联合合作委员会中方主席、国家发展改革委副主任宁吉喆在会上表示,8年多来,中巴经济走廊累计为巴基斯坦带来254亿美元直接投资,促进了巴基斯坦的就业。① 中国已连续多年成为巴基斯坦最大的外商直接投资来源国。巴基斯坦驻华大使莫因·哈克在接受媒体采访时表示,2019~2020年,来自中国的外商直接投资达到8.44亿美元,占巴基斯坦外商直接投资总额的1/3。华为、中兴、阿里巴巴、上汽集团、海尔、上海电气等中国知名企业均在巴基斯坦市场拥有较高的知名度,中巴经济走廊建设第二阶段将建设九个经济特区。② 在投资合作领域,截至2020年底,中国已成为斯里兰卡第一大贸易伙伴、第一大进口来源国、主要外资来源国和发展援助国。③ 2022年1月24日,时任斯里兰卡前总理马欣达·拉贾帕克萨表示:"中国是斯里兰卡最大的外国直接投资来源国。中国在基础设施、旅游、农业和制造业等领域的投资为斯里兰卡经济发展作出了巨大贡献。"④

尽管受到疫情影响,但在"一带一路"合作框架下,2021年中国对孟加拉国的直接投资不断攀升。孟加拉国银行统计的数据显示,2021年1~3月,来自中国的FDI净流入达到了4500万美元,比上一年同期增长了3倍多。2021年2~9月,中国对孟加拉国直接投资猛增到

---

① 《中巴经济走廊建设8年多来为巴基斯坦带来254亿美元直接投资》,http://www.gov.cn/xinwen/2021-09/24/content_ 5639011. htm,2021年9月24日。
② 《"全天候战略合作伙伴":中国-巴基斯坦70年的深厚友谊——访巴基斯坦伊斯兰共和国驻中华人民共和国特命全权大使莫因·哈克阁下》,https://www.victwo. cn/victwo/xinwenzixun/dashizhuanfang/547. html,2022年5月27日。
③ 商务部国际贸易经济合作研究院、中国驻斯里兰卡大使馆经济商务处、商务部对外投资和经济合作司:《对外投资合作国别(地区)指南——斯里兰卡》(2021年版),http://www.mofcom. gov. cn/dl/gbdqzn/upload/sililanka. pdf,"参赞的话"。
④ 《斯里兰卡总理马欣达:斯里兰卡同中国"一带一路"建设开启了新时期》,https://www.thepaper.cn/newsDetail_ forward_ 16478586,2022年1月27日。

4.18 亿美元。① 尼泊尔工业局公布的数据显示,"中国大陆连续 6 年高居外商对尼泊尔承诺投资额榜首"②,这些投资主要集中在旅游业等服务行业和信息技术产业,中尼双边投资合作势头强劲。从世界银行组织发布的《2020 年营商环境报告》来看,整个南亚地区营商环境不佳(见表2),在 190 个经济体的营商环境评估中,除了印度名次靠前些外,其他南亚国家的排名均靠后。总体来看,在"一带一路"合作框架下,中国与南亚国家的投资合作依然展现出了强劲活力。

表2 2020 年南亚各国全球营商环境排名

序号	国家	排名	序号	国家	排名
1	印度	63	5	巴基斯坦	108
2	不丹	89	6	马尔代夫	147
3	尼泊尔	94	7	孟加拉国	168
4	斯里兰卡	99	8	阿富汗	173

资料来源:World Bank Group, Doing Business 2020, https://openknowledge.worldbank.org/bitstream/handle/10986/32436/9781464814402.pdf。

除了投资合作外,中国还与南亚五国积极开展了富有成效的抗疫合作。2021 年 4 月 27 日,中国、阿富汗、巴基斯坦、尼泊尔、斯里兰卡和孟加拉国六国外长举行了合作应对新冠肺炎疫情的视频会议,六方就深化抗疫合作、推动疫后经济复苏等达成五项重要共识,"一致同意深入推进共建'一带一路',在做好疫情防控前提下开放陆路口岸以确保货物运输顺畅,维护产业链、供应链稳定与安全,为各国

---

① "Chinese FDI in Bangladesh Sees Huge Jump", September 29, 2021, https://www.thedailystar.net/business/global-economy/news/chinese-fdi-bangladesh-sees-huge-jump-2186406。

② 参见《中国大陆连续 6 年高居外商对尼泊尔承诺投资额榜首》, http://chinawto.mofcom.gov.cn/article/e/r/202107/20210703180689.shtml, 2021 年 7 月 27 日。

经济复苏和民生改善提供更强劲动力"。各方表示支持中方宣布成立的中国南亚国家应急物资储备库、中国南亚国家减贫与发展合作中心,支持中方举办中国南亚国家农村电商减贫合作论坛。① 在全球疫情反复、充满不确定性的情况下,中国努力为南亚地区的抗疫提供公共产品,积极贡献中国智慧和中国方案,积极践行人类命运共同体的理念。此外,在"一带一路"合作框架下,中国与南亚国家间的人文交流也不断深入,主要采取线上与线下相结合的方式,利用论坛、会展、博览会、智库对话等多元化平台,促进中国与南亚国家之间企业、专家学者以及民众的相互交流,民间外交蓬勃发展。

总体来看,尽管新冠肺炎疫情给国家间合作带来了困难,但数据观察发现,在过去的一两年里,中国在南亚地区的"一带一路"合作项目并没有因此而搁浅,依然按部就班地推进,中国与南亚国家在双边贸易、重大基础设施建设、投资合作、联合抗疫等领域均取得了积极成果,这有赖于过去几年中国与南亚国家在"一带一路"合作方面打下的前期基础,也取决于中国与南亚国家共建"一带一路"的决心。

二 上海服务南亚地区"一带一路"建设的主要贡献

上海利用自身地缘、资源、技术和人才优势,在服务"一带一路"建设中发挥着举足轻重的作用,成为引领"一带一路"建设高质量发展的典范,特别是在对外投资、对外贸易领域。2020年,上海在中国地方对外直接投资净额排名中名列第二,对外直接投资净额

---

① 《中阿巴尼斯孟六国外长合作应对新冠肺炎疫情视频会议联合声明》,http://new.fmprc.gov.cn/web/wjbzhd/202104/t20210428_9137248.shtml,2021年4月28日。

高达125.5亿美元,占全国各省份对外直接投资总额的14.8%,仅次于广东省。① 据上海海关统计,2021年上海市进出口总额达4.06万亿元,比2020年增长16.5%,创历史新高,占全国进出口总额的10%左右。从贸易合作对象来看,根据海关总署的统计数据,上海的前三大贸易伙伴主要是欧盟、美国和东盟,② 其中欧盟是上海的最大贸易伙伴,尽管不同年份排名有细微差别。南亚国家在上海进出口贸易排行榜中相对靠后。近年来,上海利用中国(上海)自由贸易试验区(以下简称上海自贸区),在政策沟通、设施联通、贸易畅通、资金融通、民心相通"五通"建设方面不断推进,截至2016年底,上海自贸区累计已在新加坡、捷克、俄罗斯、印度等25个"一带一路"沿线国家投资了108个项目。部分代表性企业例如上海振华重工(集团)股份有限公司从产品"走出去"向资本"走出去"方向拓展,已在韩国、印度、俄罗斯、土耳其等14个国家设立了境外投资机构。③ 截至2019年,上海电气在越南、印度、巴基斯坦、迪拜等全球20多个国家和地区设立或推进建设的电站工程海外网点已超过25个。④ 上海本地企业在服务南亚地区"一带一路"建设中成为一支重要力量,肩负着上海引领"一带一路"建设高质量发展的重要使命。从领域来看,上海已在经贸与基础设施投资合作、数字与金融合作以及人文交流等方面对中国与南亚的合作做出了积极贡献。

---

① 中华人民共和国商务部、国家统计局、国家外汇管理局编《2020年度中国对外直接投资统计公报》,中国商务出版社,2021,第19页。
② 《7月上海进出口继续保持增势 欧盟美国东盟分列贸易伙伴前三》,http://www.customs.gov.cn/customs/xwfb34/mtjj35/3250995/index.html,2020年8月21日。
③ 《上海自贸区已在25个沿线国家投资108个项目》,http://fec.mofcom.gov.cn/article/ywzn/xgzx/guonei/201706/20170602602008.shtml,2017年6月30日。
④ 《国际项目遭印度单方面毁约?清新环境、上海电气作出回应》,https://www.jiemian.com/article/4607292.html,2020年7月1日。

（一）经贸与基础设施投资合作基本面向好

经贸与基础设施投资合作是上海服务南亚地区"一带一路"建设的两项重要内容，尽管部分年份有的指标增速有所回落，但从长期来看基本面向好。2019年，上海与南亚八国的经贸往来呈下降趋势，进出口商品贸易总额为759.3亿元，同比下降5.9%，其中出口为464.7亿元，进口为294.6亿元，具体来看，上海与孟加拉国的进出口商品贸易呈上升态势。而在南亚八国中，印度与上海的进出口商品贸易额占上海与南亚八国进出口商品贸易总额的73.9%，为561.5亿元，同比下降8.6%。2019年，上海与南亚八个国家的贸易额占上海与共建"一带一路"国家贸易总额的9.93%，远低于与东南亚的61.54%。[1] 原因在于：其一，南亚国家与东南亚国家存在贸易同质性竞争；其二，南亚国家的出口商品附加值偏低，结构比较单一，影响了整体贸易规模；其三，相比南亚国家，东南亚国家距离上海更近，拥有地缘优势，可减少运输成本。近年来，中国也努力通过政策优惠促进与南亚国家之间的贸易往来。2018年7月1日，《亚太贸易协定》第四轮关税减让成果文件——《亚太贸易协定第二修正案》正式生效实施，[2] 为促进中国与印度、斯里兰卡、孟加拉国等的贸易提供了便利。

就对外直接投资而言，上海在南亚的对外直接投资合作呈现差异化特征，例如，2019年上海对巴基斯坦的直接投资占全市对外直

---

[1] 中华人民共和国上海海关，http://shanghai.customs.gov.cn/shanghai_customs/423405/fdzdgknr8/423468/1879297/2314832/2314866/index.html。说明：数据内容来源于上海海关官网2019年本市数据中的"12月国别累计表（RMB）"（http://shanghai.customs.gov.cn/shanghai_customs/423405/fdzdgknr8/423468/1879297/2314832/2314866/index.html）。

[2] 《〈亚太贸易协定第二修正案〉7月1日正式生效实施》，http://www.gov.cn/xinwen/2018-07/01/content_5302587.htm，2018年7月1日。

接投资比重为20.7%，为28.9亿元；同年，上海与斯里兰卡签署的承包工程合同额为10.4亿美元，占2019年上海市新签对外承包工程合同额的8.3%，从中可以看出，巴基斯坦和斯里兰卡是上海在南亚地区对外投资的重点对象。上海本地企业在上海对外交往中发挥了"主力军"作用，通过"走出去"为上海服务南亚地区"一带一路"建设做出积极贡献。例如，上海电气在中巴经济走廊建设中发挥了示范性作用。自2015年以来，上海电气投资建设和广泛参与了在巴基斯坦的塔尔煤电一体化项目、萨希瓦尔2×660MW燃煤电站工程、卡拉奇核电站（K2、K3）项目、卡拉奇城市电网改造项目等，同时通过雇用当地员工促进了巴基斯坦的就业。[①] 此外，上海电气还通过各种方式促进当地民生发展，包括向当地居民提供各类防疫物资、帮助周围居民搬迁并提供生活保障、为当地居民提供免费汉语教学服务等，体现了中国企业强烈的社会责任感。又如2021年1月1日，上海上汽和巴基斯坦JW集团名爵汽车（MG-JW）项目启动仪式在伊斯兰堡举行，[②] 双方将在巴基斯坦东部旁遮普省首府拉合尔建立合资工厂，生产MG品牌乘用车产品，促进中巴产能合作持续深入。上海建工集团近年来也积极在共建"一带一路"国家开拓市场，其承建的尼泊尔加德满都内环路升级改造项目于2018年12月通过验收。[③] 另外，生物医药也成为上海与南亚国家进行合作的重要领域，例如作为上海张江生物医药国家外贸转型升级

[①] 《中巴建交69周年：盘点上海电气牵手巴基斯坦"旗舰"项目》，http://www.smnpo.cn/tpxw/1660500.htm，2020年5月21日。

[②] 《驻巴基斯坦使馆农融大使参加上海上汽和巴基斯坦JW集团名爵汽车项目启动仪式》，http://pk.chineseembassy.org/chn/zbgx/Economic/202101/t20210104_1269775.htm，2021年1月1日。

[③] 《通讯："行驶在这条大道上，我感到非常骄傲"——中国援建尼泊尔加德满都内环路升级改造项目交接侧记》，http://www.gov.cn/xinwen/2019-01/28/content_5361880.htm，2019年1月28日。

基地优势特色产品之一的艾滋病抗病毒原料药拉米夫定已在南非、印度等多个国家和地区销售，2021年出口2.5亿元，同比增长17%。①

（二）数字贸易与金融合作成"新增长点"

随着数字化时代的来临，数字贸易将成为国际贸易的重要组成部分，而上海将在"十四五"期间紧密围绕城市数字化转型目标，努力打造数字贸易国际枢纽港，推动上海与共建"一带一路"国家的数字贸易合作。部分上海企业已经在数字贸易对外合作方面发挥了引领作用，其中民企较为活跃，例如优刻得科技股份有限公司就在越南、印度尼西亚等国建立海外数据中心，为中外企业提供第三方云计算服务。②未来，数字贸易可能是上海与南亚国家广泛合作的一个重要领域，在这方面上海可以积极对接南亚国家的数字化转型战略，例如，印度是一个拥有巨大潜力的合作对象，中印两国人口数量大，同时两国都处于发展数字经济的关键时期。据《印度快报》报道，2015年7月5日，印度政府启动"数字印度"计划，旨在通过技术革新提高政府治理效率。③上海属于中国在数字技术领域走在前列的城市，可以积极主动地与印度进行战略对接以扩大合作面。又如，孟加拉国正在积极转型实施"数字孟加拉"战略，因此对上海来说，可

---

① 《上海张江生物医药国家外贸转型升级基地亮相第23届高交会》，https：//sww.sh.gov.cn/swdt/20211230/ad69cf9c795b4862b7851d3324e97720.html，2021年12月29日。
② 《搭建海外云驿站，助力企业乘云出海》，https：//sww.sh.gov.cn/swdt/20211013/12efe6c7bfc145ecba6ee44f19151afb.html，2021年10月12日。
③ "Digital India Week：Digital Locker, MyGov. in, and other projects that were unveiled", The Indian Express, July 5, 2015, https：//indianexpress.com/article/technology/tech-news-technology/projects-and-policies-launched-at-digital-india-week/.

在数字贸易领域加大与孟加拉国的合作力度。

金融合作是"一带一路"合作的重要内容。上海作为中国的金融中心城市，致力于打造"一带一路"投融资中心，通过发挥金融优势积极服务南亚地区"一带一路"建设。2017年1月，中国金融期货交易所、上海证券交易所与深圳证券交易所、中巴投资有限责任公司及巴基斯坦哈比银行等组成的联合体，竞得巴基斯坦证券交易所40%的股权，总交易价值约8500万美元，三家中方交易所持股30%。[1] 目前尽管中国与南亚国家的金融合作有限，但随着人民币国际化取得积极进展，未来，中国与南亚国家的金融合作可能迎来发展的"春天"。上海拥有国际金融中心的优势，"人民币跨境支付系统（CIPS）、城银清算服务公司、全球清算对手方协会（CCP12）等一批重要清算机构或组织落户上海"[2]，未来上海可以在与南亚国家金融合作方面发挥引领作用，从目前的低水平合作向高质量合作方向发展。

（三）人文交流合作机制日益多元化

发挥民间外交优势是上海参与"一带一路"建设的重要途径。上海作为中国最大的国际化大都市，文化多元且充满魅力，因此受到共建"一带一路"国家青年留学生青睐。2016年，在上海的42所高校中，来自"一带一路"相关国家的留学生有1.6万余名，占来沪留学生总数的26.6%。[3] 2021年5月17~28日，上海政法学院

---

[1] 张家栋、柯孜凝：《"一带一路"建设在南亚：现状、挑战与机遇》，《印度洋经济体研究》2021年第5期，第26页。

[2] 《上海市人民政府关于印发〈上海国际金融中心建设"十四五"规划〉的通知》，https://www.shanghai.gov.cn/nw12344/20210824/4cdd2059783a4e64b8a329e08c66ce67.html，2021年8月24日。

[3] 《"一带一路"国家青年留学上海人数持续增加》，https://news.shiep.edu.cn/7d/8f/c2681a163215/page.psp，2017年10月20日。

承办了中国-南亚法律培训基地第六期研修班，来自孟加拉国、印度、尼泊尔、巴基斯坦、斯里兰卡、柬埔寨、马来西亚、葡萄牙等国共 102 名法学法律界人士在线参加活动。① 此外，友好城市关系也是上海与南亚国家交流互动的重要纽带，通过城市交往促进民间外交。上海早于 1984 年就和巴基斯坦卡拉奇市建立了友好城市关系，这为后来两座城市的交往提供了机制保障。2021 年 1 月 21 日，上海市工商联（总商会）、卡拉奇工商会与巴基斯坦驻沪总领馆共同主办了"上海-卡拉奇经贸交流会"，双方决定成立联合工作小组，鼓励两地企业在农产品、纺织服装、科技创新、基础设施建设、可再生能源等领域加强合作，推动中巴经济走廊等"一带一路"项目建设。② 2021 年 6 月 18 日，为庆祝中巴建交 70 周年，"同心共济，始终如一"虹桥品汇巴基斯坦文化周在沪开幕，旨在增进上海市民对巴基斯坦的了解，促进中巴在各领域务实合作。③ 上海于 2014 年还与印度孟买建立了友好城市关系，促进两市之间的交流互动。

政府"搭台"、企业"唱戏"，积极鼓励上海企业"走出去"，参加各类海外经贸展览会和洽谈会，也是上海促进与南亚国家企业交流、深化民心相通的重要渠道。2020 年，上海企业开拓国际市场海外展会推荐项目就涉及孟加拉国、印度和巴基斯坦三国的纺织服装、

---

① 《中国-南亚法律培训基地第六期研修班开班典礼在我校中国-上合基地举行》，https：//www.shupl.edu.cn/2021/0519/c1168a89136/page.htm，2021 年 5 月 19 日。
② 《相聚云端 共话合作——"上海-卡拉奇经贸交流会"开启上海市工商联（总商会）与海外商会首场"云交流"》，https：//www.thepaper.cn/newsDetail_forward_10989098，2021 年 1 月 28 日。
③ 《虹桥品汇巴基斯坦文化周在沪开幕》，http：//jjdf.chinadevelopment.com.cn/jr/2021/06/1731098.shtml，2021 年 6 月 21 日。

汽配、电线电缆、建材、机械、五金建材和橡塑等行业。① 另外，除了"走出去"，上海还积极通过"请进来"的策略深化与南亚国家的交流互动，例如2021年6月25日，由上海市国际贸易促进委员会、上海国际商会共同主办的"2021（第七届）一带一路名品展·上海"在上海展览中心正式开幕，采取了线上、线下相结合的模式，配套以不同主题的文化节日活动，以促进国际经贸合作与人文交流，来自尼泊尔、斯里兰卡等国的展商积极参与。② 最引人注目的"请进来"还是中国国际进口博览会（以下简称进博会）。南亚国家纷纷利用进博会平台，促进本国商品在中国市场的宣传和销售，自2018年首届进博会举办以来，印度企业连续三年参展，积极性很高。而斯里兰卡、巴基斯坦、尼泊尔等国也积极利用进博会平台推销本国优势产品，增进中国消费者对其商品的了解。另外，上海合作组织也是促进上海与相关国家合作的重要平台，中国、印度、巴基斯坦同为上海合作组织成员国，阿富汗为观察员国，尼泊尔、斯里兰卡为对话伙伴国，因此，上海合作组织无疑为中国与这五国之间的"一带一路"合作提供了一个机制化平台。上海充分发挥地缘优势，扩大与其他成员国之间的经贸合作、人文交流、投资合作等。过去20年，上海合作组织成员国的贸易总值增长近100倍，2020年占全球贸易总值的17.5%，③ 充分说明了上海合作组织的发展潜力。

---

① 《2020年度上海企业开拓国际市场海外展会推荐项目》，https：//sww.sh.gov.cn/zxxxgk/20200317/0023-247624.html，2020年1月17日。
② 《聚合五洲名品 缤纷六月申城2021（第七届）一带一路名品展·上海正式开幕》，https：//sww.sh.gov.cn/swdt/20210629/5550e0538d6141b2b726a49556b68a15.html，2021年6月25日。
③ 《〈上海合作组织成立20年贸易发展报告〉出炉 全球贸易影响力持续增强》，https：//www.chinanews.com.cn/cj/2022/02-16/9678189.shtml，2022年2月16日。

三 上海服务南亚地区"一带一路"建设的主要机遇与挑战

（一）主要机遇

1. 疫情背景下南亚各国对外国直接投资需求大

南亚国家多面临经济发展落后、基础设施薄弱、投资不足的问题，疫情则使这些问题雪上加霜。世界银行预计，2020~2023年，整个南亚地区的经济年平均增长率可能为3.4%。① 在此背景下，南亚国家要弥补投资"缺口"、刺激经济增长，一个途径将是吸引投资。为吸引海外投资，南亚部分国家相继出台一些优惠政策或便利化措施，努力创建营商友好型环境。例如，孟加拉国政府通过开发一站式数字服务平台、出台《外国私人投资促进和保护法》《孟加拉国经济特区法》等法律法规、建立经济特区等方式大力吸引外资。②

印度则更加积极，为打造宽松的营商环境、吸引外国直接投资，印度政府采取了系列举措，推出了单一窗口许可制、地理银行信息系统、100万亿卢比规模的国家基础设施计划③等举措，使印度在疫情影响下仍然对外资具有吸引力，2021年吸收的外国直接投资总额创

---

① "South Asian Economies Recover Amidst Uncertainties", World Bank, October 7, 2021. https://www.worldbank.org/en/news/press-release/2021/10/07/south-asian-economies-recover-amidst-uncertainties.
② 《期待投资！孟加拉国加大吸引外资力度》，http://fec.mofcom.gov.cn/article/tzhzcj/xgzx/202201/20220103238354.shtml，2022年1月20日。
③ "PM Launches Gati Shakti-National Master Plan for Infrastructure Development", Ministry of Ports, Shipping and Waterways, India, October 13, 2021, https://pib.gov.in/Press ReleaseIframe Page.aspx? PRID=1763638.

新高,达到了817.2亿美元。据统计,在过去的几年里,为了改善营商环境,莫迪政府积极降低合规成本,取消了大量烦琐的政策条款,通过结构性改革来扩大对外开放,吸引外资,这被莫迪政府视为实现2023年印度5万亿美元GDP目标的重要手段。① 又如,斯里兰卡、尼泊尔、马尔代夫等国都面临改善国内基础设施的需求,然而疫情对经济的打击导致其国内缺乏足够的财政资金进行投资,而国内消费水平又偏低下,因此吸引外资就成为促进经济恢复发展的重要途径。上海作为全国仅次于广东省的对外直接投资城市,可以充分利用自身资源优势,抓住南亚国家急需外商直接投资的机遇,提升与南亚国家的投资合作水平。

2. 上海与南亚国家贸易互补性强

在上海的对外贸易伙伴中,南亚国家整体表现并不活跃,上海的前几大贸易伙伴主要是欧盟、东盟、美国与日本等。随着RCEP正式生效,上海与东南亚国家的贸易规模可能会进一步扩大,这意味着东南亚在上海对外贸易合作中的重要性将提升。相比较而言,南亚国家在上海的对外贸易排名中相对靠后,然而南亚地区却是一个不容忽视的有着巨大潜力的市场。根据世界银行的统计数据,当前南亚地区人口约19亿,占世界人口总量的约24%,② 市场规模庞大,拥有巨大的消费潜力。联合国预测,未来30年内印度和巴基斯坦将成为全球人口增速第一大和第三大国家,而孟加拉国和阿富汗的人口增速排名

---

① "PM Gati Shakti Plan, Single Window Clearance to Further Push FDI Inflows in the New Year", the Economic Times, December 21, 2021, https://economictimes.indiatimes.com/news/economy/policy/pm-gati-shakti-plan-single-window-clearance-to-further-push-fdi-inflows-in-new-year/articleshow/88405510.cms?from=mdr.

② 根据"Population, Total-South Asia"(https://data.worldbank.org/indicator/SP.POP.TOTL?locations=8S),"Population, Total"(https://data.worldbank.org/indicator/SP.POP.TOTL)计算。

分别为全球第 18 和第 21,① 南亚地区未来将成为全球人口增长的"高地"。对上海而言，南亚地区将是一个巨大的、可观的消费市场，上海可以充分利用与南亚国家的贸易结构互补优势，拓展合作领域，扩大贸易往来。

具体说来，上海可以结合"十四五"时期上海国际贸易中心建设目标，依托在汽车、电子、船舶、医药、能源设备、金融等领域的优势，积极拓展与南亚国家在这些领域的经贸合作②，特别是利用上海的数字经济发展优势，大力推动与南亚国家之间的数字贸易合作。如前文所述，上海实际上已经与南亚国家在多领域存在合作基础，未来主要聚焦如何实现高质量发展、如何挖掘新兴"合作增长点"。南亚国家在农副产品、纺织品、金属原料、基础工业原料等方面具有比较优势，因此与上海存在贸易结构互补性。未来在与南亚国家的经贸合作中，上海可充分发挥综合优势，与南亚国家扩大合作领域。比如，可以充分利用平台优势，发挥进博会的溢出效应，整合南亚国家参展企业资源，借助上海打造国际消费中心的机会，提升上海对南亚地区企业的吸引力，拓宽南亚国家商品在中国市场的销售渠道，提升知名度。

3. 民间外交展现强劲活力

上海民间外交形式多样、内容丰富、充满活力，在增进上海与南亚国家之间的相互了解方面发挥了独特作用。上海与南亚国家之间的民间外交包括一系列商业、人文交流活动和制度化安排。上海利用自

---

① "Global Population Growth and Sustainable Development", United Nations, p. 33. https://www.un.org/development/desa/pd/sites/www.un.org.development.desa.pd/files/undesa_pd_2022_global_population_growth.pdf, 2021.

② 《上海市人民政府关于印发〈"十四五"时期提升上海国际贸易中心能级规划〉的通知》, https://www.shanghai.gov.cn/nw12344/20210429/c41502e706a94d15a8b95977b307d107.html, 2021 年 4 月 29 日。

身资源优势,每年举办各类丰富多彩的商业性展览或文化庆祝活动,为促进上海与南亚国家之间的民间往来提供了多元化平台。除此之外,截至 2022 年 3 月,上海与全球 59 个国家建立了 87 对友好城市关系,在全球有广泛的"朋友圈"。① 上海作为国际大都市的魅力也深深吸引了南亚各国的民众赴上海留学或做生意,另外,上海本地研究机构、大学、智库与南亚国家的大学、研究机构交流互动频繁,特别是上海已逐渐成为国内研究南亚国家的重点区域,可以充分发挥"二轨外交"的作用,增强双方学界的互动,为促进上海与南亚国家的合作献计献策。总的来说,上海与南亚国家之间的民间外交基础牢固、形式多样、潜力巨大,呈现良好发展势头。

(二)主要挑战

1. 印度对华采取部分经济"脱钩"政策

随着全球新冠肺炎疫情持续扩散,全球产业链、供应链中断,加之 2020 年 6 月中印加勒万河谷冲突后,印度对华政策全面调整,将经济问题"政治化",对华采取了部分经济"脱钩"政策,前后禁止 200 多款中国 App 应用,出台相关政策限制中国企业赴印投资,加大对中国企业和中国商品的审查力度,例如 2021 年 5 月 15 日,印度商工部对原产于中国的光伏电池及组件发起反倾销调查。② 与此同时,莫迪政府借机大力推行"自力更生"计划,鼓励本土企业和制造业发展,扶植民族企业,鼓励消费本土产品,印度市场日趋"保守化"发展。另外,莫迪政府积极拥抱美日印澳四方安全对话机制,寻求国

---

① 《上海举行国际友城工作会议 研究部署全市对外交往工作》,https://wsb.sh.gov.cn/node564/20220211/5d1b5b4bc3be4df2a7864f27e342b801.html,2022 年 3 月 4 日。

② 《印度对原产于中国的光伏电池及组件发起反倾销调查》,http://news.10jqka.com.cn/20210519/c629500678.shtml,2021 年 5 月 19 日。

际产业链和供应链多元化，以减少对华经济依赖，还积极与美日澳三国就疫苗、基础设施建设、关键和新兴技术、气候变化等建立伙伴关系网络。① 因此，在印度国内营商环境日益对华不友好的氛围下，中国企业赴印投资信心受到影响。同时，随着莫迪政府在国际寻找替代产品以减少对华经济依赖，未来中国对印度市场的优势可能会面临挑战，值得警惕。

2. 恐怖主义与极端主义问题凸显

安全局势是"一带一路"合作在南亚地区面临的一个严峻挑战。从2020年到现在，整体来看，尽管南亚的恐怖主义与极端主义形势趋于好转，但各国呈现不平衡的发展特征。根据南亚反恐门户网站的数据统计，自2019年以来，巴基斯坦国内恐怖袭击事件数量和导致的死亡人数呈上升态势。② 阿富汗国内政局走向不明朗，经济徘徊在崩溃边缘，缺乏稳定、安全的投资和营商环境，还需观望。

3. 大国地缘政治竞争加剧

南亚地区无疑是"一带一路"建设的重点区域，也因此成为其他国家对冲中国影响力的重点地带。近年来，孟加拉湾地区大国地缘政治竞争呈加剧态势，尤其是美国、印度、日本针对中国与孟加拉国、斯里兰卡、尼泊尔等南亚国家的"一带一路"合作采取了系列对冲政策，包括通过向这些国家提供安全和发展援助、提供替代投资方案、舆论渲染"债务陷阱"等手段，挤压中国在这一地区的战略空间和影响力。③ 例如，最突出的案例是2022年2月底，在美国持

---

① "Joint Statement from Quad Leaders", The White House, September 24, 2021, https://www.whitehouse.gov/briefing-room/statements-releases/2021/09/24/joint-statement-from-quad-leaders/.

② "Pakistan", South Asia Terrorism Portal, https://www.satp.org/datasheet-terrorist-attack/fatalities/pakistan.

③ 李红梅：《孟加拉湾地区的大国参与模式与地缘战略动态》，《印度洋经济体研究》2020年第5期，第29~57页。

续压力下,尼泊尔议会批准"千年挑战计划"协议(简称 MCC 协议),美国出资 5 亿美元援助尼泊尔,主要用于支持尼泊尔国内基础设施建设,包括改善电力供应、促进互联互通、刺激贸易投资等。[①]

再如,2021 年 9 月 30 日,印度最大的港口运营商阿达尼集团与斯里兰卡签署了价值 7 亿美元的港口合作协议,参与科伦坡港西集装箱码头的开发建设,这也是斯里兰卡港口领域有史以来最大的外国投资,在印度看来这不仅仅是商业性投资,更具有战略意义,将使印度成为斯里兰卡港口业发展的"变局者",[②] 从而对冲中国在斯里兰卡的港口投资建设。因此,上海未来在参与"一带一路"建设过程中,需提前做好地缘政治风险防范。

---

① "The MCC-Nepal Compact Top Ten Fact", U.S. Embassy in Nepal, March 3, 2022, https://np.usembassy.gov/mcc-in-nepal-top-ten-facts/.

② "India Counters China in Sri Lanka with $700 Million Port Deal", The Mint, Oactober 1, 2021, https://www.livemint.com/news/india/india-counters-china-in-sri-lanka-with-700-million-largest-foreign-investment-port-deal-11633046975815.html.

B.11 上海与西亚北非国家共建"一带一路"合作

张 春*

摘 要: 新冠肺炎疫情持续反复,给世界经济和共建"一带一路"带来了严重消极影响。尽管如此,中国与西亚北非国家仍在整体性地区合作框架下,持续推动共建"一带一路"合作。需要强调的是,全球和地区环境的剧烈变化呼吁"一带一路"建设及时调整策略和相关举措,推动共建"一带一路"高质量发展。上海在新发展格局中具有重要的战略链接作用,在"一带一路"高质量发展中发挥着重要的先行先试作用。以网络中心性建设为抓手,上海与西亚北非国家的合作紧紧围绕新发展格局展开,在推动可持续发展、数字化转型等方面效果明显。展望未来,在全球积极争取经济尽早复苏的大背景下,上海与西亚北非国家围绕共建"一带一路"的合作大有可为。

关键词: 共建"一带一路" 西亚北非国家 上海

西亚北非国家在共建"一带一路"高质量发展中占据重要地位;

---

* 张春,云南大学非洲研究中心研究员,上海国际问题研究院特聘研究员;研究方向为非洲研究、"一带一路"。

截至2022年5月，西亚北非21国中，已有18个国家与中国签署了共建"一带一路"合作文件。在地缘政治与地缘经济变化、新冠肺炎疫情冲击下，共建"一带一路"高质量发展正面临新的机遇和挑战，迫切需要围绕"国内大循环为主体、国内国际双循环相互促进的新发展格局"调整策略和相应举措。上海旨在成为"国内大循环中心节点、国内国际双循环战略链接"，应在既有合作基础上，以网络中心性建设为抓手，与西亚北非国家的合作围绕新发展格局展开，尤其是在创新发展、可持续发展和数字化转型等方面展开全面合作，推动共建"一带一路"高质量发展。

一 中国与西亚北非国家共建"一带一路"合作情况

2021年10月，国际货币基金组织（IMF）预测，2022年全球经济增长率预期达到5.9%。但随着新冠肺炎疫情的蔓延，IMF在2022年1月的评估中将全球经济增长率预期下调至4.4%，并认为2023年全球经济增长率将进一步降至3.8%；更为关键的是，IMF预期2022年将会出现较为严重的通货膨胀，这可能使经济复苏前景进一步变得暗淡。[①] 而俄乌冲突使全球经济复苏的预期进一步降低，IMF预期2022年和2023年的全球经济增长率均可能降至3.6%。[②] 在全球经济低迷背景下，西亚北非国家的经济发展前景也不令人乐观，这进一步凸显了共建"一带一路"的公共产品属性，特别是其为世界经济带来了难能可贵的稳定性和可预期性。

---

① IMF, "World Economic Outlook: Rising Caseloads, A Disrupted Recovery, and Higher Inflation", Update January 2022, Washington, D. C. : IMF, 2022, p. 1.

② IMF, "World Economic Outlook: War Sets Back the Global Recovery", Update April 2022, Washington, D. C. : IMF, 2022, p. 1.

在2020年遭受疫情严重冲击之后,西亚北非国家的经济在2021年特别是下半年实现了明显反弹。从国内生产总值(GDP)增长角度看,2020年新冠肺炎疫情导致西亚北非国家经济下跌4个百分点,这是自1978年(-4.65%)以来的最低纪录。事实上,自1988年以来,西亚北非国家经济始终保持正增长,即使在2009年仍实现了0.82%的增长。但也应指出,西亚北非国家经济自2011年以来整体走低,尽管期间偶有反弹;2017~2020年间多徘徊在2%以下(见图1)。尽管2021年实现了5.8%的增长,但由于持续的疫情冲击,西亚北非各国的经济反弹很大程度上并未转化为个体收入、就业市场等的全面复苏,特别是失业率甚至并未恢复到疫情前水平。①

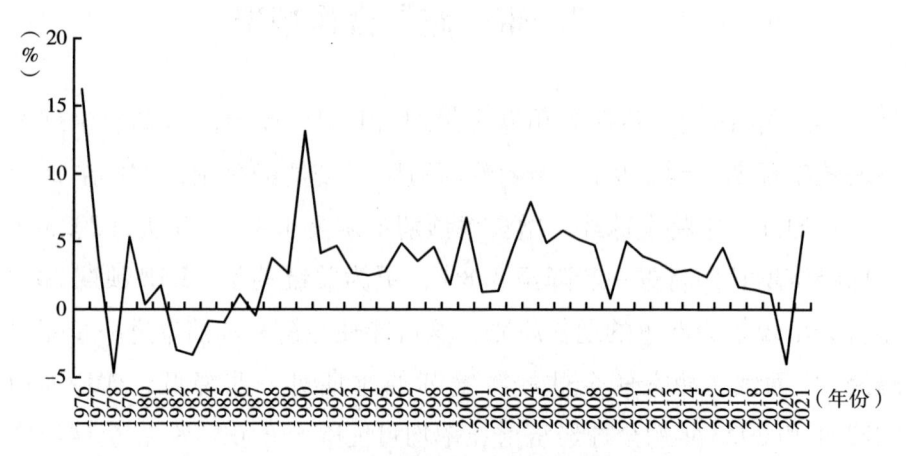

图1 1976~2021年西亚北非国家经济增长情况

资料来源:笔者根据世界银行数据库(https://data.worldbank.org)数据制作。

整体而言,西亚北非国家的经济发展仍面临较为严峻的挑战。一

---

① IMF, "Regional Economic Outlook: Middle East and Central Asia", Update April 2022, Washington, D.C.: IMF, 2022, p. 1.

方面，尽管西亚北非国家拥有丰富的油气资源，但自2008年全球金融危机以来，国际社会对西亚北非国家的外国直接投资（FDI）事实上持续减少。进入21世纪以来，西亚北非国家吸引外国直接投资创下最高纪录的是2007年，达到1265亿美元；此后波动下跌，到2014年跌至373亿美元；之后有所恢复，但到2020年也仅为661亿美元，相当于2007年的52.25%（见图2）。另一方面，西亚北非国家对外直接投资也在2008年后出现较明显下降（见图3）。自2000年以来，西亚北非国家对外直接投资起伏波动明显，其中2002年和2004年增长迅速，分别是上一年的17倍和35倍，这使2006年、2010年和2013年超过100%的增长率毫不起眼。2020年，受疫情影响，西亚北非国家对外直接投资下降35.67%。从对外直接投资额看，2008年是自2000年以来的最高纪录，达到675亿美元，但全球金融危机直接导致这一数字在2009年跌至146亿美元，跌幅接近80%。到2019年，西亚北非国家对外直接投资恢复至480亿美元的水平，但2020年疫情又使其回落至310亿美元左右。

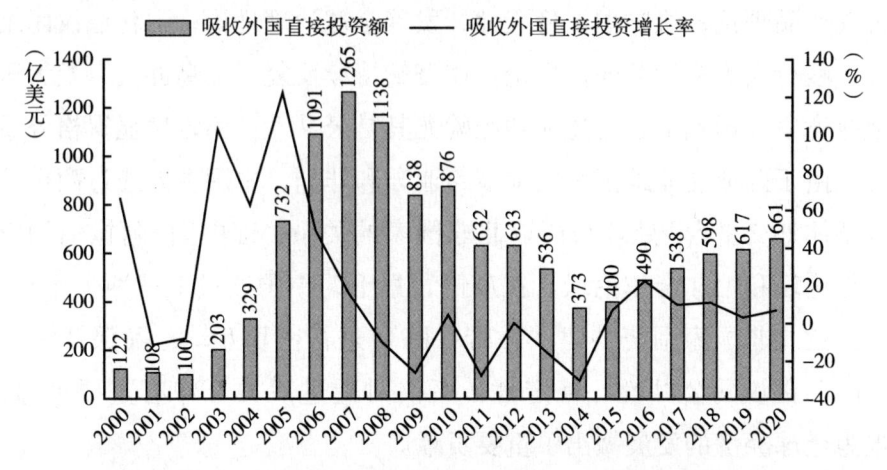

图2　2000~2020年西亚北非国家吸收外国直接投资情况

资料来源：笔者根据世界银行数据库（https://data.worldbank.org）数据制作。

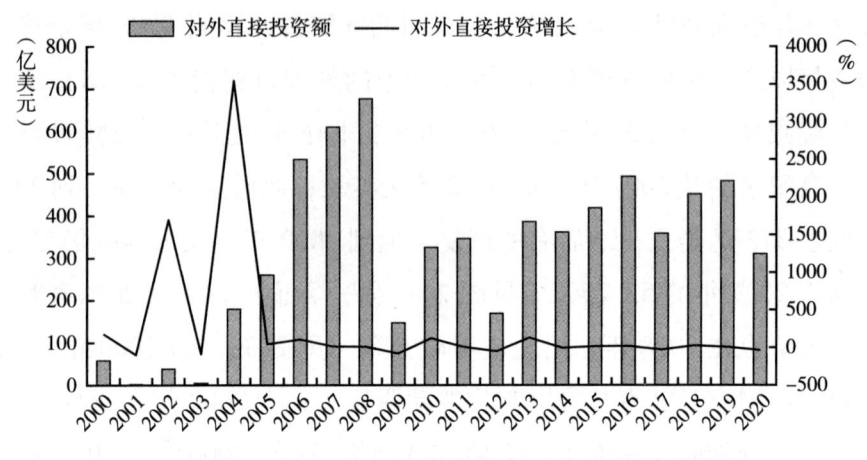

图3　2000～2020年西亚北非国家对外直接投资情况

资料来源：笔者根据世界银行数据库（https：//data.worldbank.org）数据制作。

在困难面前，"一带一路"倡议的优势得以凸显。概括而言，"一带一路"倡议提出9年来的成功经验主要包括以下四个方面，即坚守倡议发展性，完善可持续发展理论；提升倡议公共性，完善国际公共产品理论；维护倡议稳定性，发展全球治理理论；强化倡议团结性，践行人类命运共同体理论。在疫情持续反复、俄乌冲突以及大国地缘竞争等影响下，上述成功经验尤其是公共性、稳定性显得格外重要。由于西亚北非地区事实上横跨亚洲和非洲，中国主要通过两个地区整体外交平台①处理与西亚北非国家的关系，即中国-阿拉伯国家合作论坛和中非合作论坛。在疫情背景下，中国通过上述两大平台，与西亚北非国家围绕共建"一带一路"进行密切互动，确保"一带一路"倡议的公共性、稳定性，不仅对促进双方合作有重要助益，也为全球经济的发展做出了重要贡献。

---

① 有关中国的整体外交平台研究，可参见张春《中国对发展中地区整体外交研究》，《国际展望》2018年第5期，第18~35页。

例如，2020年7月6日，习近平主席向中国-阿拉伯国家合作论坛第九届部长级会议致贺信，强调中阿双方自2018年建立战略伙伴关系以来，共同打造中阿命运共同体，因此希望在困难时期坚定相互支持，稳步推进各领域合作。① 论坛通过的《中国和阿拉伯国家团结抗击新冠肺炎疫情联合声明》强调，疫情防控与共建合作要齐头并进，通过协调宏观经济政策、保持贸易投资市场开放、共同致力于疫后复苏和经济发展，确保在疫情背景下的共同发展，同时也要积极寻找共建合作的新增长点，特别是积极分享和利用数字贸易与创新技术。②

又如，2021年11月举行的中非合作论坛第八届部长级会议通过的《中非合作论坛第八届部长级会议达喀尔宣言》不仅重申将继续坚持倡议的共商共建共享原则，推动倡议高质量发展；还重申欢迎非洲国家加入共建合作，承诺推动"一带一路"倡议与全球、非洲地区及非洲国别的发展战略的全面和紧密对接。③ 论坛通过《中非合作论坛-达喀尔行动计划（2022~2024年）》更是将共建"一带一路"分解融入中非合作的各个领域；而论坛期间通过的中非合作中长期纲领即《中非合作2035年愿景》提出，中非要结为更紧密的共建"一带一路"伙伴，在秉持倡议原则、强化精准对接的基础上，巩固传统合作，开拓新兴领域，加速合作转型升级、提质增效，成果广泛惠及中非人民。④

---

① 《习近平向中国-阿拉伯国家合作论坛第九届部长级会议致贺信》，http：//www.chinaarabcf.org/chn/ltjz/bzjhy_1/djjbzjhy/202007/t20200706_6910639.htm，2020年7月6日。
② 《中国和阿拉伯国家团结抗击新冠肺炎疫情联合声明》，《人民日报》2020年7月9日，第3版。
③ 《中非合作论坛第八届部长级会议达喀尔宣言（全文）》，http：//www.gov.cn/xinwen/2021-12/02/content_5655364.htm，2021年12月2日。
④ 《中非合作2035年愿景》，http：//xyf.mofcom.gov.cn/article/lt/202112/20211203226116.shtml，2021年12月8日。

尽管面临因疫情反复带来的重重困难，但得益于中国-阿拉伯国家合作论坛和中非合作论坛两个整体外交平台，中国与西亚北非国家共建"一带一路"合作仍取得了明显进展。

第一，基于较好的双边关系基础，绝大多数西亚非洲国家已与中国签署共建"一带一路"合作文件，特别是叙利亚与中国在2022年1月疫情形势仍然严峻的情况下签署了"一带一路"合作谅解备忘录。需要指出的是，中国始终坚持独立自主的外交政策，始终秉持不结盟、不对抗方针发展与其他国家的伙伴关系。随着中国综合实力持续增强，中国国际伙伴关系的重点发生了明显变化：冷战结束后直到2017年第一届"一带一路"国际合作高峰论坛举办前，中国国际伙伴关系的重点集中在政治和战略上，即以战略伙伴关系建构为核心；"一带一路"倡议提出后，围绕共建"一带一路"结成的共建伙伴关系逐渐成为中国国际伙伴关系的重点，且主要是以基础设施共建为核心的互联互通伙伴关系。换句话说，"一带一路"倡议的提出及相应的共建伙伴关系的建设，很大程度上以经济内涵取代了政治和战略内涵，从而有助于缓解国际社会对中国快速发展的猜忌，为政策沟通和民心相通创造了更为有利的条件。共建"一带一路"事实上实现了战略伙伴关系与共建伙伴关系的有机联系。具体到西亚北非地区，埃及是最早与中国建立战略合作关系的非洲国家，两国于1999年建立战略合作关系；此后，阿尔及利亚于2004年与中国建立战略合作关系，阿联酋也于2012年与中国建立战略伙伴关系。需要指出的是，上述三国与中国的战略合作关系均得到加强。其中，中国与阿尔及利亚和埃及于2014年建立了全面战略伙伴关系，中国与阿联酋于2018年建立了全面战略伙伴关系。沙特阿拉伯和伊朗于2016年与中国建立了全面战略伙伴关系。卡塔尔（2014年）、伊拉克（2015年）、阿曼（2018年）和科威特（2018年）均与中国建立了战略伙伴关系。随着"一带一路"倡议的提出和推进，中国与西亚北非国家的战略伙伴关系和共建伙伴关系实现了有效转换，绝大多数西亚北非国家与中国的关系是从战略伙伴关系向共建伙伴关系发展的，如埃及、阿尔及利亚、摩洛哥、阿联酋、伊拉克等；也有二者同步推进的，如伊朗、沙特阿拉伯、卡塔尔、阿曼等；只有少数西亚北非国家是先与中国有共建伙伴关系，然后发展出战略伙伴关系的，如科威特。需要指出的是，巴林、黎巴嫩、利比亚、苏丹、突尼斯、土耳其、叙利亚、也门等国并未与中国建立战略伙伴关系，但签署了共建"一带一路"合作文件。而约旦、巴勒斯坦和以色列则既未与中国建立战略伙伴关系，也未签署共建"一带一路"合作谅解备忘录。

第二，中国与西亚北非国家共建"一带一路"设施联通已经取得重大进展。共建"一带一路"设施联通主要涵盖公路、铁路、港口、能源、电力等领域。根据遥感科学国家重点实验室重大工程遥感监测团队于2020年发布的国内首套境外工程项目名录数据集，中国在境外共计有1169个重大工程项目。① 本文仅对中国与西亚北非国家在铁路、公路、港口、电站和境外经贸合作区等领域的合作情况略作分析。中国在西亚北非国家共计承建/设计铁路20条，项目金额约为300亿美元，总线路长7500余公里，以普/快铁路为主，高速铁路也超过2000公里。项目主要集中在苏丹、伊朗、沙特阿拉伯、阿尔及利亚等国。② 中国在西亚北非国家的电力项目较多，共计61个，其中有50个是在共建"一带一路"倡议提出后开始的，

---

① 《我国首套境外工程项目名录数据集发布》，http：//www.slrss.cn/kydt/202101/t20210104_606315.html，2020年4月29日。本文所使用的数据皆可从该网站下载获取。
② 肖建华、邹明权、尹富杰、牛铮：《2007~2019年中国海外铁路项目信息数据集》，《中国科学数据》2019年第4期（DOI：10.11922/csdata.2019.0065.zh）。

主要涵盖火电站、光伏电站、输变电工程等，分布在西亚北非14个国家。① 就港口而言，截至2019年底，中国共计在西亚北非国家承建和投资建设15个港口，总投资额约为90亿美元。其中，14个项目为承建，仅由中海集团参股投资的埃及达米埃塔港集装箱码头一项为投资建设。沙特阿拉伯和阿联酋是项目最为集中的国家，分别有4个和3个项目，投资额分别达到15亿美元和2.5亿美元，其他国家如阿尔及利亚、埃及、卡塔尔、苏丹、土耳其、也门和以色列均只有一个项目。② 中国共计在西亚北非国家投资建设了13个境外经贸合作区，全部是在共建"一带一路"倡议提出之后建设的，分布在阿联酋（4个）、阿曼（3个）、沙特阿拉伯（2个）、埃及（2个）、阿尔及利亚（1个）和苏丹（1个）等国。③ 由于西亚地区公路基础设施相对完善，中国在西亚北非国家的公路项目主要集中在北非，特别是阿尔及利亚。中国在整个西亚北非国家共计承建了7个公路项目，其中6个位于阿尔及利亚。需要指出的是，这些公路项目中仅有2个是在共建"一带一路"倡议提出后开始的，且均在2014年，在某种程度上表明共建"一带一路"与中国和西亚北非国家公路建设的关联度并不大。④ 中国与西亚北非国家的水电站建设均在2013年共建"一带一路"倡议提出前，且主要集中在伊朗和土耳其两国，共计5个项目。⑤

---

① 蒋瑜、邬明权、黄长军、牛铮：《2000~2019年中国海外电力项目信息数据集》，《中国科学数据》2019年第4期（DOI：10.11922/csdata.2019.0069.zh）。
② 李祜梅、邬明权、牛铮、贾战海：《中国在海外建设的港口项目数据分析》，《全球变化数据学报》2019年第3期（DOI：10.3974/geodp.2019.03.03）。
③ 李祜梅、邬明权、牛铮、李旗：《1992~2018年中国境外产业园区信息数据集》，《中国科学数据》2019年第4期（DOI：10.11922/csdata.2019.0028.zh）。
④ 贾战海、邬明权、牛铮：《2006~2019年中国境外公路项目信息数据集》，《中国科学数据》2019年第4期（DOI：10.11922/csdata.2019.0050.zh）。
⑤ 尹富杰、邬明权、肖建华、牛铮：《2002~2019年中国境外水电站项目信息数据集》，《中国科学数据》2019年第4期（DOI：10.11922/csdata.2019.0066.zh）。

第三，疫情并未对中国与西亚北非国家共建"一带一路"的贸易畅通合作产生重大消极影响。如图4所示，中国与西亚北非国家的经贸关系在进入21世纪后发展迅猛。2003年双边贸易额仅为350亿

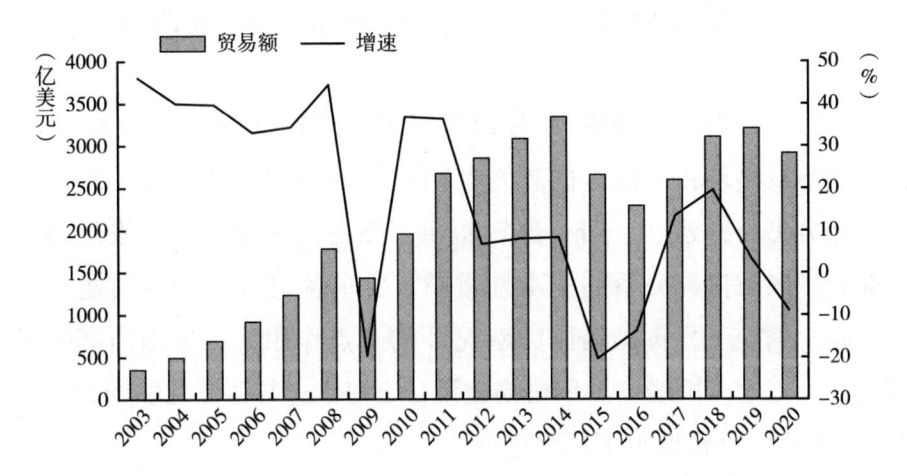

图4　2003~2020年中国与西亚北非国家双边贸易情况

资料来源：笔者根据国家统计局（https://data.stats.gov.cn）数据制作。

美元，到2007年超过1000亿美元，2011年超过2500亿美元，2013年超过3000亿美元，2014年创下21世纪以来的最高纪录，达3334亿美元，尽管此后受中国经济增速放缓和国际大宗商品价格下跌等因素影响双边贸易额有所下跌，但自2017年起再度增长。2020年新冠肺炎疫情对中国与西亚北非国家双边贸易造成了一定冲击，但仅下跌9个百分点，仍超过2900亿美元。需要强调的是，2021年中国对外贸易额达到6.05万亿美元，首次突破6万亿美元大关，创下历史新高，相比2020年增长21.4%。① 这意味着，尽管疫情对世界经济造成了明显的冲击，但对中国与西亚北非国家的经贸合作特别是共建

---

① 《2021年，中国货物贸易进出口总值同比增长21.4%——外贸规模再创新高》，《人民日报》（海外版）2022年1月15日，第3版。

"一带一路"的冲击明显较小；这也从另一个侧面印证了共建"一带一路"倡议的稳定性和国际公共产品属性。

二 新发展格局与上海-西亚北非国家合作

习近平总书记在2020年提出并完善了"以国内大循环为主体、国内国际双循环相互促进的新发展格局"的理论论述。这一理论论述为地方参与共建"一带一路"提供了新的战略指引：新发展格局意味着中国与世界关系的根本性重塑，要求各地方在参与共建"一带一路"时充分发挥国内国际双循环的节点作用，促进国内国际循环的良性互动。围绕新发展格局建设，上海推进与西亚北非国家共建"一带一路"合作取得了积极进展。

地方政府在共建"一带一路"中扮演着重要角色。一方面，地方政府参与国际交往的主要动机极可能并非出于外交、政治或战略的考虑，经济动机才是各国地方政府对外交往的主要动机；[1]贸易和投资是地方政府促进地方经济发展的天然抓手，是地方政府活动中协调程度最高的领域。[2] 从贸易畅通角度看，各省区市参与共建"一带一路"取得了明显的成效。一方面，2014~2019年，全国31个省区市（未包括港澳台）的对外贸易额相比2008~2013

---

[1] Hans Michelmann, "Comparative Reflections on Foreign Relations in Federal Countries", in Raoul Blindenbacher and Chandra Pasma, eds., *A Global Dialogue on Federalism: Dialogues on Foreign Relations in Federal Countries*, Vol. 5, Forum of Federations, International Association of Centers for Federal Studies, Quebec: McGill Queens University Press, 2007, p. 6.

[2] Timoty J. Conlan and Michelle A. Sager, "The Growing International Activities of the American States", *Policy Studies Review*, Vol. 18, No. 3, 2001, p. 19.

年增长了30%，分别为19.41万亿美元和25.25万亿美元；① 但另一方面，共建"一带一路"倡议对各省区市的贸易畅通效应不够均衡。

就上海而言，由于2019年数据不够充分，因此只能比较2009~2013年和2014~2018年两个时段：相比2009~2013年，2014~2018年上海对外贸易增长1881亿美元，增幅为25.9%。从年均增速看，2014~2018年比2009~2013年高出约2个百分点。需要强调的是，在有数据可用的7个省区市中，仅湖南和上海在2014~2018年的年均增速高于2009~2013年，但湖南表现不如上海。② 换句话说，上海参与共建"一带一路"的贸易畅通程度明显高于其他有数据可用的省区市，表明上海在构建新发展格局过程中处于引领地位。

具体到上海与西亚北非国家的经贸合作，数据的可用性在很大程度上限制了笔者对其进行深入和全面的分析。从出口看，既有数据覆盖沙特阿拉伯、阿联酋、埃及、阿尔及利亚、科威特、苏丹和摩洛哥7个国家。2000年，上海对上述7国的出口额为4.08亿美元，占上海对外出口总额的1.61%；2012年即共建"一带一路"倡议提出前一年，上海对上述7国的出口创下21世纪以来的最高纪录，为45.03亿美元，占上海对外出口总额的2.18%。自共建"一带一路"倡议提出以来，受到国际大宗商品价格下跌、中美贸易摩擦、新冠肺炎疫情等冲击，上海对上述7国的出口尽管有所起伏，但整体上保持稳定。需要强调的是，2020年上海对上述7国的出口额相比2019年下降幅度相当小，同时在上海对外出口总额中的占比也仅下降0.01%

---

① 笔者根据全国除港澳台外的31个省区市统计局及国家统计局的相关数据（最后访问日期：2022年3月10日）整理。
② 笔者根据全国除港澳台外的31个省区市统计局及国家统计局的相关数据（最后访问日期：2022年3月10日）整理。

（见图5）。例如，2020年，上海对阿联酋的出口额达到19.67亿美元，对沙特阿拉伯的出口额逆势增长至10.65亿美元，是2012年以来的次高点（见表1）。

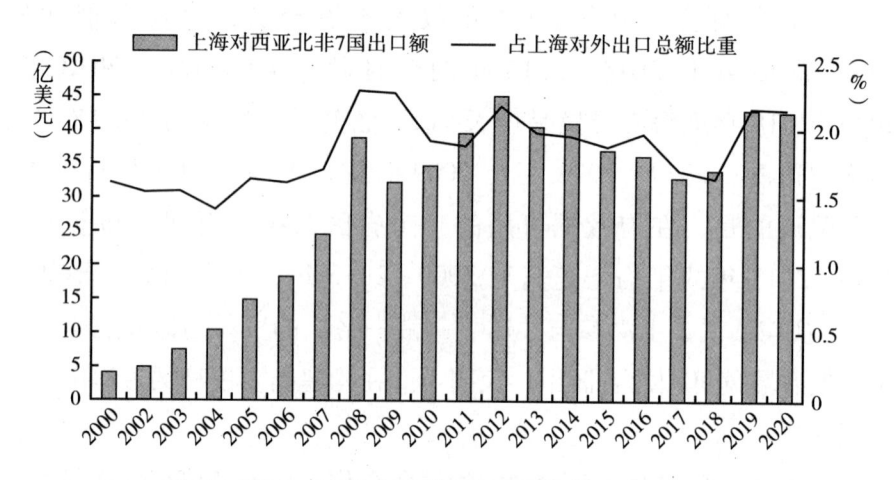

图5　2000~2020年上海对西亚北非7国出口额

资料来源：笔者根据历年《上海统计年鉴》（https://tjj.sh.gov.cn/tjnj/index.html）数据整理制作。

注：2001年数据缺失。

表1　2000~2020年上海对西亚北非7国的出口额

单位：亿美元

年份	科威特	沙特阿拉伯	阿联酋	埃及	苏丹	阿尔及利亚	摩洛哥
2000	0.20	1.14	1.79	0.44	0.22	0.09	0.20
2002	0.26	1.32	2.38	0.42	0.20	0.13	0.22
2003	0.47	1.84	3.68	0.63	0.25	0.23	0.39
2004	0.44	2.49	5.30	0.93	0.34	0.40	0.48
2005	0.73	2.86	7.83	1.67	0.74	0.45	0.56
2006	0.90	3.72	9.14	2.53	0.57	0.70	0.70
2007	1.51	6.14	12.13	2.07	0.62	1.03	1.04
2008	1.37	7.73	21.97	3.06	0.76	1.89	1.98
2009	1.18	6.16	19.50	2.75	0.50	1.21	0.94
2010	1.53	5.72	20.67	3.28	1.21	1.29	0.97

续表

年份	科威特	沙特阿拉伯	阿联酋	埃及	苏丹	阿尔及利亚	摩洛哥
2011	1.92	7.89	23.42	3.26	0.94	1.30	0.73
2012	1.04	11.07	25.89	3.40	1.10	1.48	1.05
2013	1.30	9.42	22.02	3.97	1.36	1.58	0.76
2014	1.81	9.94	21.31	4.52	0.93	1.65	0.86
2015	1.86	8.60	18.16	4.10	0.80	2.42	1.00
2016	1.64	8.08	18.42	3.99	0.84	2.25	0.90
2017	1.99	8.92	15.72	2.74	0.73	1.37	1.43
2018	1.93	7.13	15.86	4.23	0.73	1.86	2.26
2019	1.52	8.88	22.82	4.56	0.77	3.21	1.19
2020	2.40	10.65	19.67	5.18	0.84	2.16	1.70

资料来源：笔者根据历年《上海统计年鉴》（https://tjj.sh.gov.cn/tjnj/index.html）数据整理制作。

注：2001年数据缺失。

从进口看，数据仅覆盖沙特阿拉伯、阿联酋和科威特三国。上海自这三国的进口也明显从共建"一带一路"倡议的落实中获益。同样，尽管共建"一带一路"倡议提出以来的贸易环境并不理想，但上海从上述三国的进口起伏并不是特别大。具体而言，上海自阿联酋的进口最为稳定，自2014年进口额突破9亿美元后，仅2016年（8.55亿美元）和2019年（8.68亿美元）有所回落，2020年尽管受到疫情冲击，但仍突破10亿美元，创下历史新高。上海自沙特阿拉伯和科威特的进口起伏相对明显。2020年，上海自沙特阿拉伯进口额为12.64亿美元，相对于2018年的历史纪录（16.88亿美元）下跌25%（见图6）。

根据商务部境外投资企业（机构）备案结果公开名录（以下简称"公开名录"），截至2015年的数据显示，上海在西亚北非国家的第一项投资始于2001年，至2015年共在西亚北非10个国家投资38个项目。其中阿联酋最多，计13个；其次是沙特阿拉伯、苏丹和伊朗三国，均为4个；土耳其、以色列和南苏丹均为3个，埃及2

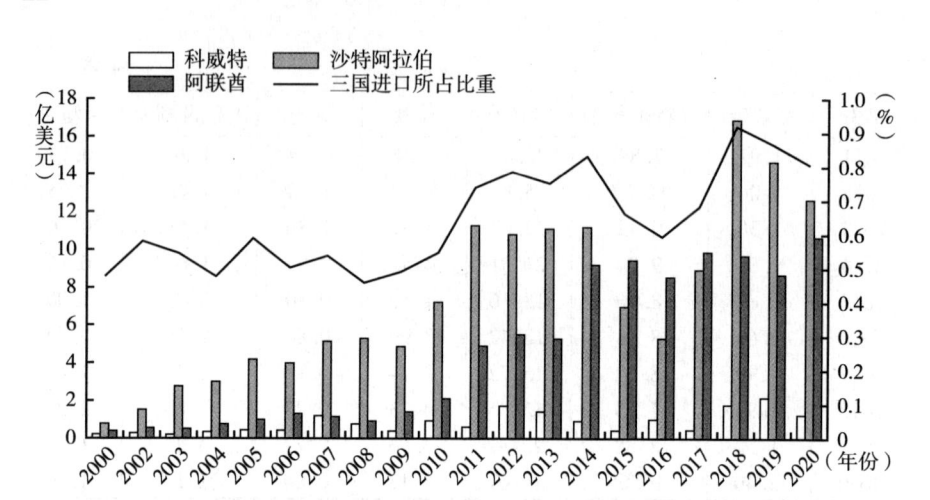

图 6　2000~2020年上海自西亚北非三国的进口

资料来源：笔者根据历年《上海统计年鉴》（https://tjj.sh.gov.cn/tjnj/index.html）数据整理制作。

注：2001年数据缺失。

个，约旦和利比亚各1个。考虑到共建"一带一路"倡议提出时已接近2013年底，而投资决策往往需要一定时间，因此将自2014年起的项目计作共建"一带一路"倡议带动的项目。2014~2015年，在上述10国中，上海未在埃及、利比亚和约旦三国新投资任何项目，在其余7个国家共计投资15个项目。可以认为，共建"一带一路"的确对上海对西亚北非国家的投资产生了积极促进作用（见表2）。

表2　2001~2015年上海对西亚北非国家的投资项目

单位：个

	2001~2012年	2013年	2014年	2015年	小计
阿联酋	7	0	3	3	13
埃及	2	0	0	0	2
利比亚	1	0	0	0	1
南苏丹	0	2	1	0	3
沙特阿拉伯	3	0	1	0	4

续表

	2001~2012年	2013年	2014年	2015年	小计
苏丹	3	0	1	0	4
土耳其	2	0	0	1	3
伊朗	2	0	2	0	4
以色列	0	0	0	3	3
约旦	1	0	0	0	1
小计	21	2	8	7	38

资料来源：笔者根据公开名录资料（截至2015年12月31日）整理制作。

根据公开名录①，到2022年5月，上海共计在境外投资2412个项目，其中前五个投资目的地分别是中国香港（891个）、美国（476个）、日本（101个）、德国（81个）、澳大利亚（62个）。西亚北非国家并非上海对外投资的优先对象，21国中仅有7国获得上海投资，项目总量为36个，其中以色列以14个名列第一，阿联酋以12个位居第二。在此，需要指出两点：一是将目前的公开名录与截至2015年底的公开名录相比可以发现，上海在西亚北非国家的投资项目略有减少，投资国家数量也有所减少；这在很大程度上与2014年《境外投资管理办法》修改后的新举措有关。二与前一点紧密相关，新的公开名录事实上是自2014年开始重新备案的。比较2015年公开名录与目前的公开名录可知，上海在西亚北非国家的投资项目中，仅有7个是相同的，均是2014年或2015年投资的项目。这意味着在2014年《境外投资管理办法》修改后，原有数据库中大量备案后未实际开展投资，或到2015年前已结束或撤销投资的，数据均已得到清理，也就是说，目前公开名录中所记录的，是真实

---

① 公开名录自2016年起不再包含备案时间信息，进而无法考察相关企业"走出去"的阶段性情况。尽管如此，仍可结合2015年的相关信息和当前可获取的信息，了解自2016年以来对外投资的整体情况。

存在且仍在开展的项目，且均是在共建"一带一路"倡议提出后实施的。

从投资项目的行业分布看，最多的是资本和商贸业，共计13个项目，超过总数的1/3。其中，上海创瑞投资管理有限公司成立了两家子公司，共在西亚北非地区投资3个项目；上海檀贝歌投资合伙企业（有限合伙）也投资了2个项目。位居第二的是制造业，共计5个项目，其中上海振华重工（集团）股份有限公司（以下简称上海振华重工）在土耳其和阿联酋共投资2个项目。此外，电力、油气资源和医疗卫生三个行业均为4个项目，其中中曼石油天然气集团股份有限公司在阿联酋投资2个项目、在沙特阿拉伯投资1个项目，也是所有上海企业在西亚北非国家投资项目最多的企业；上海电气集团通过其两个子公司在阿联酋和科威特各投资1个项目。在医疗卫生业，上海复星医药（集团）股份有限公司的2个项目均在以色列。其他领域，如运输、食品、网络、海洋打捞等行业均只有1个项目。综合而言，共建"一带一路"倡议在很大程度上促进了上海对西亚北非地区的投资，并与上海自身优势的发挥实现了较好的结合。

最后，上海对西亚北非国家共建"一带一路"的设施联通明显参与不足。总体而言，上海并未投资或承建西亚北非国家的铁路、公路、水电站及境外产业园区等基础设施项目，仅在港口和电力设施领域有所参与。在港口领域，仅上海振华重工与中远海运旗下公司于2017年承建阿联酋阿布扎比哈里发港二期集装箱码头项目。在电力设施领域，上海共投资或承建7个项目，其中2017年和2018年各有3个项目，2019年有1个项目，项目主要由上海电气集团、东方电气集团及晶科能源股份有限公司三家企业单独或联合承建，项目主要分布在阿联酋（5个）和埃及（2个）。这也从一个侧面印证了上海对西亚北非国家共建"一带一路"合作的参与程度。

三 未来展望

九年来，共建"一带一路"倡议越来越受国际社会欢迎，迄今为止，中国已与全球149个国家和32个国际组织签署200余份共建"一带一路"合作文件。[①] 尽管地方在共建"一带一路"中的表现越来越积极，但在新发展格局构建过程中，地方政府仍要及时转换思维、转换角色，从而更好地推动共建"一带一路"高质量发展。上海已确立自身在新发展格局构建中"打造国内大循环的中心节点、国内国际双循环的战略链接"的战略定位，应以此为指导，大力推进与西亚北非国家的设施联通、贸易畅通和资金融通，并强化政策沟通、深化民心相通，在适应世界之变、时代之变和历史之变的过程中推动自身和共建"一带一路"高质量发展、创新型发展。

第一，上海应围绕网络中心性建设，真正将自身打造成国内大循环的中心节点和国内国际双循环的战略链接。

上海强调自身要打造成国内大循环的中心节点和国内国际双循环的战略链接，其核心就在于有效链接国内国际循环，使循环更顺畅。需要强调的是，与其他省区市相比，上海是东部沿海城市，地理上没有任何直接相邻的国家，加上其经济较为发达，因此上海参与共建"一带一路"时必然带有两个基本特征：一是更加注重高端产业或部门；二是全球导向更加明显。基于此，借助网络中心性理论，上海在参与共建"一带一路"时，一方面要提升自身对其他节点的影响能力，即提升间接中心性和紧密中心性，其中又以间接中心性为优先，使上海成为国内国际的最短链接；另一方面则是要降

[①] 《已同中国签订共建"一带一路"合作文件的国家一览》，https://www.yidaiyilu.gov.cn/xwzx/roll/77298.htm，2022年8月15日。

低自身对外部节点的依赖度,即提高特征向量中心性,其核心是强调创新性和前瞻性,对接国际最高标准,使自身在世界大城市中居于领先地位。

要提升上海的间接中心性和特征向量中心性,核心是深化上海市"五个中心"建设。2016年8月,上海市政府发布《上海市城市总体规划(2016~2040)》(草案)[以下简称《总体规划》(草案)]。《总体规划》(草案)将上海市发展的目标愿景定为"卓越的全球城市",设定的目标为"在2020年基本建成'四个中心'的基础上,到2040年将上海建设成为综合性的全球城市,国际经济、金融、贸易、航运、科技创新中心和国际文化大都市"。2017年12月15日,国务院批复原则同意《上海市城市总体规划(2017~2035年)》,明确了上海城市建设的近期(2020年)、远期(2035年)和远景(2050年)三个阶段性目标愿景。

第二,具体到西亚北非地区,考虑到其地理区位、资源禀赋和经济基础等,上海与西亚北非国家的合作应重点围绕高端领域打造全球性链接中心展开。

(1)强化政策沟通。政策沟通是推进共建"一带一路"的保障,上海是中国最为发达的城市,在经济发展、社会治理等方面有着先进的经验。但上海在对外交往方面存在一个基本问题,即"对标"世界上更为先进的国家和地区的能力、学习其先进经验以提升自身的能力相对较强,但"被对标"能力,即对外传播自身先进经验、与其他国家和地区分享经验等能力相对较弱。因此,上海应密切跟踪中国与西亚北非国家的整体合作,以中非合作论坛和中国-阿拉伯国家合作论坛为核心平台,结合中非、中阿的中长期战略规划和中短期行动方案,确立自身在与西亚北非国家推进共建"一带一路"时的中长期重点和中短期优先事项。例如,2021年中非合作论坛第八届部长级会议通过《中非合作2035年愿景》,提出了中非合作的诸多中长期构想。2020年中国-阿拉伯国家合作论坛第九届部长级会议通过"行动执行计划",强调要加快落实在贸易投资、能源、科技、人文、论坛建设等领域达成的新共识,高质量共建"一带一路",把中阿关系的美好规划转化为人民福祉,为各自发展复兴增添助力。① 因此,上海应积极主动融入中非和中阿合作整体框架中,加强与西亚北非国家的政策沟通,如与沙特阿拉伯围绕该国的2030年愿景②、与以色列围绕该国的科技创新战略等积极沟通。

(2) 提升设施联通水平。如前所述,上海在西亚北非国家的设施联通中参与相对较少。需要强调的是,硬基础设施建设的确不是上海的强项,但上海在高端服务业、社区治理等"软基础设施"方面的能力较强。从网络中心性角度看,上海与西亚北非国家在推进"一带一路"设施联通时的优先领域或许应该是前瞻思考"上海服务"品牌的国际推广,推动联合国《2030年可持续发展议程》、非盟《2063年议程》、非洲和阿拉伯各国国家发展议程等的落实:一是与国家卫健委合作,积极参与非洲疾病预防控制中心建设,积极帮助非洲国家加强公共卫生防控体系建设;二是以"上海购物"品牌建设为契机,推动上海各类期货交易所与西亚北非国家的经济交流,并逐渐参与非洲大宗商品统一市场建设和西亚地区石油经济发展;三是考虑与国家统计局合作,与西亚北非国家合作设立统计能力培养基金或建设培训学校,落实联合国《2030年可持续发展议程》及中国与西亚北非国家有关加强标准和计量领域合作的要求,服务于当地

---

① 《王毅谈中阿合作论坛第九届部长级会议三大成果》,http://www.chinaarabcf.org/chn/ltjz/bzjhy_1/djjbzjhy/202007/t20200706_6910680.htm,2020年7月6日。

② Riyadh Al Najjar, "Vision 2030 in a Post-Pandemic World", PwC, https://www.pwc.com/m1/en/blog/vision-2030-post-pandemic-world.html, accessed on May 10, 2022.

统计能力的提高；四是以上海科创中心建设为基础，与科技部建立部市合作机制，积极参与中国和西亚北非国家的创新合作中心建设，在西亚北非国家建立研发中心和技术示范基地，推动对外技术转移工作，同时有效降低技术试错成本；五是加强与西亚北非国家的社区治理经验交流，在社会治理、社会治安等方面做出新的成绩。

（3）促进贸易畅通。西亚北非国家并非上海对外贸易的优先区域，但从国家发展和上海国际贸易中心建设角度，应进一步促进共建"一带一路"框架下的贸易畅通，特别是高端贸易、特殊商品贸易的畅通等。一是加大中国国际进口博览会对西亚北非国家的倾斜力度，为西亚北非国家参展提供更加便利的条件，特别是应识别对西亚北非国家发展至关重要的重点商品和特殊商品名录，并出台特殊举措，使这些商品能较为便利地进入中国市场；二是积极利用我国对西亚北非国家的各种便利性举措，帮助西亚北非国家提升出口能力和融入世界经济的能力；三是着眼于上海国际航运中心建设，结合参与共建"一带一路"建设，打造上海港在西亚北非国家的辐射和支撑体系，建议优先从阿联酋、沙特阿拉伯、阿曼、伊拉克、伊朗、土耳其、埃及、摩洛哥等国择优质港口加强合作，为促进贸易畅通创造条件。

（4）拓展资金融通。一方面，吸引更多外资机构来沪很重要，如2022年2月28日，七家中外资机构举行集体开业仪式，其中阿联酋阿布扎比第一银行是阿联酋最大的银行，上海分行是其在中国内地设立的第一家分行；[①] 另一方面，推动上海金融机构"走出去"，提升上海的国际金融中心建设水平。应聚焦上海国际金融中心建设，探索与财政部建立部市合作机制，共同推动对西亚北非国家"一带一路"资金融通水平。其一，配合落实《"一带一路"融资指导原则》，积极参与为西亚北非国家及其金融机构来华发行债券提供便利、支持

[①]《七家中外资机构集体开业》，《解放日报》2022年3月1日，第2版。

西亚北非国家更好利用新开发银行等工作；其二，在中非开发性金融论坛、中非金融合作银联体的建设工作中发挥重要甚至是主导作用；其三，提高上海证券交易所的国际合作能力，与筹建中的泛非股市建立合作交流机制。

（5）促进民心沟通。上海参与与西亚北非国家共建"一带一路"民心相通的努力相对较少。建议以"上海文化"品牌建设为抓手，积极参与中外人文交流行动，加强上海与西亚北非国家的人文交流。其一，加强上海与西亚北非国家的教育交流，如上海开放大学可参与泛非网络大学的筹建工作，上海交通大学可参与中国对非洲交通大学的援建工作；其二，优化对上海高校西亚北非国家留学生的管理；其三，加强上海与西亚北非国家的友好城市工作，恢复既有友好城市联系，并考虑新建友好城市；其四，加强上海与西亚北非国家的文化交流工作，上海国际电影节等文化品牌可考虑多引进非洲电影作品。通过进一步促进民心相通，上海市政府可以更为有效地发挥参与对外交往工作的先行先试功能，在国家总体外交难以突破或不宜突破的领域，协调统筹地方外事、地方外经、地方外宣的先行先试，缓解国家总体外交的压力，探索、培育新的外交路径。

第三，在新冠肺炎疫情持续反复的背景下，上海应对与西亚北非国家的共建"一带一路"合作加以优化升级。一方面，新冠肺炎疫情导致人员乃至商品流动性降低，此前备受推崇的全球性产业链、价值链、供应链布局模式受到挑战，进而使以经济特区为关键节点的地区性、局域性产业链、价值链、供应链布局模式有更大的发展空间，这意味着共建"一带一路"的高质量发展必须主要围绕东道国和当地社区展开。另一方面，新冠肺炎疫情使大量经济活动甚至政治和社会活动陷入停滞，或至少是大大放缓，这意味着在经济困难背景下共建"一带一路"必须思考新形势下的新合作模式，如加强数字合作、更为关注弱势群体等。就此而言，上海在加强与西亚北非国家共建

"一带一路"合作时必须抓住机会优化策略：其一，深入思考上海与西亚北非国家共建"一带一路"合作的中长期战略和中短期政策，为上海企业更深地融入当地经济社会发展奠定基础；其二，从新冠肺炎疫情中的弱势群体帮扶角度出发，推动上海与西亚北非国家的共建"一带一路"合作，为当地社区提供更多的公共产品，促进当地经济社会发展；其三，针对新冠肺炎疫情冲击下的产业链区域性和割裂性发展态势，强调上海与西亚北非国家的软、硬基础设施合作，推动非洲东道国内部甚至是跨国的经济走廊、科技创新能力、数字经济能力等建设；其四，着眼未来，应积极动员上海丰富的高校、智库资源，建立健全上海参与共建"一带一路"的早期预警系统、危机预防与响应方案、绩效评估体系等，为共建"一带一路"高质量发展保驾护航。

B.12 上海服务拉美地区"一带一路"建设的进展与展望

牛海彬*

摘 要: 2021年,中国与拉美和加勒比地区共建"一带一路"取得了新的进展。中国-拉共体论坛第三届部长会议突出了可持续发展领域的合作,中拉贸易达到创纪录的4515.91亿美元,全球发展倡议为中拉共建"一带一路"指明了新方向。上海积极与"一带一路"拉美沿线国家开展经贸合作,民间交往活跃,并有望依托自身先进制造业、制度型开放和企业国际化策略的优势,继续为推进中拉共建"一带一路"发挥建设性作用。

关键词: 中国 上海 拉美 "一带一路"

2021年以来,伴随着中国与拉美和加勒比地区经济的持续复苏、中国-拉共体论坛(以下简称"中拉论坛")的成功举办以及中拉共建"一带一路"朋友圈的扩大,以中拉整体合作、中拉经贸关系为主要内容的中拉共建"一带一路"取得了新的进展。上海以其制度型开放等优势在其中发挥着建设性作用。

---

* 牛海彬,上海国际问题研究院外交政策研究所副研究员,主要研究领域为中国外交、中拉关系。

一 2021年拉美地区"一带一路"建设的主要进展

（一）中拉整体合作再上新台阶

2021年12月3日，中拉成功举办了中拉论坛第三届部长会议，就未来三年深化中拉战略互信和重点领域务实合作达成了广泛共识。习近平主席在会议致辞中指出，论坛成立7年来，双方本着加强团结协作、推进南南合作的初心，将论坛打造成双方互利的主要平台，推动中拉关系进入平等、互利、创新、开放、惠民的新时代；欢迎拉方积极参与全球发展倡议，共同构建全球发展命运共同体。① 国务委员兼外长王毅在会议致辞中将第二届部长级会议以来的中拉合作新成果概括为以下四个方面：一是真诚互信、相互尊重；二是同心同向、守望相助；三是合作共赢、共谋发展；四是开放包容、互学互鉴。②

拉共体的创建是拉美和加勒比地区一体化进程中的里程碑事件，为中拉开展和加强整体合作提供了有利条件。2014年7月，中拉领导人共同宣布建立中拉论坛。2021年9月，习近平主席在应邀向拉美和加勒比国家共同体第六届峰会作视频致辞中指出，中拉论坛开辟了中拉整体合作的新途径。③ 作为中拉整体合作的重要机制，中拉论坛已发展为双方互利合作的主要平台。继2015年在中国北京召开中

---

① 《习近平向中国－拉共体论坛第三届部长会议发表视频致辞》，http：//www.chinacelacforum.org/zyxw/202112/t20211205_10462629.htm，2021年12月6日。
② 《王毅谈中拉合作新成果》，http：//www.chinacelacforum.org/zyxw/202112/t20211205_10462627.htm，2021年12月6日。
③ 《习近平向拉美和加勒比国家共同体第六届峰会作视频致辞》，http：//www.chinacelacforum.org/zyxw/202110/t20211027_10228660.htm，2021年9月23日。

拉论坛首届部长级会议、2018年在智利圣地亚哥召开中拉论坛第二届部长级会议之后，2021年中拉论坛第三届部长会议在北京采取视频方式举行。在有效落实前两届部长级会议制定的《中国与拉美和加勒比国家合作规划（2015~2019）》《中国与拉共体成员国优先领域合作共同行动计划（2019~2021）》基础上，中拉论坛第三届部长会议通过了《中国-拉共体成员国重点领域合作共同行动计划（2022~2024）》（以下简称《行动计划》），充分体现了中拉高水平政治互信和双方合作的机制化水平。

中拉论坛第三届部长会议标志着推进新时代中拉关系高质量发展进入了新阶段。围绕"共克时艰、共创机遇，携手推动构建中拉命运共同体"主题，中方欢迎拉方积极参与全球发展倡议，共同构建全球发展命运共同体。拉美和加勒比国家欢迎全球发展倡议，认为这是继共建"一带一路"倡议后，中方提供的又一重要全球公共产品，将为包括拉美在内的发展中国家实现联合国《2030年可持续发展议程》带来新机遇。① 继2018年中拉论坛第二届部长级会议就共建"一带一路"倡议达成政治共识之后，中拉论坛第三届部长会议再度为中拉就全球发展倡议达成共识提供了机制性平台，体现了双方在发展理念上的高度契合。

中拉论坛第三届部长会议通过的《行动计划》。具有以下几个显著特点。

一是共同行动涵盖的重点合作领域具有多元性和全面性。重点合作领域包括政治与安全，经济务实合作，高质量基础设施，社会人文，可持续发展，国际事务与次区域、区域间合作六大领域，体现出中拉共同构建命运共同体的广度和厚度。

---

① 《中拉共谋发展、共创未来的一次盛会——马朝旭介绍中拉论坛第三届部长会议》，http://www.gov.cn/xinwen/2021-12/04/content_5655865.htm，2021年12月4日。

二是共同行动蕴含务实灵活、照顾特殊和兼容并蓄的精神。《行动计划》指出：合作领域不具排他性；各方可按照灵活和自愿参与原则实施《行动计划》，不影响任何已经达成一致的双边合作项目，也不替代已经达成一致的双边或多边协定、决定或承诺，所有活动将依据各国政府部门财政、人力资源情况共同协商后决定；将适当考虑拉共体成员国中最不发达国家、内陆发展中国家、小岛屿发展中国家和中等收入国家、陷于或刚刚摆脱冲突状态的国家面临的挑战和需求。①

三是突出了双方在可持续发展领域的合作。与《中国与拉共体成员国优先领域合作共同行动计划（2019~2021）》相比，《行动计划》将可持续发展作为重点合作领域予以单列，以联合国《2030年可持续发展议程》和"全球发展倡议"为主要指导性文件，以实现绿色、可持续、韧性发展的领域为优先合作方向，合作内容不仅包含气候变化和环境议题，而且涵盖可持续金融合作体系构建、应急管理合作交流和保障妇女及弱势群体平等参与可持续发展的权利等议题。可持续发展合作还体现在《行动计划》对高质量基础设施合作的强调上，增加了深化民营经济合作、环保产业合作、相互产业投资等新的内容。

四是强调中拉双方在国际和地区事务上的合作。这些合作主要包括三个方面，即加强双方在多边机制内就后疫情时代经济复苏、可持续和包容发展及其他共同关心问题的沟通与发声；支持拉美地区一体化进程，推动拉美开发银行和加勒比开发银行在支持拉美和加勒比地区加快发展方面发挥作用；支持双方在中拉论坛、亚拉论坛、亚洲基础设施投资银行、金砖国家新开发银行等多边框架下的合作。

---

① 《中国-拉共体成员国重点领域合作共同行动计划（2022~2024）》，http：//www.chinacelacforum.org/zywj/202112/t20211208_10464107.htm，2021年12月9日。

中拉整体合作取得上述进展与高层交往的引领密不可分。2021年，面对新冠肺炎疫情持续蔓延对开展线下外交的不利影响，中拉领导人通过就建交周年庆互致贺电、通话、互致信函和视频会晤等形式，保持高层交往。国家主席习近平在多边场合向拉美和加勒比国家共同体第六届峰会、中拉论坛第三届部长会议分别发表视频致辞，在双边渠道同阿根廷总统费尔南德斯，多米尼克总理斯凯里特，墨西哥总统洛佩斯，苏里南总统单多吉，玻利维亚总统阿尔塞，哥伦比亚总统杜克，圭亚那总统阿里，特立尼达和多巴哥总理罗利，古共中央第一书记、古巴国家主席迪亚斯-卡内尔，巴巴多斯总理莫特利，厄瓜多尔总统拉索，秘鲁总统卡斯蒂略开展了形式多样、内涵丰富的外交互动，并向哥伦比亚民众发表了视频讲话。国家主席习近平是唯一受邀向拉美和加勒比国家共同体第六届峰会做视频致辞的域外嘉宾，此类高层密集交往展现了中拉双方重视发展彼此关系的政治意愿。

（二）中拉经贸纽带显现韧性

海关总署的统计数据显示，在新冠肺炎疫情持续蔓延、世界经济艰难复苏的背景下，2021年中国继续保持拉美第二大贸易伙伴地位，中拉贸易总额再创新高，达到4515.91亿美元，较2020年增长41.1%。中国对拉美地区进口额和出口额分别约为2225.82亿美元和2290.09亿美元，都创了新高。[①] 在与其他地区的比较中，中拉贸易的增长幅度最大。中拉贸易额增幅实现较快增长，主要原因是我国疫情得到有效控制后经济复苏创造的新需求、反季水果双向贸易的开展、国际大宗商品价格上涨以及拉美地区经济复苏下对工业产品、消费品和抗疫物资的需求。樱桃、柑橘、蓝莓等南美洲水果备受中国消

---

① 席玥、陈瑶：《2021年：中拉贸易创新高　市场互补促共赢》，http：//www.gov.cn/xinwen/2022-01/24/content_ 5670185.htm，2022年1月24日。

费者青睐，而电动汽车、手机、小家电等"中国制造"也持续进入拉美市场，疫情下中拉贸易保持增长，充分体现了中拉经贸关系的强互补性、巨大韧性和潜力。此外，物流企业也在积极开拓拉美市场，服务中拉贸易。2022年3月，京东开通中国香港—巴西圣保罗货运包机航线，这是京东国际物流在拉美地区的首条定班包机线路。2022年5月，成都—马德里—圣保罗国际货运航线正式通航，海南太美航空集团有限公司携手西班牙欧若拉航空公司执飞。2022年3月，菜鸟正式启用其位于墨西哥的首个美洲分拨中心。中拉双方经济在2021年均出现大幅反弹也是促进双边贸易创新高的重要原因。2021年，中国和拉美地区的GDP增长率分别达到8.0%和6.2%。

在双边贸易创新高的背后，笔者也注意到中拉贸易结构并未发生根本性变化，仍然是拉美和加勒比地区对华出口以大宗商品和原材料为主，而我国对拉美和加勒比地区的出口商品以工业制成品为主，这意味着中拉贸易的互补性很强，且主要基于产业间贸易。此外，中国对拉美和加勒比地区投融资的重点领域和形式都发生了一些引人注目的变化，电力行业成为中国对拉美地区投融资的重点领域。根据波士顿大学全球发展政策研究中心发布的《中国-拉丁美洲和加勒比经济公报，2022年版》，2021年，中国在拉美地区的绿地投资为6.46亿美元，自2005年以来首次低于10亿美元。过去5年，超过70%的中国并购交易聚焦于电力行业，并购总额达到59亿美元。①

作为中拉经贸关系的中坚力量，中拉企业间交流互动已形成机制化渠道。中国-拉美企业家高峰会于2007年由中国贸促会倡导创立，已发展为中拉论坛框架下的经贸领域分论坛，中国-拉美企业家高峰会每年一届轮流在中拉举办。2021年11月16日，第十四届中国-拉

---

① Zara C. Albright、Rebecca Ray、Yudong Liu：《中国-拉丁美洲和加勒比经济公报，2022年版》，https：//www.bu.edu/gdp/files/2022/03/GCI-CH-LAC-Bulletin_2022_CH_FIN.pdf，最后访问日期：2022年10月1日。

美企业家高峰会由中国贸促会与重庆市人民政府、中国人民银行共同主办,主题为"开放创新、携手共进"。峰会围绕中拉经贸关系的机遇与挑战,中拉工商界合作的新趋势、新业态等热点议题展开交流研讨。峰会发布了《中国-拉美和加勒比工商界重庆倡议》,展现了中拉工商界在共同应对疫情挑战、坚定秉持开放理念、持续推进设施联通、有效推动资金融通、大力开展创新合作以及全面支持中小企业等方面达成的共识。①

在中拉携手共同推进可持续发展议程的背景下,能源合作作为中拉务实合作的重要组成部分面临转型升级的新机遇。能源研究机构雷斯塔能源公司的报告预计,到2025年拉美地区清洁能源发电装机有望从2021年的49吉瓦猛增至123吉瓦,增幅高达150%。② 拉美多国政府提出以清洁能源开发为主要内容的绿色复苏计划。三峡集团等中国企业已在拉美国家新能源领域深耕多年,参与度不断提升,投资额呈增长态势,成为助力拉美国家以发展新能源促经济复苏的重要伙伴。中拉双方在新能源领域合作的资源与技术互补优势突出,合作潜力巨大。2021年10月26日,以"深化中拉新能源合作,携手共促能源绿色发展"为主题的中拉新能源合作论坛在北京召开。中国与阿根廷、玻利维亚、智利、哥伦比亚、古巴、乌拉圭等拉美国家能源部门、企业、金融机构、行业协会及部分国际能源企业和金融机构共120余家单位的300余名代表与会。论坛代表们认为中拉能源合作前景广阔,对中拉在可再生能源、氢能、新型储能、智慧能源等关键技术领域的合作充满期待,应推动更多新能源务实合

---

① 《第十四届中国-拉美企业家高峰会在重庆举办 共商深化中拉经贸合作议题》,http://www.chinacelacforum.org/chn/ltdt/202111/t20211118_10449783.htm,2021年11月19日。

② 参见朱东君《中拉合作助推拉美新能源产业发展》,《人民日报》2021年3月24日,第3版。

作,携手应对气候挑战,共同实现可持续发展。中拉各方43家企业、行业协会、金融机构联合发布了《中拉新能源合作企业联合倡议》。①

在农业农村部的《"十四五"农业农村国际合作规划》(以下简称《规划》)中,拉美被列为中国农业农村合作的重点地区之一,《规划》提出协助拉美国家编制现代农业发展规划、推进中拉农业科技、投资和贸易领域的深度合作等建议。② 2021年2月25日,第二届中国-拉丁美洲和加勒比农业部长论坛以视频会议方式举行,通过了核心成果文件《第二届中国-拉美和加勒比农业部长论坛联合宣言》。中国农业农村部部长唐仁健在论坛致辞中指出,2020年中拉农产品贸易总额实现542亿美元,较上年增长9.6%。他建议双方加强战略对接与政策对话,规划引领农业合作务实开展;强化农业科技合作,共同推进农业高质量发展;扩大农业经贸合作,推动农业产业链、价值链深度融合,力争到2030年中拉农产品贸易总额突破1000亿美元,中国对拉美农业投资存量突破50亿美元。③

(三)共建"一带一路"日趋深入

1.多边开发机构的参与更趋活跃

总部位于中国的亚洲基础设施投资银行(以下简称"亚投行")在吸收部分拉美地区国家加入后,近年来先后批准了在厄瓜多尔和巴

---

① 《中拉新能源合作论坛在京召开》,http://www.nea.gov.cn/2021-10/27/c_1310271632.htm,2021年10月27日。
② 《农业农村部关于印发〈"十四五"农业农村国际合作规划〉的通知》,http://www.moa.gov.cn/govpublic/GJHZS/202201/P020220128632546567867.pdf,2022年1月18日。
③ 农业农村部新闻办公室:《第二届中拉农业部长论坛举办》,http://www.chinacelacforum.org/chn/ltdt/202102/t20210226_10006861.htm,2021年2月26日。

西的两个投资项目。这两个拉美项目反映了亚投行在建设多边开发银行的道路上取得了新的进展，增强了该行对亚洲地区之外成员的吸引力，有望为中拉共建"一带一路"提供更多的金融与知识支持。厄瓜多尔的项目是该国国家金融公司于2020年11月25日在亚投行获批的主权类信贷项目，融资额度5000万美元，用于帮助该国应对新冠肺炎疫情危机，缓解小微和中小微企业的流动性困难。该项目的特色是它由亚投行与世界银行联合出资，旨在通过金融产品创新以促进中小微企业获得用于生产目的的融资，并在新冠肺炎疫情背景下增强厄瓜多尔国家金融公司的机构能力。①

2021年底亚投行完成对巴西项目的评估审查，并于2022年1月20日完成融资审批。巴西项目获得融资1亿美元，巴西米纳斯吉拉斯州发展银行（BDMG）作为借款人拟用该款项投资米纳斯吉拉斯州的可再生能源项目和旨在连接巴西与亚洲的基础设施项目，以便促进两地的互联互通与贸易投资。项目方希望吸引亚洲公司、研究机构和金融资本投资米纳斯吉拉斯州的项目，以促进跨地区的贸易、技术和知识交流。② BDMG是巴西金融科技领域的领导者，它结合了互联网和数字技术的力量，在可持续发展领域提高中小企业的金融包容性。③ 亚投行与BDMG的合作有助于亚投行获得当地伙伴的资源与支持，从而更好地服务于该行在全球范围内支持可持续发展的目标。

---

① 参见AIIB, "Ecuador: Corporación Financiera Nacional COVID-19 Credit Line Project", accessed March 25, 2022, https://www.aiib.org/en/projects/details/2020/approved/Ecuador-Corporacion-Financiera-Nacional-COVID-19-Credit-Line-Project.html。

② AIIB, "AIIB Approves First Project in Brazil", January 21, 2022, accessed March 27, 2022, https://www.aiib.org/en/news-events/news/2022/AIIB-Approves-First-Project-in-Brazil.html。

③ "Banco de Desenvolvimento de Minas Gerais (BDMG)", accessed September 3, 2022, https://greenbanknetwork.org/members/bdmg/。

2. 高质量基础设施建设持续推进

拉美地区对基础设施和互联互通的投资长期处于较低水平，拉美国家每年用于基建投资的缺口约占本国 GDP 的 3%，成为制约该地区经济增长和提升国际竞争力的瓶颈因素。联合国拉美经委会早在 2011 年即建议将基础设施建设列为中拉经贸新阶段的优先合作事项。① 基础设施领域的合作也被中拉双方确认为重点合作领域。智利前驻华大使、美国波士顿大学帕迪全球研究学院教授贺乔治表示，中国共建"一带一路"倡议契合拉丁美洲地区发展需求，正通过基础设施和互联互通建设助力该地区提升竞争力。② 基础设施建设已成为中拉互利合作的重点和亮点，拉美及加勒比地区是中国第三大承包工程市场，截至 2021 年底，中国企业在拉美及加勒比地区累计签订承包工程合同额 2371.5 亿美元，完成营业额 1524 亿美元；2021 年，中国企业在拉美新签合同额 199.8 亿美元，完成营业额 79.7 亿美元。③ 中拉基础设施领域的合作呈现规模更大、领域更广、模式更新的态势，有助于构建稳定畅通的中拉产业链、供应链，助力双方的高质量发展。

拉丁美洲和加勒比地区中国学术网近年来连续发布《中国在拉丁美洲和加勒比地区基础设施项目报告》，成为观察中拉基础设施领域合作情况的重要参考文献。该报告在数据处理上对中国在拉美和加勒比地区的直接投资与基础设施项目做了区分，将基础设施项目定义为客户方通过招投标或直接指定的方式与供应商订立合同，后

---

① 《中华人民共和国和拉丁美洲及加勒比海地区经济贸易往来迈入新阶段》，https://repositorio.cepal.org/bitstream/handle/11362/38198/LCL3340_zh.pdf?sequence=1&isAllowed=y，最后访问日期：2012 年 10 月 6 日。
② 《智利前驻华大使认为"一带一路"倡议契合拉美地区发展需求》，http://www.xinhuanet.com/world/2021-07/26/c_1127696071.htm，2021 年 7 月 26 日。
③ 《中国和拉美国家经贸关系简况》，http://mds.mofcom.gov.cn/article/Nocategory/200210/20021000042975.shtml，2022 年 2 月 14 日。

者为客户方提供相应服务，项目的最终产权归属客户方所有。① 该定义类似于我国的项目工程承包概念，且该报告仅统计已实施的项目。该报告显示，中国于2005~2020年在拉美和加勒比地区参与的基础设施项目数量稳步增长，且在创造的就业机会不断增加的同时单个就业机会所需的投入金额有所下降，反映了基础设施项目实施效率提升和劳动密集度高的特征。

　　该报告对中国在拉美和加勒比地区基础设施投资的国别分布、行业分布和主要企业等情况也做了分析。从国别分布来看，中国在厄瓜多尔的基建项目一直较多，2015~2020年中国基建项目越来越多地分布在阿根廷、玻利维亚、巴西、智利和墨西哥等国。其中，2020年中国交建与葡萄牙莫塔-英吉尔等公司组成的联营体中标的墨西哥玛雅铁路第一标段项目是中拉基础设施建设项目合作的典型代表，该标段线路全长226公里，工期28个月，预期创造8万个就业岗位。该项目是墨西哥政府近年来力推的国家战略项目，建成后将极大地提升墨西哥东南部地区的交通便利性。从行业分布来看，项目分布表现出从传统能源领域向绿色能源和交通运输领域转移的趋势，2015~2020年交通类项目分别占基础设施项目金额和就业总量的47.71%和72.38%。从主要企业来看，截至2020年，中国在拉美和加勒比地区的基础设施建设项目主要集中在37家企业手中，按项目总金额排名前五的企业分别是中国交建、中国铁建、中国电建、中核集团和中石油。②

---

① Enrique Dussel Peters, "Monitor de la infraestructura china en América Latina y el Caribe 2020", accessed May 1, 2022, https：//www. redalc－china. org/monitor/images/pdfs/menuprincipal/DusselPeters_ Monitor_ Infraestructura_ 2021_ CHN. pdf.

② Enrique Dussel Peters, "Monitor de la infraestructura china en América Latina y el Caribe 2020", accessed May 1, 2022, https：//www. redalc－china. org/monitor/images/pdfs/menuprincipal/DusselPeters_ Monitor_ Infraestructura_ 2021_ CHN. pdf.

3. 共建"一带一路"再添新成员

共建"一带一路"倡议自提出以来,在拉美和加勒比地区得到越来越多国家的响应。随着中拉政治互信持续深化,务实合作不断拓展,中国已同该地区21国签署共建"一带一路"合作文件,加强与拉美伙伴国的发展战略对接,支持拉美国家建设自主多元的工业体系、发展基础设施。2022年,"一带一路"拉美朋友圈又添新成员,尼加拉瓜和拉美主要经济体阿根廷与中国正式签署共建"一带一路"的谅解备忘录。2021年12月10日,中国外交部副部长马朝旭同尼加拉瓜政府代表劳雷亚诺·奥尔特加在天津签署《中华人民共和国和尼加拉瓜共和国关于恢复外交关系的联合公报》,两国政府决定自公报签署之日起相互承认并恢复大使级外交关系。尼加拉瓜政府代表团表示,尼方高度赞赏中方为促进发展合作所做的重要贡献,高度认同中方提出的一系列国际倡议。① 2022年1月10日,中尼政府签署《关于共同推进丝绸之路经济带和21世纪海上丝绸之路建设的谅解备忘录》。2022年5月,中方进一步表达了在共建"一带一路"框架下同尼方加强发展战略对接,继续为尼方抗击新冠肺炎疫情提供帮助,期待双方加快商签两国自贸协定"早期收获"安排,并在此基础上启动自贸协定谈判的意愿。② 中尼复交和共建"一带一路"的进展反映了中拉关系的政治基础日趋稳固。

2022年2月,中阿两国政府共同签署了《中华人民共和国政府与阿根廷共和国政府关于共同推进丝绸之路经济带和21世纪海上丝绸之路建设的谅解备忘录》,阿根廷成为第一个正式加入"一带一路"合作大家庭的拉美大国。作为地区大国和G20新兴经济体成员,

---

① 《一个中国原则是人心所向、大势所趋——专家谈中国和尼加拉瓜恢复外交关系》,http://www.news.cn/2021-12/10/c_1128152627.htm,2021年12月10日。
② 《王毅同尼加拉瓜外长蒙卡达通电话》,https://www.mfa.gov.cn/wjbzhd/202205/t20220520_10690492.shtml,2022年5月20日。

阿根廷与中国的经贸关系密切，具备共建"一带一路"的良好基础。阿根廷是亚投行的成员国，也是中国在拉美重要的工程承包市场和投资目的地。阿根廷与中方在该国的电力、铁路运输等系统的重大项目合作颇深，并且与中国人民银行有着规模可观的货币互换合作。阿根廷历届政府高度关注和支持中方的共建"一带一路"倡议。2017年和2019年，时任阿根廷总统马里克连续两届出席"一带一路"国际合作高峰论坛。费尔南德斯上任后，阿根廷对加入共建"一带一路"倡议的态度变得更加积极。费尔南德斯总统于2022年2月对华进行了富有成效的访问，不仅以实际行动支持北京冬奥会，与中方联合发布《中国和阿根廷关于深化中阿全面战略伙伴关系的联合声明》（以下简称《联合声明》），而且签订了多达13项合作协议。中阿两国有望在本币结算、人民币清算等人民币国际化领域开展更多的合作。

近年来，中阿两国重大合作项目取得积极进展，贝尔格拉诺铁路、高查瑞光伏电站等项目有效促进了阿根廷基础设施联通和清洁能源转型，成为中拉务实合作的典型代表。2022年1月，第五次中国-阿根廷经济合作与协调战略对话召开，双方更新了中阿重点合作项目清单，决定进一步加强在基础设施、能源资源、信息通讯、电子商务等领域的合作。① 华龙一号核电技术落户阿根廷，标志着中拉在绿色基建、绿色能源等领域务实合作扎实推进，中国国际合作对接国际规则标准和最佳实践，统筹推动经济增长、社会发展和环境保护，展现了中国的绿色领导力。② 根据两国政府联合发布的《联合声明》，双

---

① 《第五次中国-阿根廷经济合作与协调战略对话成功召开》，https：//www.ndrc.gov.cn/fzggw/wld/njz/lddt/202201/t20220128_1313652.html？code=&state=123，2022年1月28日。
② 《携手构建人与自然生命共同体》，https：//www.ndrc.gov.cn/fggz/lywzjw/jwtz/202205/t20220531_1326599.html？code=&state=123，2022年5月31日。

方共同制定了有利于可持续发展和包容性经济合作的框架，以进一步推动促进两国经济关系深化、革新与多元化和增强区域联通的行动和项目；签署了绿色发展、数字经济、航天、北斗导航、科技创新、教育及大学合作、农业、地球科学、公共传媒、核医学等领域合作文件。

4. 落实全球发展倡议

国家主席习近平在第七十六届联合国大会一般性辩论上提出了全球发展倡议①，呼吁国际社会加强在减贫、粮食安全、抗疫和疫苗、发展筹资、气候变化和绿色发展、工业化、数字经济、互联互通等领域合作，加快落实联合国《2030年可持续发展议程》，并在中拉论坛第三届部长会议上发表的视频致辞中欢迎拉美国家加入该倡议。② 这为中拉共建"一带一路"指明了新方向，为拉美国家实现联合国《2030年可持续发展议程》带来新机遇。

面对疫情，中拉携手抗击疫情，极大地推动了双方共建人类卫生健康共同体的进程。截至2021年12月，习近平主席同拉美17国领导人进行了21次通话、多次互致函电，拉美多国尽己所能对华捐赠医疗防疫物资近170万件，我国向拉美地区30国捐赠急需的医疗物资设备4000多万件，举办百余场经验交流视频会议，派遣多支医疗专家组驰援，累计向地区21国提供的疫苗占地区已接种疫苗总量的一半以上，以实实在在的行动帮助地区民众筑起了健康生命防线。③

---

① 《习近平在第七十六届联合国大会一般性辩论上的讲话（全文）》，http：//www.gov.cn/xinwen/2021-09/22/content_ 5638597.htm，2021年9月22日。
② 《习近平向中国-拉共体论坛第三届部长会议发表视频致辞》，https：//www.fmprc.gov.cn/tpxw/202112/t20211203_ 10462149.shtml，2021年12月3日。
③ 蔡伟：《以全球发展倡议为指引 推动中拉关系开启新征程——写在中拉论坛第三届部长会议召开之际》，http：//world.people.com.cn/n1/2021/1205/c1002-32299916.html，2021年12月5日。

中拉携手抗疫和致力于疫后经济复苏也引起了国际智库的广泛关注。[①] 2021年2月3日,中国-拉美和加勒比国家数字技术抗疫合作论坛举行,22个拉美和加勒比国家通信及相关部门代表出席。中方分享了数字技术抗疫经验,愿共同推动中拉数字技术合作与发展。在全球发展倡议的框架下,中拉将继续携手防控疫情,推动经济社会恢复发展,共建卫生健康共同体,合力推动中拉实现更加强劲、健康、可持续增长。

二 上海参与中拉共建"一带一路"的新进展

(一)上海与"一带一路"拉美沿线国家的经贸合作

根据海关总署的数据,2021年上海与拉美和加勒比地区进出口贸易总额为342.93亿美元。2021年,在拉美和加勒比地区所有国家(包括尚未与中国签订共建"一带一路"合作文件的国家)中,与上海进出口总额排名前五的国家是巴西、墨西哥、智利、秘鲁和阿根廷。2021年,在签署共建"一带一路"合作文件的拉美和加勒比国家中,与上海进出口总额排名前五的国家是智利、秘鲁、阿根廷、乌拉圭和哥斯达黎加。

与中国和"一带一路"拉美沿线前十大贸易伙伴(2021年)的贸易方式相比,除了一般贸易均占比较高外,上海与拉美和加勒比地区伙伴的贸易方式中海关特殊监管区域物流货物占比较高,达到18%,进料加工贸易比例几乎可以忽略不计;而中国与拉美和加勒比地区伙伴的贸易方式中进料加工贸易占比较高,达到14%,海关特

[①] Haibin Niu, "China's Economic Engagement with Latin America beyond Covid-19", accessed on March 3, 2022, https://www.wilsoncenter.org/publication/chinas-economic-engagement-latin-america-beyond-covid-19.

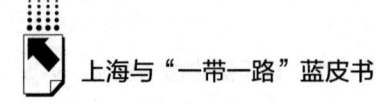

殊监管区域物流货物占比仅为4%。从上述贸易占比情况看，上海通过打造具有国际竞争力和创新力的综合保税区，在推进中拉非进料加工贸易中扮演了重要角色。进料加工贸易占比几乎为零也从一个侧面反映了上海对外贸易结构和贸易方式的不断优化。

上海企业与市场助力中拉农产品贸易快速增长。2021年，拉美农产品持续进军上海消费市场。根据上海市果品行业协会统计，2022年车厘子取代苹果，成为上海春节期间销量最大的"年果"，在春节前日销量估计在1000~1200吨。① 专家分析这些车厘子绝大多数都是来自智利的车厘子。智利车厘子之所以能够在上海市场抢占先机，得益于《中智自贸协定》的关税安排，智利车厘子的上乘品质和智利地处南半球的反季节优势，使智利水果能够在水果稀缺的上海冬季市场取得竞争优势。2021年第四届中国国际进口博览会（以下简称进博会）期间，东航签单采购2.3亿美元智利车厘子，创下了历届进博会东航车厘子采购项目的历史新高。②

根据拉丁美洲和加勒比地区中国学术网的研究报告，上海参与拉美和加勒比地区的基础设施建设项目近年来开始变得活跃。上海参与该地区基础设施建设项目的数量由2010~2014年的1项迅速增加至2015~2020年的8项，项目金额累计29.46亿美元，创造就业岗位7939个。③ 上海也是中国对拉直接投资日趋活跃的省份之一。在2010~2014年，高达80.46%的中国对拉直接投资来自总部位于

---

① 钱小岩：《拉美自贸协定发力！今年春节智利车厘子成"大赢家"》，https：//m. yicai. com/news/101310956. html，最后访问日期：2022年2月8日。
② 《进博的热度上海的温度｜东航签单采购2.3亿美元智利车厘子》，https：//www. sohu. com/a/499395206_260616，2021年11月5日。
③ Enrique Dussel Peters, "Monitor de la infraestructura China en América Latina y el Caribe 2021", accessed May 1, 2022, https：//www. redalc – china. org/monitor/images/pdfs/menuprincipal/DusselPeters_Monitor_Infraestructura_2021_ESP. pdf.

北京的企业，2021年这一比例下降至40.08%，广东、香港、上海、常州、重庆、江苏、山东和浙江的企业前往拉美和加勒比地区投资变得多起来。2015~2021年，总部位于上海的中国企业直接投资占中国企业在拉美和加勒比地区直接投资项目总数量、投资总额和创造的就业岗位总量的比重分别为12.97%、6.41%和4.6%。[1] 2021年12月，上海电气投资有限公司与英国公司共同出资7300万美元建设、上海电气输配电工程成套有限公司按总承包方式承建的古巴马里埃尔特区光伏项目完成验收，中、英投资方与古巴电力联盟签署为期25年的购电协议。[2] 该项目充分体现了中拉共建"一带一路"对第三方合作保持开放的精神。

上海市政府积极利用该市机制性平台助力中拉共建"一带一路"。2021年，上海市企业"走出去"综合服务中心利用自身网站平台，连续发布了有关哥伦比亚"波哥大综合公共交通系统（SITP）进一步加强绿色科技应用"的线上座谈会、哥伦比亚第五代基建项目网络说明会等论坛活动信息，帮助上海市相关企业了解和进入拉美国家的新兴领域市场。2021年是中国加入世界贸易组织20周年，第四届进博会继续服务打造开放层次更高、营商环境更优的开放新高地，对标国际高标准经贸规则，积极推动制度创新的进程，吸引了拉美国家企业积极参与。阿根廷费尔南德斯总统应邀在第四届进博会开幕式上发表视频致辞，第五届进博会阿根廷线上推介会也于2022年5月成功举行。阿方期待扩大特色优质产品对华出口规模，并"借助

---

[1] Enrique Dussel Peters, "Monitor de la OFDI de China en América Latina y el Caribe 2022", accessed June 1, 2022, https://www.redalc-china.org/monitor/images/pdfs/menuprincipal/DusselPeters_MonitorOFDI_2022_Esp.pdf.

[2] 驻古巴使馆：《驻古巴大使马辉考察"古巴的深圳"——马里埃尔发展特区侧记》，http://www.chinacelacforum.org/chn/zgtlmjlbgjgx/202201/t20220119_10630344.htm，2022年1月17日。

进博会平台大力开展投资贸易促进交流，进一步巩固双方在贸易、金融、投资等关键领域的合作"。① 进博会不仅是商品展示平台，也是商贸促进平台，首届进博会上服务阿根廷展区的"阿根廷国家进口商品上海展示交易分拨中心"于2021年更名为阿根廷（上海）创新中心，成为阿根廷中小企业进入中国市场的重要平台。

近年来，饱受社会治安问题困扰的拉美国家也吸引了上海相关企业的注意力，强化了中国企业投资拉美的多元化趋势。作为上海"走出去"企业指定安全服务专业机构，中保华安集团有限公司坚持国内外互联互通、融通融合、服务落地的经营理念，探索和践行共建"一带一路"倡议，为海外的中资企业和人员、中国驻外机构、留学生、旅游者和务工经商人员以及华人华侨等提供本土化、社会化、商业化和专业化的安全保护与保障。截至2019年底，集团已在巴拿马、哥斯达黎加、萨尔瓦多等拉美国家成立了战略合作企业，为当地提供驻地保卫、保镖、安检、大型活动安保、安全培训、物流护卫、联网报警、视频监控、安全风险评估、智慧安防、危机处理、保安装备以及安全整体解决方案等多元化、一站式现代安全服务。②

（二）上海与"一带一路"拉美沿线国家的民间交往

2021年，上海高校、智库继续积极参与中拉有关交流活动。2021年11月8日，由商务部主办、上海商学院商务部国际商务官员研修基地（上海）承办的"巴拿马基础设施规划与建设研修班"举行线上结业典礼。本期研修班为期14天，共有来自巴拿马住建部、社会发展部建筑工程司以及JGR建筑公司等部门的28位政府官员和

---

① 《邹肖力大使出席第五届中国国际进口博览会阿根廷线上推介会》，http://ar.mofcom.gov.cn/article/dt/202206/20220603315898.shtml，2022年6月1日。

② 《海外安保》，http://www.cpitsh.org/cpitshgw/api/getColumnPage?columnId=bd02c7a10 b36475c9514fc2a9b92d710，最后访问日期：2022年6月2日

企业高管参加。上海商学院、同济大学、上海市政工程设计研究总院以及上海建工集团总公司等单位的专家学者与参训学员分享了中国基础设施建设领域的实践经验与研究成果。研修班还安排了中国国情课、新冠肺炎疫情防控知识与经验分享等通识课程以及中国茶艺等中国传统文化云体验课程。①

2019年5月,上海市教委推出了市高校一流研究生教育引领计划,上海外国语大学"区域国别研究特色研究生项目"入选。该项目聚焦高层次区域国别研究的人才培养和科学研究,针对特定国家或区域的人文、地理、政治、经济、社会等进行全面深入研究,直接服务我国改革开放和中国特色社会主义现代化事业,特别是"一带一路"建设、构建新型国际关系和人类命运共同体的大局。该项目下设拉美研究子项目,以上海外国语大学西方语系为管理平台,以墨西哥研究中心(2014年成立)、上海外国语大学-西班牙皇家学院联合研究中心(2018年成立)为教学科研依托平台,校内联合国际关系与公共事务学院、语言研究院,校外联合拉丁美洲社会科学理事会(CLACSO)、墨西哥瓜达拉哈拉大学亚太研究中心等学会、机构。2022年5月,上海外国语大学西方语系与拉丁美洲社会科学理事会联合举办了主题为"拉丁美洲研究质性方法入门"的学术讲座,吸引了六十余名来自国内外高校的硕博研究生和青年学者参与。②

巴拿马政府于2021年11月宣布,从2022年起将中国农历新年定为巴拿马全国性节日,并将春节庆祝活动融入巴拿马的国际旅游推

---

① 《我校巴拿马基础设施规划与建设研修班顺利结业》,https://iec.sbs.edu.cn/Web/Show/522,2021年11月8日。
② 邓雅倩:《上海外国语大学-拉丁美洲社会科学理事会系列讲座之"拉丁美洲研究质性方法入门"举办》,http://news.shisu.edu.cn/research-/220518-084747,2021年5月18日。

介计划,① 这一决定意味着承认巴拿马华人社区对巴拿马的身份认同、种族多样性和多元文化所做的贡献。早在 2019 年 2 月,上海市文旅局副局长金雷率领"欢乐春节·上海文化周"艺术团奔赴巴拿马举办系列文化活动。中国驻巴拿马魏强大使指出,上海和巴拿马城均为联通四海的"水城"、经贸繁荣的枢纽,有许多相似相通之处,高度评价了上海文化代表团应邀出席巴拿马城建城 500 周年庆祝活动的重要意义。② 在 2022 年首次以巴政府名义正式倡议举办的全国性春节庆祝活动中,视频贺岁晚会《中巴友谊——来自上海的问候》进入了节目单。

三 对上海服务中拉共建"一带一路"的展望

作为中国的先进制造业中心,上海的先进制造业优势有望持续助力中拉贸易走向深入。2022 年 4 月,上海科学院七〇八所研发设计的全球首艘全新超灵便巴拿马型 14000TEU 双燃料集装箱船顺利交付并投入运营。该船型的设计研发适应了巴拿马运河船闸可通过的船宽限制放宽后的市场新需求,2020 年以来该船型在大型集装箱市场中成为热点。③ 该船型投入市场将会从技术上为巴拿马运河使用率的提升提供坚实支撑,我国作为巴拿马运河的第二大用户也将从中受益。

上海企业出海拉美,为中拉经贸关系的科技、法律赋能。总部位

---

① 《巴拿马明年起将春节定为全国性节日》,https://wap.xinmin.cn/content/32063415.html,2021 年 11 月 14 日。
② 《驻巴拿马大使魏强出席"欢乐春节·上海文化周"系列活动》,https://www.fmprc.gov.cn/web/zwbd_673032/whjl/201902/t20190221_7345439.shtml,2019 年 2 月 21 日。
③ 上海科学院:《七〇八所设计的全球首艘全新超灵便巴拿马型超大型集装箱船顺利交付》,https://www.sast.org.cn/c/2022-04-20/638299.shtml,2022 年 4 月 20 日。

于上海的复宏汉霖生物技术股份有限公司（以下简称"复宏汉霖"）近年来积极开拓拉美市场，成为中拉共建健康命运共同体的新兴力量。2022年5月11日，复宏汉霖与巴西本土龙头药企Eurofarma公司签署许可协议，授予其在16个拉美地区国家对公司自主开发的利妥昔单抗汉利康、曲妥珠单抗汉曲优、贝伐珠单抗汉贝泰三款产品进行开发、生产和商业化权益。Eurofarma在拉美地区强大的业务网络和资源，将有力助推复宏汉霖产品在拉美地区的商业化进程及患者的用药可及性。此外，复宏汉霖还与哥伦比亚制药企业Farma de Colombia达成合作协议，以促进汉利康在哥伦比亚、秘鲁、厄瓜多尔及委内瑞拉的商业化，包括与Eurofarma的合作在内，复宏汉霖的产品已触达19个拉美地区人口大国，覆盖逾90%的拉美人口。① 上海电建等企业在拉美国家的新能源发展领域发挥着重要作用，该企业参建的高查瑞光伏电站项目是阿根廷装机容量最大、海拔最高的光伏电站。适应中国企业投资拉美日趋上升的法律服务需求，上海兰迪律师事务所于2022年5月成立兰迪墨西哥办公室，为中资企业的出海投资提供拉美市场的常见法律风险点服务及解决方案。

上海有望基于制度型开放，并结合自身优势促进中拉共建"一带一路"走深走实。根据《"十四五"服务贸易发展规划》，我国推进与拉美国家在中医药、健康服务、技术贸易、金融、信息通信、农业服务等重点领域合作。② 上海成为中国4个服务业扩大开放综合试点地区之一，推进文化、数字服务、中医药服务等领域特色服务出口

---

① 《汉霖快讯｜三款产品深度拓展拉美市场，复宏汉霖与巴西本土龙头药企达成合作》，https：//www.henlius.com/NewsDetails-3599-319.html，2022年5月11日。

② 《"十四五"服务贸易发展规划》，https：//www.ccpit.org/image/1331845260136984578/f455c8521a1d471889b5d645aefe74c0.pdf，最后访问日期：2022年10月20日。

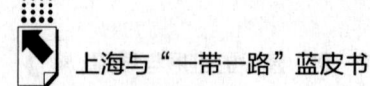

基地建设。可见，上海面临在"十四五"期间拓展同拉美地区服务贸易的新机遇。中共中央、国务院印发的《长江三角洲区域一体化发展规划纲要》要求包括上海在内的长三角地区共建高水平开放平台，协力办好进博会，打造虹桥国际开放枢纽，共同构建数字化贸易平台，加强国际合作园区建设，支持企业按市场化、法治化原则在拉美等地区科学合理地建设境外园区，打造一批高水平国际研究机构和海外产业创新服务综合体。① 继俄罗斯圣彼得堡波罗的海经济贸易合作区、中国印尼综合产业园区青山园区之后，上海有望借助长三角一体化、上海自贸区建设，积极探索将园区出海列入对拉合作主要事项，为推进中拉共建"一带一路"提供服务。

---

① 《中共中央、国务院印发〈长江三角洲区域一体化发展规划纲要〉》，https：//www.ndrc.gov.cn/xwdt/ztzl/cjsjyth1/ghzc/202007/t20200728_1234708.html？code=&state=123，2020年7月28日。

B.13
上海与发达国家开启伙伴关系新征程

曹嘉涵*

摘　要： 发达国家是高质量共建"一带一路"的重要伙伴。多年来，发达国家的参与有力推动了"一带一路"合作朝着提质升级的方向发展。2021年，上海站在"十四五"规划开局的新起点上，与发达国家开启了共建"一带一路"新征程。通过不断优化营商环境，做大做强"总部经济"，服务高水平制度型开放，上海较好适应了新发展格局下外部竞争环境的变化，进一步夯实了与发达国家的合作基础。除利用中国国际进口博览会等平台和机制外，上海与发达国家共建"健康丝绸之路""数字丝绸之路"和"绿色丝绸之路"也不断取得新进展。展望未来，共建"一带一路"面临新形势和新要求，上海应充分发挥自身特色和优势，精准定位，在与发达国家合作方面继续先行先试，从而更好地服务"一带一路"高质量发展。

关键词： 上海　发达国家　伙伴关系

近年来，越来越多的发达国家成为高质量共建"一带一路"的重要伙伴，有力推动了"一带一路"合作提质升级。同时，这些国

---

* 曹嘉涵，上海国际问题研究院公共政策研究所副研究员、博士；研究方向为"一带一路"建设、可持续发展问题研究。

家也从参与"一带一路"建设中获得了实实在在的好处。2021年,在新冠肺炎疫情不断反复中,遭受重创的全球经济走上了不平衡的复苏道路。发达国家在疫苗接种率的提升、宽松财政与货币政策的促进下,表现出较快的恢复势头。而中国的经济增速在世界主要经济体中继续保持领先地位,面对疫情冲击显示出强大的韧性。在此背景下,中国与发达国家的"一带一路"合作面临新形势和新要求,上海与发达国家共建"一带一路"也踏上了新征程。

一 中国与发达国家共建"一带一路"面临的新形势

受新冠肺炎疫情持续反复的影响,发达国家和大多数发展中国家遭遇了供应链、能源和通货膨胀三重危机,这成为2021年全球经济的主要痛点。

(一)中国与发达国家在复苏中深化经贸合作

作为世界上最快控制住疫情的国家,中国经济在2021年继续稳健复苏,实现了8.1%的增速。随着生产端和需求端的逐步改善,中国的制造业与服务业加快重振,各新兴产业和高新技术产业投资旺盛,以新产业、新业态和新模式为主要内容的新动能实现稳步增长,为中国经济在疫情期间持续复苏增添了动力。2021年初拜登政府上台后,将防控疫情、重启经济作为首要任务,美国经济在经历了2020年的大幅萎缩之后出现了强劲复苏势头,总体领先于其他发达经济体。欧洲经济也在量化宽松政策和疫苗接种进程加速的双重作用下,于2021年第二季度开始迅速回暖,需求大幅增加。除七国集团成员国外,希腊、瑞士、卢森堡、葡萄牙等较早与中国签署"一带一路"合作备忘录的欧洲发达国家在2021年的经济增长也普遍高于预期。比如,2020年希腊在疫情冲击下GDP下滑了8.2%。2021年尽管面对不利环境，但希腊经济仍然强劲反弹，实现了 8.3% 的 GDP 增速。①

与 2020 年相比，2021 年中国与主要发达国家间的经贸投资呈现更加迅猛的发展态势。其中，中国对美贸易额同比增长近三成，达到创纪录的 7556 亿美元。虽然两国贸易摩擦仍未消除，但贸易往来反而更加频繁，相互依赖程度进一步加深。上海美国商会于 2021 年 9 月发布的调查报告显示，高达 77.9% 的会员企业对未来五年中国市场的前景感到乐观。② 无独有偶，中国与欧盟的双边贸易在 2021 年也实现了"量质齐升"。在"量"的方面，中欧贸易额达到 8281.1 亿美元，比上年增长 27.5%，创下历史新高。中国继续保持欧盟第一大贸易伙伴地位，而欧盟也是中国第二大贸易伙伴。值得关注的是，中国有望连续六年成为德国最大的贸易合作伙伴，中国与意大利的贸易总额也同比增长 34.1%。③ 在"质"的方面，中欧贸易结构持续优化，航空航天、生物、光电、电子、材料等领域贸易增速超过 30%。中欧双向投资也稳中有进，金融、疫苗研发、新能源、电动汽车、物流等领域的投资合作十分活跃，投资规模累计超过 2700 亿美元。④ 欧洲企业看好中国市场和中国经济发展前景，有意愿继续加大相关领域投资。2021 年，中欧班列在新冠肺炎疫情冲击下仍然延续了良好的发展势头，实现逆势大幅增长，全年共开行 1.5 万列，运送

---

① 《希腊经济 2021 年增长 8.3%》，https：//baijiahao.baidu.com/s？id=1726438868007988022&wfr=spider&for=pc，2022 年 3 月 5 日。
② The American Chamber of Commerce in Shanghai, "China Business Report 2021", September 2021, https：//www.amcham-shanghai.org/sites/default/files/2021-09/CBR-2021.pdf.
③ 《中欧双边经贸创新高，凸显活力韧力与潜力》，http：//www.gov.cn/xinwen/2022-01/29/content_5671188.htm，2022 年 1 月 29 日。
④ 《国新办举行坚持稳字当头 推动商务高质量发展新闻发布会》，http：//www.scio.gov.cn/xwfbh/xwbfbh/wqfbh/47673/47949/wz47951/Document/1720949/1720949.htm，2022 年 3 月 1 日。

货物146万标箱,货值749亿美元,以稳定、可靠、高效的物流服务有力保障了亚欧供应链的畅通。①

(二)中国与发达国家携手共建"一带一路"

在新冠肺炎疫情全球蔓延的当下,中国继续与发达国家拓展"一带一路"合作领域,在共建"健康丝绸之路"、"数字丝绸之路"和"绿色丝绸之路"等方面不断取得新进展。2021年3月2日,中国工程院院士钟南山与美国总统首席医疗顾问福奇(Anthony Fauci)在英国爱丁堡大学组织举办的国际疫情防控专家研讨会上进行线上对话,聚焦疫情防控的核心议题,坦诚交流彼此国家的抗疫经验,共同表达了加强国际抗疫合作的愿望,从而为中美进一步进行抗疫合作提供了良好示范。5月21日,习近平主席应邀视频出席全球健康峰会并发表题为《携手共建人类卫生健康共同体》的重要讲话,呼吁包括主要发达国家在内的二十国集团扛起全球抗疫合作的责任,共同着力提高应对重大突发公共卫生事件的能力和水平。会上,习近平主席提出了推进全球抗疫合作的五点意见,其中一点就是疫苗研发和生产大国要共同担负起弥合全球"免疫鸿沟"的责任。为此,中国倡议设立疫苗合作国际论坛,由疫苗生产研发国家、企业及其他利益攸关方一同探讨如何推进全球疫苗公平合理分配。② 6月,王毅国务委员兼外长主持召开"一带一路"亚太区域国际合作高级别会议。其间,中国与新加坡等28个国家共同发起了"一带一路"疫苗合作伙伴关系倡议,旨在加强疫苗援助、出口及联合生产等领域的合作。10月

---

① 《中国经济深度看 | 2021年中欧班列开行再创佳绩 成为畅通亚欧供应链的一条大通道》,https://www.ndrc.gov.cn/fzggw/jgsj/zys/sjdt/202202/t20220221_1316067.html?code=&state=123,2022年2月21日。

② 《习近平出席全球健康峰会并发表重要讲话》,http://www.gov.cn/xinwen/2021-05/21/content_5610221.htm,2021年5月21日。

30日，习近平主席在以视频方式出席二十国集团领导人第十六次峰会时又进一步郑重提出了全球疫苗合作行动倡议，再次呼吁发达国家与发展中国家联合研发生产疫苗并加大向发展中国家提供疫苗的力度，以落实世卫组织提出的2022年全球接种目标。[①] 2021年，在新冠肺炎疫情反复反弹的情况下，中国始终确保中欧班列安全稳定运行，将国内生产的防疫物资源源不断地运送至欧洲各国。据统计，2021年全年中欧班列运送防疫物资423万件，共计2.9万吨，历年累计运送防疫物资1362万件，共10.5万吨，在中欧间搭起了一座"生命桥梁"。[②]

与此同时，中国与发达国家间的"数字丝绸之路"和"绿色丝绸之路"合作也稳步推进。2020年9月，中欧领导人决定共同打造数字合作伙伴关系，在数字领域建立高层对话机制，标志着中国与发达国家共建"数字丝绸之路"迈入全新阶段。2021年，欧盟的数字化转型进程进一步加速。继2020年发布《塑造欧洲的数字未来》、《欧洲数据战略》以及《人工智能白皮书》三份文件后，欧盟委员会于2021年3月又正式发布了《2030数字罗盘：欧洲数字十年之路》计划，提出了欧盟至2030年的数字化转型愿景。该计划围绕数字化教育和人才培养、可持续数字基础设施建设、企业数字化、公共服务数字化四个方面制定了12项具体的政策指标，旨在全面增强欧洲的数字竞争力和数字主权。几乎同时，中国政府也公布了"十四五"规划和2035年远景目标纲要，其中第五篇明确提出要加快建

---

① 《习近平在二十国集团领导人第十六次峰会第一阶段会议上的讲话（全文）》，http://www.gov.cn/xinwen/2021-10/30/content_5647892.htm，2021年10月30日。

② 《中国经济深度看 | 2021年中欧班列开行再创佳绩 成为畅通亚欧供应链的一条大通道》，https://www.ndrc.gov.cn/fzggw/jgsj/zys/sjdt/202202/t20220221_1316067.html?code=&state=123，2022年2月21日。

设数字经济、数字社会和数字政府,以数字化转型整体驱动生产方式、生活方式和治理方式的变革。① 在上述背景下,未来中欧在数字领域会有更多竞争,但合作空间同样巨大。中欧数字领域高层对话恰好为双方管控竞争,加强数字经济合作,开展网络安全、通信技术标准、人工智能、智慧城市、数据流动、数字货币等议题的交流提供了一个较好的平台。

同样,中欧决定打造绿色合作伙伴关系并开启环境与气候高层对话,也为双方共建"绿色丝绸之路"增添了新动力。2021年4月16日,习近平主席在参加中法德领导人视频峰会时强调,中国2020年9月宣布的力争到2030年前实现碳达峰、2060年前实现碳中和的"双碳"目标,这意味着中国作为世界上最大的发展中国家,将完成全球最高碳排放强度降幅,并用全球历史上最短的时间实现从碳达峰到碳中和的转变。中方将坚持公平、共同但有区别的责任和各自能力原则推动落实《联合国气候变化框架公约》及《巴黎协定》,积极开展气候变化南南合作。同时,中方也希望发达经济体在温室气体减排行动力度上做出表率,带头兑现气候资金的出资承诺,为广大发展中国家应对气候变化提供技术、能力建设等方面的支持。中、法、德三国领导人一致认为,要继续加强气候政策对话和绿色发展领域的合作,共同将应对气候变化打造为中欧合作的重要支柱。② 在7月5日举行的中法德领导人视频峰会上,习近平主席又表示中方愿同欧方一道,确保昆明《生物多样性公约》第十五次缔约方大会和《联合国气候变化框架公约》第二十六次缔约方会议取得积极成果。同时,

---

① 《中华人民共和国国民经济和社会发展第十四个五年规划和2035年远景目标纲要》,http://www.gov.cn/xinwen/2021-03/13/content_5592681.htm,2021年3月13日。

② 《习近平同法国德国领导人举行视频峰会》,https://www.fmprc.gov.cn/zyxw/202104/t20210416_9136689.shtml,2021年7月5日。

法方领导人和德方领导人均表示，愿就应对气候变化和保护生物多样性问题与中方保持密切沟通。①

2021年，中美气候对话与交流十分频繁。4月15~16日，中国气候变化事务特使解振华同美国总统气候问题特使克里（John Kerry）在上海举行会谈，会后双方发表了《中美应对气候危机联合声明》，称将相互合作并与其他国家一道解决气候危机，这既包括强化各自行动，特别是制定各自旨在实现碳中和与温室气体净零排放的长期战略，又包括在《联合国气候变化框架公约》和《巴黎协定》等多边进程中开展合作，尤其是尽力扩大国际投融资，支持发展中国家加快向绿色、低碳和可再生能源转型。② 11月，英国格拉斯哥气候大会召开期间，中美气候特使又在现场多次频繁沟通，双方随后发布了《中美关于在21世纪20年代强化气候行动的格拉斯哥联合宣言》（以下简称《联合宣言》），承诺通过各自在21世纪20年代关键十年采取加速行动，加快向全球净零经济转型，以避免灾难性影响。为此，中美双方将建立"21世纪20年代强化气候行动工作组"，定期举行会议，应对气候危机并推动多边进程，"继续开展政策和技术交流，识别双方感兴趣领域的计划和项目，举行政府间和非政府专家会议，促进地方政府、企业、智库、学者和其他专家的参与，交流各自国家努力的最新进展，考虑额外努力的需要，并评估联合声明和本联合宣言的实施情况"。同时，中美两国计划在2025年通报2035年国家自主贡献。除通报各自的国家自主贡献外，双方还将制定一份全面、有力度的甲烷国家行动计划，争取在21世纪20年代取得控制和减少甲烷排放的显著效果。此外，中美两国在《联合

---

① 《习近平同法国德国领导人举行视频峰会》，https://www.fmprc.gov.cn/zyxw/202107/t20210705_9136910.shtml，2021年7月5日。
② 《中美发布应对气候危机联合声明》，http://finance.people.com.cn/n1/2021/0418/c1004-32080871.html，2021年4月18日。

宣言》中再次强调了尽快兑现用于帮助发展中国家适应和减缓气候变化所需资金目标的重要性。[①]

总体上看，中国在2021年继续将"健康丝绸之路"、"数字丝绸之路"和"绿色丝绸之路"作为与发达国家共同推动"一带一路"高质量发展的新重点领域，提升了"一带一路"建设的国际吸引力。截至目前，包括意大利、希腊、新加坡等正式参与"一带一路"合作的发达国家，以及德国、法国、日本等有潜力参与"一带一路"合作的七国集团成员国，都先后参与到"健康丝绸之路"、"数字丝绸之路"和"绿色丝绸之路"的共建中来。

二 上海与发达国家开启共建"一带一路"新征程

2021年是"十四五"规划的开局之年，这一年上海的人均GDP为2.69万美元，城市能级与核心竞争力进一步提升，服务"一带一路"高质量发展"桥头堡"的地位更加凸显。2021年，上海科学把握新发展阶段的特点，坚决贯彻新发展理念，主动融入新发展格局，通过高效能治理巩固了疫情防控与经济社会发展的成果，在此基础上上海深入挖掘自身对外开放潜力，从角色优化、领域深化、功能进化三方面入手，开启了与发达国家共建"一带一路"的新征程。

（一）上海与发达国家交往合作的角色优化

长期以来，七国集团始终是上海主要的经贸伙伴。根据上海海关2022年1月24日发布的统计数据，2021年上海市进出口总额超过4万亿元，再创历史新高。其中，对最大贸易伙伴欧盟的进出口额达到

[①] 生态环境部：《中美关于在21世纪20年代强化气候行动的格拉斯哥联合宣言》，https：//www.mee.gov.cn/ywdt/hjywnews/202111/t20211111_959900.shtml，2021年11月11日。

8069.3亿元，增长15.8%，占同期上海进出口总额的19.9%；对美国的进出口额达到5081.2亿元，增长5.5%，占同期上海进出口总额的12.5%；对日本的进出口额达到4115.6亿元，增长8.0%，占同期上海进出口总额的10.1%。[1] 上海海关统计数据进一步显示，2021年上海市与七国集团之间的贸易额同比上升17.95%，超过2300亿美元，与美国、加拿大、英国、德国、法国、意大利、日本的贸易额均实现了10%以上的增幅，与意大利贸易额的增幅甚至超过40%（见表1）。截至2021年底，美国已成为上海第一大货物贸易出口国和第三大货物贸易进口来源国。

表1 2020~2021年上海市与七国集团贸易情况

单位：亿美元，%

国家	2020年进出口总额	2021年进出口总额	同比增长
美国	694.9789	786.4736	13.1651
加拿大	57.9282	77.9034	34.4827
英国	103.4000	128.3214	24.1019
法国	127.2810	167.9246	31.9322
德国	344.1236	390.4930	13.4746
意大利	115.4506	164.6893	42.6491
日本	551.1873	636.5635	15.4895
合计	1994.3496	2352.3688	17.9517

资料来源：笔者根据上海海关数据（http://www.shanghai.customs.gov.cn/）整理制作。

作为国家吸引外资的重镇之一，上海努力对标世界银行营商环境评价指标体系，在优化营商环境方面不断进行尝试和突破，先后制定

---

[1] 《2021年上海市进出口总值创历史新高》，https://baijiahao.baidu.com/s?id=172284355 6931326632&wfr=spider&for=pc，2022年1月24日。

了《上海市优化营商环境条例》《上海市外商投资条例》等地方性法规，为更高质量地吸引外资、更有力地保护外商、更高效地提供政府服务提供了法制保障。2021年3月，上海市发布《上海市加强改革系统集成持续深化国际一流营商环境建设行动方案》，充分发挥营商环境评价对优化营商环境的引领和促进作用。2021年，上海继续受到发达国家外资的青睐，成为外资首选的中国城市之一。2021年全年，上海实到外资金额达到225.51亿美元，较2020年同期增长11.5%，成功实现"十四五"时期利用外资"开门红"。其中，第三产业实到外资215.30亿美元，增长12.7%。作为上海外商直接投资的主体，外商独资企业实到外资金额在上海市实到外资中占比达76.7%，而发达国家也依旧是2021年上海吸引外资的主要来源地。新加坡、欧洲、日本、美国等继续位居上海外资来源地排名前五之列，前五个外资来源地实际投资金额占比合计为94.3%。2021年，新加坡实际投资27.25亿美元，增长23.6%；美国实际投资6.13亿美元，增长2.2%。①

"十四五"期间，上海将全力打造新时期的外资首选地，目标是基本建成亚洲投资门户。为此，上海把"发展更高能级的总部经济"作为外资工作的重中之重，通过实施"总部增能计划"，聚焦"全球总部、开放创新"，吸引跨国公司亚太总部和功能性全球总部落户，鼓励外资设立全球研发中心和开放式创新平台。截至2021年11月底，上海累计设立跨国公司地区总部827家、外资研发中心504家。在这些跨国公司地区总部中，由沃尔玛、苹果、采埃孚、圣戈班、通用等世界500强企业设立的地区总部有121家，占比约为15%；由诺基亚贝尔、苹果、霍尼韦尔、汉高、福特汽车、沃尔沃建筑设备等设

---

① 《2021年上海外商直接投资情况》，http://tjj.sh.gov.cn/sjxx/20220120/990aac20ae9c484898222005bb514828.html，2022年1月21日。

立的大中华区及以上级别的地区总部有158家,占比为18%,体现了上海"总部经济"的能级正在不断提升。值得一提的是,在沪跨国公司地区总部主要来自美国、欧洲、日本等,占总数的79%。[1] 而到2021年底,在上海落户的美资企业数量超过4000家,美国成为在沪设立跨国公司地区总部和外资研发中心最多的国家。[2]

在进一步做大做强"总部经济"的同时,上海继续支持和鼓励企业抓住欧美发展先进制造业、优化供应链布局等机遇前往发达国家投资兴业。2021年4月和8月,在上海市商务委的指导下,上海市海外救援服务中心、上海市外国投资促进中心、上海市企业"走出去"综合服务中心分别与日本贸易振兴机构(JETRO)上海代表处以及德国联邦外贸与投资署上海联络处和德国工商大会上海代表处,共同组织主办了上海企业对日投资发展圆桌对话会、上海企业对德投资发展圆桌对话会,为上海企业赴日、德两国投资提供助力。

2021年,上海站在新的历史起点上认真谋划经济、金融、贸易、航运和科技创新中心建设,以实干实绩庆祝中国共产党成立一百周年。面对世界进入动荡变革期,尤其是"百年未有之大变局"在新冠肺炎疫情全球蔓延的背景下加速演进,上海的挑战与机遇并存。这一年来,上海持续优化"国内大循环中心节点和国内国际双循环的战略链接"的角色,坚持发展"五型经济",较好适应了新发展格局下外部竞争环境的变化,为新时期与发达国家合作、推动"一带一路"高质量发展奠定了坚实基础。

---

[1] 《"总部经济"动力强 上海已设立跨国公司地区总部数量827家 外资研发中心504家》,https://www.shanghai.gov.cn/nw4411/20211229/ecc895975bc845469dfe4443573304ff.html,2021年12月29日。
[2] 《中美已建立50对友好省州和233对友好城市关系》,http://www.gov.cn/xinwen/2022-02/28/content_5676119.htm,2022年2月28日。

（二）上海与发达国家共建"一带一路"的领域继续深化

站在"十四五"规划这一全新的历史起点上，上海与发达国家共建"一带一路"的领域继续深化。无论是"三大任务、一大平台"，还是上海市市长国际企业家咨询会议、上海市-新加坡全面合作理事会等既有机制，都得到持续推进，成为上海与发达国家高质量共建"一带一路"的主要抓手。与此同时，上海也紧密结合推动城市数字化转型和发展绿色金融的机遇，积极服务中国与发达国家共建"数字丝绸之路"与"绿色丝绸之路"。

2021年，上海自贸区以服务高水平制度型开放和"一带一路"高质量发展为己任，通过贯彻《中共中央、国务院关于支持浦东新区高水平改革开放打造社会主义现代化建设引领区的意见》，在制度创新和改革集成上下功夫，不断强化核心功能，提升服务能级，在落实法制保障、优化投资环境、开放金融市场等方面取得了突破性进展。例如，在法制保障方面，上海市通过了《上海市浦东新区深化"一业一证"改革规定》《上海市浦东新区市场主体退出若干规定》等六部法规；在投资环境方面，《上海市浦东新区"一业一证"改革试点实施方案》得到全面落实，同时建立了"一证准营"的行业综合许可制度，配套建立了"各负其责、协同高效"的行业综合监管制度，审批服务水平持续提升，行业准入成本大幅降低，市场准营承诺即入制试点正式启动；在金融市场方面，全年跨境人民币结算量显著增长，首家合资转外资独资的人寿保险公司——中德安联人寿保险有限公司，以及三家外商独资公募基金（贝莱德、富达、路博迈）等重要外资金融企业落户上海自贸区。① 与此同时，2020年底，在上

---

① 上海市统计局：《2021年上海市国民经济和社会发展统计公报》，http：//tjj. sh. gov. cn/tjgb/20220314/e0dcefec098c47a8b345c996081b5c94.html，2022年3月15日。

海自贸区启动的"全球运营商计划"也取得了明显成效,成为上海打造浦东社会主义现代化建设引领区的标志性举措之一。

中国国际进口博览会(以下简称进博会)如今已成为上海和发达国家共建"一带一路"的亮丽"名片"。2021年11月,第四届进博会在上海成功举办,实现疫情防控零感染、零发生、零事故。习近平主席在第四届进博会开幕式上发表主旨演讲时重申,"中国将推动高质量共建"一带一路",让更多国家和人民获得发展机遇和实惠"。① 值得关注的是,第四届进博会吸引了全球127个国家的企业踊跃参展,展览面积再创新高,全球首发的新产品、新技术和新服务所占的比例也较高。此外,第四届进博会还首次在线上举办国家展,为超过60个国家和国际组织提供了展示其发展成就、优势产业、文化旅游、代表性企业等的数字展厅,从而更加充分地发挥了进博会链接发达国家与"一带一路"沿线发展中国家和最不发达国家的功能。除进博会外,上海市市长国际企业家咨询会议早已发展为上海向发达国家跨国企业推介"一带一路"的重点平台。受疫情影响,2021年第33次上海市市长国际企业家咨询会议仍以视频形式举行,并将"新发展格局与上海改革开放引领角色"作为主题。会上,与会国际企业家们与上海市领导共同探讨了如何进一步发挥上海的独特优势,努力打造新时代服务改革开放和"一带一路"高质量发展的上海范例。上海与新加坡的全方位合作也在不断推进。2021年12月,上海市-新加坡全面合作理事会第三次会议以视频连线方式举行,沪新双方决定聚焦共建"一带一路"互联互通、抗疫与城市治理、创新与可持续发展、民心相通与人文交流等方面开展合作,并签署了科技创新、金融、经贸商务、人文交流等领域的合作备忘录。

---

① 《习近平在第四届中国国际进口博览会开幕式上的主旨演讲(全文)》,https://baijiahao.baidu.com/s?id=1715505019669913127&wfr=spider&for=pc,2021年11月4日。

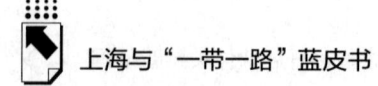

除利用进博会、上海市市长国际企业家咨询会议、上海市-新加坡全面合作理事会等平台和机制推动发达国家参与"一带一路"合作外，上海还努力服务中国与发达国家共建"健康丝绸之路"、"数字丝绸之路"和"绿色丝绸之路"。2021年，上海铁路局发出的中欧班列继续发挥传统国际海空物流渠道所不具备的独特优势，成为连接中欧、服务共建"一带一路"国家、运输防疫物资、保障全球产业链供应链稳定畅通的重要国际战略通道。2021年1~8月，上海铁路局管内中欧班列共开行1652列，同比增长18.9%。① 值得关注的是，2021年全国首趟中欧班列"义新欧"防疫物资专列于1月25日从上海铁路局管内的浙江义乌西站启程前往波兰，为欧洲抗疫送去了急需补充的物资。而在9月28日，满载服装鞋帽、汽车配件、玻璃器皿、精密仪器等货物的"上海号"中欧班列首次从上海开行，一路向西驶往德国汉堡。10月，"上海号"中欧班列搭载第四届进博会展品返回。"上海号"中欧班列的开通，对完善上海海陆空交通运输体系、深化与发达国家的"一带一路"合作具有十分重要的意义。

2021年10月，上海市人民政府办公厅印发《上海市全面推进城市数字化转型"十四五"规划》，确立了到2035年建成具有世界影响力的国际数字之都的总目标和构建高端引领的数字经济创新体系等分目标，其主要方向就是基本建成具有全球竞争力的数字贸易国际枢纽港、世界级数字产业集群、金融科技中心和数字经济创新高地，增强"上海制造"品牌的数字化竞争力。② 上海数字经济的蓬勃发展和城市数字化转型的加速，为日后建立跨地域的数字资源网络，尤其是

---

① 《上海铁路局副总经理赵丽建：今年1至8月管内中欧班列开行1652列，同比增长18.9%》，https：//finance.ifeng.com/c/89sgYZRSfvu，2021年9月27日。
② 《上海市人民政府办公厅关于印发〈上海市全面推进城市数字化转型"十四五"规划〉的通知》，https：//www.shanghai.gov.cn/nw12344/20211027/6517c7fd7b804553a37c1165f0ff6ee4.html，2021年10月27日。

在协商统一标准的前提下推动共建"数字丝绸之路"创造了条件。

在与发达国家高质量共建"绿色丝绸之路"方面,上海充分利用多年来推动国际金融中心建设的基础和经验,聚焦绿色金融持续发力。自2020年9月习近平主席在第七十五届联合国大会一般性辩论上提出中国力争在2030年前实现碳达峰、2060年前实现碳中和的"双碳"目标后,上海积极响应,提出要加快打造国际绿色金融枢纽,建立健全绿色低碳循环发展经济体系。2021年10月,上海市人民政府办公厅印发了《上海加快打造国际绿色金融枢纽服务碳达峰碳中和目标的实施意见》,明确了到2025年基本确立国际绿色金融枢纽地位的总目标。值得重视的是,该文件提出了与发达国家深化绿色金融国际交流的若干举措,比如与伦敦金融城、巴黎欧洲金融市场协会等建立绿色金融合作机制,共同举办国际绿色金融论坛,加强国际绿色金融研讨,推动绿色投融资产品与服务创新;支持上海金融市场和境外金融市场在绿色指数发布、展示和相互挂牌等方面开展合作;支持上海金融市场与金融基础设施积极参与国际绿色金融标准研究和制定;等等。[①] 上述举措无疑有助于上海更好地联合欧美发达国家及有关国际金融组织扩大在共建"一带一路"发展中国家的绿色投融资业务,为"绿色丝绸之路"建设再添新动力。

(三)上海与发达国家共建"一带一路"的功能进化

在角色优化、领域深化的基础上,上海与发达国家高质量共建"一带一路"的功能重点围绕设施联通、贸易金融、科技创新、城市治理等方面不断进化。

在设施联通方面,中国远洋海运集团有限公司(以下简称中远

---

① 《上海市人民政府办公厅关于印发〈上海加快打造国际绿色金融枢纽服务碳达峰碳中和目标的实施意见〉的通知》,https://www.shanghai.gov.cn/nw12344/20211019/a201939175c8417c9cda322f556bbbaf.html,2021年10月19日。

海运）继续在希腊高质量推进比雷埃夫斯港建设，进一步提升了"海上丝绸之路"的航线运营能力。作为中国和希腊海运合作的标志性成果，中远海运比雷埃夫斯港项目如今已成为中希、中欧共建"一带一路"合作的典范。经过双方的共同努力，比雷埃夫斯港已快速发展为地中海第一大港，为当地创造直接就业岗位3000多个，社会直接贡献超过14亿欧元，为希腊经济发展做出积极贡献。① 2021年11月，上海市人民政府还与交通运输部共同主办了首届北外滩国际航运论坛，致力于和发达国家、"一带一路"沿线发展中国家及国际海事组织（IMO）等相关国际组织共同打造航运领域的顶级国际交流平台，习近平主席专门给此次论坛发来了贺信。

在贸易金融方面，通过八年的探索实践，上海自贸区形成了一大批制度创新试点成果，较好发挥了改革开放试验田的作用，为我国构建更高水平开放型经济新体制、服务"一带一路"高质量发展奠定了坚实基础。截至2021年9月，国务院推出的六批向全国复制推广的自贸试验区制度创新改革经验中约有一半为上海自贸区首创，累计有300多项改革经验向全国分层次、分领域复制推广，其中包括浦东率先开展的"一业一证"改革。从区级自主改革上升为国家级改革试点后，"一业一证"改革首批31个试点行业现均已落地实施，实现了"一证准营"、全国有效。② 2021年4月23日，《中共中央、国务院关于支持浦东新区高水平改革开放打造社会主义现代化建设引领区的意见》发布，为浦东新区赋予改革开放新使命。上海市随后出台的《浦东新区推进高水平改革开放打造社会主义现代化建设引领

---

① 《王毅接受希腊〈消息报〉书面采访》，https：//www.fmprc.gov.cn/wjbzhd/202110/t20211027_10220050.shtml，2021年10月27日。
② 董志雯、葛俊俊、轩召强：《上海自贸区挂牌八周年：肩负新使命，引领新征程》，http：//sh.people.com.cn/n2/2021/0930/c134768-34939792.html，2021年9月30日。

区实施方案》明确提出，要在上海自贸区尤其是临港新片区进行更大力度的压力测试，此举无疑有助于进一步突破上海服务"一带一路"高质量发展的制度壁垒，促进"一带一路"贸易畅通和资金融通。为此，上海自贸区临港新片区于当年12月发布《中国（上海）自由贸易试验区临港新片区促进离岸贸易高质量发展的若干措施》，旨在围绕促进离岸贸易产业集聚、支持离岸贸易项下国际结算与融资便利、创新监管模式等方面主动对标高水平国际经贸规则，作为更高程度压力测试的最新尝试。

2021年，境外主体积极配置人民币资产，上海金融市场对发达国家和"一带一路"沿线发展中国家的投资者仍旧充满吸引力。与此同时，上海金融科技产业继续蓬勃发展。2021年4月，上海金融科技产业联盟召开了2021年度大会暨第一届理事会第三次会议。此次大会在总结2020年工作成果的基础上，从加快建成上海国际金融科技创新中心、升级举办金融科技大会、智库建设等方面展望了2021年度联盟工作，并接纳10家企业作为联盟成员单位，从而使成员单位总数增至59家。12月，上海金融科技产业联盟举办了第三届上海金融科技国际论坛暨首届长三角金融科技大会，受到发达国家与"一带一路"沿线发展中国家的广泛关注。值得关注的是，此次大会发布了上海金融科技中心建设的若干重大举措，比如上海地方金融监管局和上海证监局共同启动资本市场金融科技创新试点（上海），启动龙阳路"金融·科技"产业承载区建设以及正式发起上海金融科技股权投资基金等。上海金融科技中心的扬帆起航，将进一步赋能共建"一带一路"沿线国家金融业的发展。

在科技创新方面，上海继续充分发挥世界人工智能大会、世界顶尖科学家论坛、浦江创新论坛等高端平台的作用，通过全面推进上海科创中心建设来服务和引领"一带一路"高质量发展。以2021浦江创新论坛为例，设置了"一带一路"专题研讨会，邀请迪拜、巴基

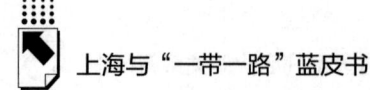

斯坦、塞尔维亚、泰国等国科技创新智库专家、世界银行驻华代表处高级经济学家以及国内知名智库专家与会发表主旨演讲,共同探讨健康、数字、绿色等领域的科技创新合作,谋划"一带一路"创新之路发展的路径与方案。同时,上海还协同建设中以(上海)创新园和新加坡全球创新联盟(上海站),全力服务两地企业进行跨境孵化及创新合作。

在城市治理方面,上海深入践行习近平总书记"人民城市人民建,人民城市为人民"的重要理念,以"绣花"功夫不断提升城市治理精度,争当现代城市治理的新样板。与此同时,上海一直与各国城市保持对话和交流。截至2021年9月,上海市及相关区与世界上59个国家的92个市(省、州、大区、道、府、县或区)建立了友好城市(区)关系或友好交流关系,① 其中既包括芝加哥、休斯敦、巴塞罗那、鹿特丹、哥德堡、奥斯陆、横滨等发达国家城市,也包括伊斯坦布尔、比雷埃夫斯、贝尔格莱德等"一带一路"沿线发展中国家城市。依托不断扩大的友好城市网络,上海与发达国家城市及"一带一路"沿线发展中国家城市可以就城市治理议题开展定期交流,相互借鉴经验,取长补短。自2014年起,全球城市论坛开始成为上海庆祝"世界城市日"(10月31日)期间举办的年度性主题活动。作为2021年世界城市日中国主场活动暨首届城市可持续发展全球大会的主题活动,城市治理论坛暨2021全球城市论坛于11月1日在上海交通大学举行,来自中国、美国、俄罗斯、英国、荷兰、日本、韩国等国政界、学界、商界的300位嘉宾以及联合国人居署、世界银行等国际组织的代表通过线上线下相结合的方式参加了此次论坛,共同探讨和总结数字化时代城市治理"以人为核心"的中国路径和中国经验。

---

① 《上海市国际友好城市及友好交流关系城市总体情况》,http://wsb.sh.gov.cn/node 549/20200116/0018-13963.html,2021年9月。

三 上海与发达国家共建"一带一路"的前景展望

随着共建"一带一路"逐步从"大写意"向"工笔画"高质量发展转变,上海与发达国家的"一带一路"伙伴关系也有望朝提质升级的方向发展。

首先,上海应正确认识和把握共建"一带一路"面临的新形势和新要求,为下一阶段服务"一带一路"高质量发展精准定位。2021年11月,中共中央总书记、国家主席、中央军委主席习近平出席第三次"一带一路"建设座谈会并发表重要讲话,[①] 为新时代继续推动共建"一带一路"高质量发展把脉定向;特别强调,地方要找准参与共建"一带一路"的定位。[②] 因此,上海在与发达国家发展"一带一路"伙伴关系时,必须深入学习领会、认真贯彻落实习近平总书记的重要讲话精神,在此基础上思考怎样更好地发挥自身优势来服务"一带一路"高质量发展。

展望未来,上海应在坚持扩大对外开放的先行先试方面做足文章,进一步发挥上海自贸区、进博会等对外开放平台的功能,让上述平台成为中国、发达国家与"一带一路"沿线发展中国家共商合作、互利共赢的大舞台。进言之,上海可以紧紧抓住《区域全面经济伙伴关系协定》(RCEP)正式生效和中国申请加入《全面与进步跨太平洋伙伴关系协定》(CPTPP)之机,努力培育对外开放和竞争新优势,率先与亚太地区发达国家及东盟国家合作共建"一带一路",比

---

① 《推动共建"一带一路"高质量发展,习近平作出全面部署》,https://baijiahao.baidu.com/s?id=1717010495529463768&wfr=spider&for=pc,2021年11月21日。

② 《习近平出席第三次"一带一路"建设座谈会并发表重要讲话》,http://www.gov.cn/xinwen/2021-11/19/content_5652067.htm,2021年11月19日。

如在上海自贸区加快建设RCEP"丝路电商"示范区，推动区域内部跨境电子商务市场的融合；支持和鼓励上海自贸区临港新片区发展面向RCEP的离岸贸易和转口贸易；进一步挖掘进博会服务企业的潜力，通过进博会平台来扩大面向RCEP国家的贸易投资促进和推广，以更好带动上海与RCEP国家间的对外经贸、双向投资和技术交流等。

其次，上海应继续稳步拓展与发达国家合作共建"一带一路"的新领域，在打造"绿色丝绸之路"和"数字丝绸之路"方面有更多作为。在服务"绿色丝绸之路"建设方面，上海要以建设国际绿色金融枢纽为契机，和发达国家携手在"一带一路"沿线发展绿色金融。比如，上海的金融机构可与发达国家金融机构联合融资支持"一带一路"沿线发展中国家的清洁能源项目，按照市场化原则满足这些国家的绿色发展需求。此外，上海还可与发达国家合作，帮助"一带一路"沿线发展中国家加强应对气候变化的能力建设，帮助这些国家设计实现碳达峰、碳中和的行动方案，推出一系列赋能工程和项目，向这些国家输出绿色发展理念，转移绿色低碳技术，同时帮助这些国家创新绿色低碳融资模式，培养绿色低碳专业人才。在服务"数字丝绸之路"方面，上海要继续加快推进城市数字化转型，同时抓住中国申请加入《数字经济伙伴关系协定》（DEPA）的机遇，切实提高自身在数字经济和数字贸易方面的竞争力和影响力。通过深化与新加坡、新西兰等发达国家的数字经济合作，共同推动亚太地区"一带一路"沿线发展中国家在5G、人工智能、数字化转型、智慧城市发展、数字基础设施建设等领域实现可持续发展。

最后，上海应尝试利用发达国家资源，率先探索建立"一带一路"项目风险防控与海外利益保护的全天候预警机制。一方面，上海市政府相关部门和企业可考虑在落实好自身主体责任和管理责任的基础上，适时择机与在"一带一路"沿线发展中国家经营多年的西方非政府组织接触,利用其了解和熟悉当地情况的优势,更好地进行风险预警与动态监测,及时研判,做好风险防范工作;另一方面,上海还可进一步挖掘当地学界资源,鼓励和支持相关智库与发达国家同行围绕"一带一路"项目风险评估预警等开展对话交流,委托相关智库对"一带一路"项目所在国家和地区的政治、经济、法律、社会、风俗等开展深入研究,参照发达国家的做法与经验制定科学的风险评估办法,使上海企业树立互利共赢、共同发展的理念,引导企业充分考虑项目各利益相关方的诉求,在增强跨文化交际能力的过程中切实履行好自身的社会责任,从而实现既促进当地经济社会发展又营造良好外部环境的目标。

大事记
Chronicle of Events

B.14
上海服务"一带一路"建设大事记（2021年）

刘振坤　焦欣瑶*

1月

15日　2021年上海首批62个外资项目集中签约，投资总额达到118.5亿美元，签约项目涵盖人工智能、生物医药、数字经济等多个行业，营商环境持续优化，全面赋能、精准服务和法治保障进一步强化。

26日　上海宝冶（马来西亚）有限公司成功签约马来西亚吉隆坡TA Global公司旗下的Alix豪华公寓楼项目施工总承包工程，作为上海宝冶（马来西亚）有限公司在马来西亚签约的首个高层公寓楼项目，该工程亦是TA Global公司重点开发的项目之一。

---

* 刘振坤、焦欣瑶均为上海国际问题研究院硕士研究生。

2月

22日 上午,虹桥商务区管委会规划管理处、嘉兴市自然资源和规划局联合召开《虹桥国际开放枢纽南向拓展带协同发展规划研究》课题签约暨落实《虹桥国际开放枢纽建设总体方案》座谈会,将加强虹桥海外贸易中心建设,吸引集聚国际经贸仲裁机构、贸易促进协会商会等组织,高水平建设一批面向"一带一路"国家和地区的专业贸易平台和国别商品交易中心。

24日 中国援助莱索托马塞卢地区医院和眼科诊所项目开工。由中国上海建工集团承建的马塞卢地区医院和眼科诊所,建成后将配备先进的医疗设备,提供医疗培训,检测和治疗癌症、结核病、艾滋病、糖尿病等,助力莱索托构建更加完善的公共卫生体系。

3月

2日 为加快打造法制化、国际化、便利化的跨境贸易营商环境,持续提升进出口企业获得感,上海市商务委员会、上海海关、上海市发展和改革委员会与上海市交通委员会等9部门于3月4日正式发表了《上海口岸2021年深化跨境贸易营商环境改革若干措施》,并发布了政策图解和英文版译文。

11日 振华重工中标西班牙达飞TTIA码头5台岸桥的加高加长项目。项目实施后将有力提高达飞TTIA码头的装卸能力,可接卸达飞集团目前最大的商船,提升达飞集团在地中海区域内的竞争力。

17日 第十八届上海国际信息化博览会开幕。本届信博会由六大专业展组成，展览面积达28.35万平方米，吸引参展商3600余家，专业观众38万余人次，本届信博会分两个时段错峰举行，为国内外电子信息企业搭建沟通交流的平台，共享信息产业发展的成果。

18日 上海电气电站集团签订印度尼西亚青山钢铁3X380MW火力发电建设项目三大主机合同。该项目地处印度尼西亚中苏拉威西省莫罗瓦利县印度尼西亚青山工业园，项目建成后，三台机组将分别向青山及华峰镍铁、铬铁及电解铝生产线供电。

18日 上海电器电站集团签订新加坡Tuas IWMF垃圾发电项目一期2X65MW汽轮发电机组合同，建成后将成为新加坡乃至东南亚地区最大的垃圾发电项目。该项目是上海电器电站集团汽轮发电机组设备首次真正意义上进入发达国家市场，打破欧美和日本厂家长期以来在新加坡市场的垄断。

3月29日至4月3日 上海举办首届旅游产业博览会。本届旅博会共有参展商5000余家，观众人次超过37万。上海旅游产业博览会是一个全球规模与理念领先的综合性旅游产业博览会，旨在促进旅游目的地的提升和相关产业的投资与合作，为全产业链赋能。

4月

7日 2021年上海全球投资促进大会在上海中心举行，总投资4898亿元的216个重大产业项目集中签约，"五个新城"和一批特色产业园区、民营企业总部集聚区面向全球招商。

15日 由商务部、科技部、国家知识产权局、上海市政府联合举办的第八届中国（上海）国际技术进出口交易会在上海世博展览馆开幕。本届上交会致力于汇聚新技术、发展新经济、创造新价值。

15日 由上海科学技术交流中心、绿色技术银行管理中心和BGTA国际加速器共同主办，以"绿色技术的创新与合作"为主题的

"上海（长三角）-欧洲创新技术合作大会"在上海举行。

15日 中国海外工程有限责任公司与中铁上海工程局集团有限公司组成的联营体与万国国际矿业和金岭矿业在江西正式签署所罗门群岛 GOLD RIDGE MINE 施工总承包合同。项目建成投产后年采选矿石规模预计将达 250 万吨。

21日 国务院批复《上海市服务业扩大开放综合试点总体方案》，将上海纳入服务业扩大开放综合试点城市。

5月

1日 2021年全国消费促进月暨上海"五五购物节"启动活动在上海举行。中共中央政治局委员、上海市委书记李强出席。商务部部长王文涛，中宣部副部长、中央广播电视总台台长兼总编辑慎海雄，市委副书记、市长龚正分别致辞。

10日 2021年中国品牌日活动在上海开幕，主题是"中国品牌，世界共享；聚力双循环，引领新消费"。中共中央政治局常委、国务院总理李克强对活动做出重要批示。全国政协副主席、国家发展改革委主任何立峰，上海市委书记李强出席活动并致辞，龚正主持开幕式。

10日 长三角自由贸易试验区联盟成立大会在沪举行。长三角三省一市自贸试验区联手打造区域合作联盟，发挥四地自贸试验区特色优势，推动协同发展，共同打造制度创新试验田，促进长三角更高质量一体化发展。

18日 上海电建 EPC 总承包建设的菲律宾迪格宁项目 1 号机组首次带满 725 兆瓦负荷，净功率 668 兆瓦，实现了机组满负荷运行。该电站项目是响应国家"一带一路"倡议的重大工程和菲律宾第一个超临界机组，也是目前菲律宾在建的最大电站项目。

20日 SIAL China 中国国际食品和饮料展览会在上海浦东新国

际博览中心闭幕，超过 4500 家全球展商参展，展会现场为特邀买家与展商完成近 2000 场商务配对。

31日 以"创新，为了人类美好生活"为主题的 2021 浦江创新论坛在沪举行全体大会。阿联酋担任本届主宾国，重庆市担任主宾市。上海市委书记李强和科技部部长王志刚出席，并与苏、浙、皖三省领导共同为长三角国家技术创新中心揭牌。

6月

1日 中冶宝钢中标印度尼西亚青山钢铁 12 台铁水车制造项目。作为"一带一路"沿线的重要钢铁企业之一，印度尼西亚青山钢铁主导的该项目可应用于高炉至转炉之间 1600℃ 液态铁水的转驳运输工艺，无轨化运输方式可替代传统轨道运输工艺，能够节约前期投入和宝贵的土地资源，灵活机动。

2日 在上海合作组织民间友好论坛的"友好城市+"分论坛上，上海市长宁区副区长翁华建与白俄罗斯明斯克市苏维埃区区长谢尔盖·希利曼在线下和线上同步签署《中华人民共和国上海市长宁区和白俄罗斯共和国明斯克市苏维埃区建立友好城区关系协议书》，双方正式结为友好城市，开启友好交流的新篇章。

10日 十三届全国人大常委会第二十九次会议表决通过决议，授权上海市人民代表大会及其常务委员会根据浦东改革创新实践需要，遵循宪法规定以及法律和行政基本原则，制定浦东新区法规，在浦东新区实施。

10~11日 以"全球大变局下的中国金融改革与开放"为主题的第十三届陆家嘴论坛举行。李强出席开幕式，龚正致辞。来自全球政府和金融监管机构的高层领导、财经界领袖以及著名专家学者，围绕金融助力碳达峰、碳中和，全球经济金融形势，金融与科创、注册制改革，人民币国际化，金融服务实体经济，经济金融数字化转型，金融与生活等议题展开讨论。

24日 "一带一路"澜湄铁路互联互通中心在上海应用技术大学揭牌。该中心由上海应用技术大学、上海市人民对外友好协会、老挝苏发努冯大学、中铁科学研究院有限公司、中铁二十四局上海铁路建设公司等共同发起成立，旨在联合培养一批澜湄沿线本土化高水平应用技术型人才，共同构建铁路工程高等教育国际化中国模式，打造澜湄铁路科教之窗和共享交流平台。

24日 《印尼巴哈多比镍铁建设与运营项目合作框架协议（PCFA）》在上海、印度尼西亚雅加达同步签署。中国宝武太钢集团、淡水河谷印尼公司和鑫海科技将携手建设和运营位于印度尼西亚中苏拉威西省莫罗瓦利县的镍铁项目。

30日 上海宝冶成功签约柬埔寨金边太子幸福广场施工总承包工程。该项目位于柬埔寨首都金边市中心桑园区，地理位置得天独厚，国家级配套设施云集。本项目开发商太子地产集团于2015年3月成立，累计开发投入资金超20亿美元，在柬埔寨地产业具有举足轻重的地位。

30日 临港海外泽布鲁日现代产业园在比利时泽布鲁日港开工建设。项目总占地面积约30公顷，总投资达到1亿欧元。泽布鲁日港是欧洲著名的深水港，汽车转运、冷链运输等业务发达，港口避风条件良好。港口可停靠2.4万标箱货轮，拥有完善的海关数据对接系统、成熟稳定的海陆运输模式，是联通中欧贸易往来和对英转运的枢纽，有利于产业园国际化纵深发展。

7月

8~10日 2021世界人工智能大会在上海世博中心举行，本次大

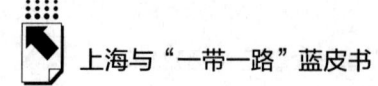

会以"智联世界，众智成城"为主题，核心主线为城市数字化转型，基于以人为中心的城市视角展开。

26日 中国首列出口欧洲双层动车组在中车株机公司出厂发运。该动车组将从上海通过海运运抵德国，计划于2023年在奥地利、德国、匈牙利等5个国家的铁路线上运行，满足欧洲铁路互联互通运输需求。

27日 由上海电气承建的刚果（金）金苏卡220千伏变电站及配套电网项目举行开工仪式，刚果（金）总统齐塞克迪为项目奠基。项目业主为刚果（金）国家电力公司，计划为刚果（金）首都金苏卡地区新建一个220KV变电站及中低压配网。

8月

9日 上海宝冶中标伊拉克项目及波兰裂解炉制作项目。该项目建设地点位于伊拉克最大的巴士拉港口，建成后伊拉克南方炼油公司汽油和柴油产量将提高到1.9万桶/日和3.6万桶/日。其中，上海宝冶主要承担此次大型炼油厂升级项目中5台加热炉及2台转化炉的钢结构及模块制作等。

12日 上海市发布《自贸试验区陆家嘴片区发展"十四五"规划》（以下简称《规划》）。《规划》提出，"十四五"时期，陆家嘴将进一步强化国际化水平最高、生态功能最完整、营商服务最优三大优势，加快建设全球人民币金融资产配置中心、世界级总部功能集聚高地和国际化一流营商环境示范区，将陆家嘴金融城建设成为上海国际金融中心核心区和与中国国际地位相匹配的国际一流金融城。

16日 上海电建福建公司中标孟加拉科巴66兆瓦风电场项目土建及设备安装工程、送出线路工程、对侧变电站扩建和集电线路工程。孟加拉科巴风电场是孟加拉国的第一个风电项目，由五凌电力有限公司投资建设，成都院总承包建设，福建公司为具体执行方。

24日 上海市人民政府发布《上海国际金融中心建设"十四五"规划》，提出深化"一带一路"沿线国家和地区金融市场间的股权和业务合作，推动金融基础设施跨境互联互通；支持"一带一路"沿线国家和地区的政府、企业、金融机构来沪发行债券等金融产品；吸引"一带一路"沿线国家和地区金融机构来沪设立法人或分支机构；支持新开发银行与"一带一路"沿线国家和地区加强投融资领域的战略合作。

27日 上海电建福建公司成功中标菲律宾国家电网公司（NGCP）北吕宋圣何塞230千伏变电站高压设备设计、供货、安装和调试EPC总承包项目。

30日 沪港合作会议第五次会议以视频连线的方式举行。上海市委副书记、市长龚正，香港特别行政区行政长官林郑月娥致辞并签署第五次会议合作备忘录。

9月

1日 由上港集团在海外投资建设并拥有运营权的自动化集装箱港口以色列海法新港正式开港。这是中国企业首次向发达国家输出"智慧港口"先进科技和管理经验。

2日 金砖国家新开发银行正式宣布将迎来三个新的成员国——阿联酋、乌拉圭和孟加拉国。由此，新开发银行的成员数量增至8个。

13日 上海电气电机厂与西安陕鼓动力股份有限公司正式签署中俄东线天然气管道工程（永清—上海）安平—泰安段5套配套电机供货合同，再次助力这项"中俄合作世纪工程"。

22日 上海市人民政府外事办公室与驻特多大使馆和特多投资

促进局联合举办"中国-特立尼达和多巴哥投资合作论坛"。中国驻特多大使方道、特多贸工部长斯库恩、特多驻华使馆临时代办托马斯、特多投资促进局总裁阿莱恩、上海市商务委员会总经济师罗志松等出席论坛并致辞。

29日　《上海市建设具有全球影响力的科技创新中心"十四五"规划》正式发布。锚定2035年远景目标，立足科技自立自强，强化科技创新策源功能，为上海基本建成具有世界影响力的社会主义现代化国际大都市和充分体现中国特色、时代特征、上海特点的人民城市提供强大支撑。

10月

9日　上海首个"一带一路"联合实验室——中国-匈牙利脑科学"一带一路"联合实验室于近日成立。该实验室经科技部批准建设，由中科院脑科学与智能技术卓越创新中心（神经科学研究所）承建，双方将在神经科学领域开展深入合作。

实验室作为参照国家重点实验室建设的国家对外科技合作创新最高级别平台，旨在通过双方科学家务实合作，为"一带一路"创新之路建设提供有力的科技支撑。

12日　上海市人民政府外事办公室和上海市工商业联合会共同举办线上"上海-非洲友好城市经贸交流会"。市外办副主任刘光勇，市工商联副主席、市总商会副会长施登定，来自上海和纳米比亚、莫桑比克、毛里求斯友好城市的政府、商会、企业家代表，以及我驻外使馆代表等参加。

15日　第三十三次上海市市长国际企业家咨询会议举行。上海市委书记李强，市委副书记、市长龚正与来自全球22个城市的40位国际企业家"云端"畅谈，围绕"新发展格局与上海改革开放引领角色"这一主题，听取国际企业家的真知灼见，推动上海与国际企业家深化合作，携手应对风险挑战，共同促进繁荣发展。

18日 以"中国共产党·中国·世界"为主题的第九届世界中国学论坛在上海国际会议中心举行。本次论坛邀请近200位海内外知名学者参会，从政治、经济、文化、社会及国际关系等诸多领域，探讨中国共产党的百年历程及其对中国和世界未来发展的意义，为中国的海外交流发展织就精神纽带。

19日 上海市金融监管局正式对外公布《上海加快打造国际绿色金融枢纽、服务碳达峰碳中和目标的实施意见》。到2025年，上海绿色金融市场能级显著提升，绿色金融组织机构体系进一步完善，形成国际一流绿色金融发展环境，基本建成具有国际影响力的碳交易、定价、创新中心，基本确立国际绿色金融枢纽地位。

25日 上海研发创新中心和特斯拉上海超级工厂数据中心正式落成并投入使用。作为特斯拉首个海外整车研发中心，上海研发创新中心助力特斯拉在中国的本土化进程进一步加深，是上海营商环境优化升级的优秀答卷。

26日 德国汉堡举行仪式欢迎首列"上海号"中欧班列顺利抵达。上海和汉堡已在诸多领域密切合作，"上海号"中欧班列的开通给双方合作增加了新平台，汉堡作为"一带一路"重要节点的作用得到进一步加强。

29日 富时罗素将中国国债纳入富时世界国债指数（WGBI），中国债市至此跨越与全球市场接轨的又一个重要里程碑。

30日 第三届世界顶尖科学家论坛开幕，近140位全球顶尖科学奖项得主出席。国家主席习近平向论坛作视频致辞。上海市委书记李强，中国科协党组书记怀进鹏，世界顶尖科学家协会主席、诺贝尔化学奖获得者罗杰·科恩伯格分别致辞。上海市委副书记、市长龚正主持开幕式。

11月

1日 装有阿富汗松子的包机从阿富汗首都喀布尔飞抵上海浦东国际机场,证明中阿"松子空中走廊"经受住了战乱和疫情双重考验。从11月1日至12月20日,有27架次松子包机累计将1200余吨阿富汗当季新鲜松子运至中国。自11月15日至12月初,松子包机每周飞行6架次,每架次包机一次可运输松子约45吨,按今年到岸价平均每吨1.4万美元计算,据悉一架次包机可为阿富汗相关松子产区百姓及相关物流企业带来超过60万美元的收入。

2日 第三届上海国际艺术品交易月启幕,见证上海正在加快建设国际重要艺术品交易中心,并在文物艺术品领域探索先行先试,进一步扩大开放。

3~5日 2021北外滩国际航运论坛吸引全球航运业"顶流"汇聚上海,探讨全球产业链供应链重塑面临的挑战和低碳智能发展的未来方向。

5日 第四届虹桥国际经济论坛"中国现代化与世界新机遇"分论坛在上海举行。中共中央政治局委员、中宣部部长黄坤明通过视频方式出席并致辞。

5~10日 第四届中国国际进口博览会在上海举行。4日晚,国家主席习近平以视频方式出席开幕式并发表题为《让开放的春风温暖世界》的主旨演讲。习近平强调,中国扩大高水平开放的决心不会变,同世界分享发展机遇的决心不会变,推动经济全球化朝着更加开放、包容、普惠、平衡、共赢方向发展的决心不会变。第四届进博会"朋友圈"进一步扩大,企业商业展共有来自127个国家和地区的2900多家企业参展,累计意向成交707.2亿美元。

6日 "一带一路"生态农业与食品安全论坛在上海国家会展中

心成功举办。中国人民对外友好协会副会长姜江出席并致辞。

10日 世界核电运营者协会（英国）上海代表处（以下简称WANO上海代表处）揭牌仪式在沪举行，市经济信息化委、中核工业、中广核、国电投、华能等单位共同出席揭牌仪式。WANO上海代表处的落户，将推动上海核电产业发展，提高上海核电的国际话语权，助力上海"五个中心"建设。

15日 第39次上海-横滨经济技术交流会议以视频连线方式在上海和日本横滨两地成功召开。过去一年，双方发挥所长、优势互补，携手推动产业经济领域务实合作，取得丰硕成果。会上，上海、横滨两市代表团就上一阶段经济技术领域的合作情况进行总结，明确下一阶段合作计划，双方代表团团长云签署第39次上海-横滨经济技术交流会议备忘录。

17日 国家主席习近平同以色列总统赫尔佐格通电话。习近平强调，中以经济优势互补，完全能够进行互利共赢的合作。上港集团投资经营的以色列海法新港能够推动上海港加强与"海上丝绸之路"各港口的业务联系，创新合作成为两国关系的亮点和助推器。

23日 由上海建工集团承建的柬埔寨斯登特朗-格罗奇马湄公河大桥项目通车典礼暨71C号国家公路项目开工典礼在柬中部的斯登特朗县举行。柬埔寨首相洪森出席斯登特朗-格罗奇马湄公河大桥项目通车典礼。该项目是柬中东部地区国家公路网的重要项目。

30日 由白俄罗斯国家科委指导、白俄罗斯国立技术大学主办的"中白国际创新创业科技合作论坛"通过视频连线的方式成功举办。白俄罗斯国家科委主席亚历山大·舒米林，上海市科委主任、上海市外专局局长张全，白俄罗斯国立技术大学副校长奥莱格·谷塞夫，上海大学副校长龚思怡，以及白俄罗斯驻上海总领事安德烈·安德里夫等出席论坛并致辞。

12月

1日 2021上海-台北城市论坛以视频形式举行。上海市市长龚正、台北市市长柯文哲出席论坛并致辞。上海市副市长陈通、台北市副市长蔡炳坤作主题演讲。

3~4日 第五届"一带一路"与全球治理国际论坛在沪举行。本届论坛以"共克疫情挑战,推动'一带一路'包容性发展"为主题,由复旦大学与中共中央对外联络部"一带一路"智库合作联盟联合主办,设有"一带一路"企业家论坛、专家研讨会、"一带一路"教育国际交流研讨会等。

4日 "中老铁路工程国际联合实验室"在上海应用技术大学正式揭牌。该实验室由上海应用技术大学在参与中老铁路建设科教实践成果基础上,联合上海华测导航技术股份有限公司、老挝国立大学和苏发努冯大学等单位共同设立。

7日 中葡星海"一带一路"联合实验室线上启动会暨首届技术研讨会顺利召开。中国科技部部长王志刚与葡萄牙科学、技术与高等教育部部长曼努埃尔·埃托尔出席启动会并致辞。

7日 首个"中瑞生物科技投资日"活动在瑞士洛桑和中国上海同步举办,为瑞士高校、科研机构、初创企业与中国投资机构和潜在业务合作伙伴搭建产学合作平台。

14日 由上海建工承建的援缅甸国家体育馆维修改造项目移交仪式在仰光举行。中国驻缅甸大使陈海代表中方同缅方签署并交换项目交接证书。缅甸国家体育馆于1986年竣工并投入使用,维修改造项目开工仪式于2019年8月举行。该项目对室内外装修、机电设备、灯光音响等进行了升级改造。

15日 以"共克时艰谋发展,合作共赢创未来"为主题的中国企业走进"一带一路"研讨会在上海举办。该研讨会由中国公共外交协会、上海市政协主办，上海市政协对外友好委员会、上海公共外交协会和亚太日报共同承办。与会中外嘉宾围绕论坛主题，传递坚定信心、共话发展机遇，深入探讨了中国企业走进"一带一路"、推动共建"一带一路"高质量发展的思路和举措。

16日 上海市-新加坡全面合作理事会第三次会议以视频连线方式举行。沪新理事会上海方主席、上海市市长龚正，沪新理事会新加坡方主席、新加坡财政部部长黄循财出席会议并致辞。

17日 巴西矿业巨头淡水河谷与上海科大重工集团有限公司签署谅解备忘录，以合作开展旨在助力巴西教育的社会公益项目。根据谅解备忘录，淡水河谷将通过淡水河谷基金会与科大重工联合捐赠超过150万雷亚尔（约合180万元人民币），助力巴西消除辍学现象。

29日 总部位于上海的金砖国家新开发银行正式宣布将迎来新成员国埃及。一次次扩大的"朋友圈"，展示出金砖国家合作机制的磁力和银行逐步提升的全球影响力。2020年下半年，新开发银行理事会授权银行与意向成员国开展正式谈判。2021年9月，银行正式宣布首次"扩员"的消息，迎来三个新的成员国——阿联酋、乌拉圭和孟加拉国。

30日 上海国际港务（集团）股份有限公司、连云港港口控股集团有限公司在南京正式签署战略合作协议，标志着上海港、连云港在共建"一带一路"的背景下，两港合作翻开崭新一页。

Abstract

Annual report on Shanghai's role in BRI implementation (2022) is the fourth Blue Book Series Research Report on Shanghai and the BRI jointly completed by the joint project team of Shanghai Academy and the Shanghai Institutes for international studies. It is also the first blue book in China to study the high-quality development of the BRI from a local perspective.

The year 2021 coincides with the 8th anniversary of the proposal and implementation of the BRI. It is also the first year of "the 14th Five-Year Plan" and the beginning year of the high-level reform and opening up to build a leading area for socialist modernization. It is of great significance to systematically summarize the current experience and achievements of Shanghai in serving the BRI construction. In November 2021, at the third symposium on the BRI construction, General Secretary Xi Jinping profoundly analyzed the new situation facing the construction of the BRI, proposing to maintain this strategic determination, seize strategic opportunities, coordinate cooperation and struggle, stock and increase, the whole and priorities, actively respond to challenges, tend to avoid harm and move forward. This research report takes the Five Overall Plans as the main line of research. It is believed that in order to further give play to the bridgehead function of the BRI construction that can gather, drive, serve, support and guarantee, Shanghai needs to continue to make greater efforts around the Five Links: continue to take the "hard link" of infrastructure as an important direction, take the "soft link" of rules and standards as an important support, and vigorously consolidate the development foundation of "policy communication", continuously deepen the cooperation

Abstract

path of "financial integration" and make good use of the bridge of "people-to-people communication".

It is on the basis of the above understanding that the research reports in this book, based on in-depth data analysis, detailed statistical data and thorough case analysis, explore and think about the high-quality development issue of Shanghai's service to the BRI under the new opportunity of building a leading area for socialist modernization in Pudong, and analyze and study the new situation and existing problems of economic and trade cooperation between Shanghai and the countries that jointly builds the BRI in the form of visual data. It is the first time to add new research perspectives such as the cooperation between Shanghai and the sister cities of the countries that jointly builds the BRI, the cooperation between China and Japan in serving the third-party market, the construction of the BRI talent team, and the construction of new infrastructure that serves the BRI, and systematically summarize the new characteristics and new achievements of the high-quality development of the BRI in these fields. The book also takes the exploration of global carbon market trading reform and the BRICS New Development Bank as an example to analyze the current situation and development problems of the Shanghai carbon market and the BRICS new development bank. At the same time, it selects representative regions such as ASEAN, South Asia, West Asia and North Africa, and Latin America to discuss and analyze the new progress and new problems in the development of Shanghai and the countries that jointly builds the BRI. On the basis of these problems, each report puts forward targeted countermeasures and suggestions.

In terms of organization and arrangement, this year's report includes six major parts: general report, data report, special report, case report, regional and country reports, with a total of 13 reports and memorabilia.

Keywords: BRI; Five Overall Plans; "Five Links" Policy; Shanghai

Contents

I General Report

B.1 Shanghai Services the BRI Construction Report 2021
——*Research on Building Pudong as a Pioneer Zone for Socialist Modernization*

            Chen Dongxiao, Wang Yuzhu / 001

Abstract: Pudong, as the frontier of China's reform and opening up, has played a historic role in promoting the development of China's open economy. Under the new development pattern, the construction of Pudong as a pioneer socialist zone has taken on a more significant development and reform mission. It is necessary to play the role of a benchmark for reform in the era of the socialist pioneer zone from the perspective of the historical heritage of Pudong's development and opening up, better coordinate and respond to the changes in the external situation, and to constantly adjust and optimize Pudong's development and reform function position. Based on a unified national market, China is accelerating the establishment of "dual circulation" strategic links, and continuing to promote the high-quality development of the BRI. Meanwhile, major institutional reforms, such as mixed ownership, will promote the synergy of

Contents

development interests of multiple market players, balancing the strategic relationship between opening up, development and security. Through profound institutional reforms, efforts will be further needed to liberate and develop productive forces and promote the development of core industries to improve quality and efficiency. At the same time, the logic and institutional philosophy of China's socialist market economy reform will be better displayed to the world through the pioneer zone reforms in the progress of implementing the reform of Chinese modernization.

Keywords: Pudong; Socialism Pioneer Zone; the BRI

II Data Report

B.2 Shanghai Services the BRI Construction Data Report 2021

Zhou Yiqi / 028

Abstract: This report evaluates the situation of economic and trade cooperation between Shanghai and the BRI countries in 2021 from the perspective of data analysis, which focus on the regional comparison between Shanghai and other provinces in the Yangtze River Delta in serving the BRI construction. It also discusses the interactive relationship between the economic and trade exchanges between Shanghai and the BRI partner countries and the internal development of the BRI countries through systematic model analysis. The report finds that the trade situation generally shows a clear recovery and steady upward trend between Shanghai and the BRI countries in 2021. The importance of the BRI countries is rising significantly in Shanghai's foreign trade and investment pattern. In the Yangtze River Delta, the economic and trade cooperation between Shanghai and the BRI co-building countries is also in the leading position, and shows the characteristics of the majority of imports, indicating that the status of Shanghai as an international consumption center is playing a more crucial role in serving the BRI of Shanghai. Through a respective analysis of a regression and a matrix model, the indications of economic development and the governance performance within the BRI Countries show a significant positive relationship in trade volume with Shanghai, while the industrial structure and stability are statistically irrelevant with above trade volume. This also reveals that Shanghai should pour attention to the impact of serving the BRI Countries national industrial upgrading in the future, and concern about the impact of internal security risks of the relevant countries.

Keywords: the BRI; Data Analysis; Matrix Model

Ⅲ Special Reports

B.3 Research on Deepening Sister City Cooperation in
Shanghai in the New Era　　　　*Li Lu, Chen Yanqi* / 055

Abstract: Shanghai is "an important window for the world to observe China" and a bridgehead to serve the construction of the BRI. After nearly half a century of efforts, Shanghai has established sister city relations with 92 cities in 59 countries in the world, and has continued to carry out various forms of exchanges and cooperation activities. In the new era, Shanghai shoulders the mission of being a pacesetter in reform and opening up and a pioneer in innovation and development. It should grasp the national policy guidance and favorable environment, promote the reshaping of opening-up advantages and the reconstruction of opening image, and take deepening the cooperation between sister cities as an important focus for promoting a new round of great development and an important driving force for Shanghai to serve the construction of the BRI, in key areas, for example, reshaping regional production and supply chain, stabilizing global and regional value chain, participating in the China International Import Expo, building a "reservoir" of international talent, exploring city governance experience, and developing third-party markets, Shanghai should actively work with international sister cities to build a bridge of friendship, seek common development, share the fruits of cooperation, and contribute to the construction of a community with a shared future for mankind.

Keywords: the BRI; Shanghai; City diplomacy; sister city

B.4 Shanghai's Pioneering Role in Serving the "China-Japan Third-Party Market Cooperation" *Wang Wan* / 076

Abstract: Japan's attitude toward the China-proposed the BRI has changed dramatically over the years: from showing indifference, introducing a counterbalancing Indo-Pacific Strategy, to proposing Japan-China third-party market cooperation under the framework of the BRI. Today, several programs of third-party market cooperation have been relatively well developed between Chinese and Japanese enterprises. The economic cooperation between Shanghai and Japan is of a high level. As a geographical center, trade and financial hub, and frontier of high-tech industries development, Shanghai can cooperate with Japan under the framework of the BRI to play a leading and exploratory role in improving the quality and level of the BRI construction. Meanwhile, Shanghai can better use its advantage as an East-West intersection in the BRI. However, on the other hand, profound changes are occurring in the global political and economic landscape, as the US has united so-called like-minded nations to form technology and supply chain alliances that exclude China. And Japan has passed an economic security bill. The advanced economic cooperation between Shanghai and Japan will face more challenges.

Keywords: the BRI; China-Japan third-party market cooperation; Meeting Pointing of the East and the West; Pioneer/Pioneering Effect

B.5 Study on the Needs and Countermeasures of Talent Team for Shanghai Participation in the BRI
——Based on some enterprises and institutions in Shanghai
Wang Yong, Chen Jianru / 093

Abstract: High-quality human resources are the cornerstone of the BRI construction, and the talent factor is the key factor for the success of the BRI bridgehead construction in Shanghai. Based on the questionnaire, this report clarifies the qualities and connotations of the talents that meets the demand of Shanghai's the BRI bridgehead construction. The core of this study is to identify the demand for talents in Shanghai's the BRI bridgehead construction. The analysis of the balance between supply and demand for human resources shows that the supply and demand for human resources is constantly changing dynamically. Therefore, there is a need for top-level design and forward-looking judgement by the government. Finally, based on the above investigation and analysis, this report proposes a major strategic initiative for the construction of Shanghai's talent pool for the BRI.

Keywords: Enterprises and Institution; International Talents Cultivation; Talent Needs

Contents

B.6 Research on Shanghai's Role in Serving New Infrastructure Construction of the BRI　　*Liu Chaoqing, Hu Qiongfang* / 107

Abstract: On the basis of clarifying the concept of new infrastructure construction, this paper combs and summarizes the overall situation of the new infrastructure construction of the BRI in China and the achievements of the new infrastructure construction in Shanghai, and deeply analyzes the development characteristics and paths of the new infrastructure construction of serving the BRI in Shanghai. It is believed that although the external environment is facing momentous changes unseen in a century. However, the lack of its own comprehensive strength is still the key factor restricting enterprises from "going global". Finally, policy suggestions are put forward from the aspects of solidly promoting the development level of Shanghai's new infrastructure construction, planning and layout in advance, and continuously creating a loose external environment.

Keywords: New Infrastructure; the BRI; Shanghai

IV　Case Studies

B.7 Shanghai is Committed to the Reform and Exploration of Global Carbon Market Construction
　　Zhu Yunjie, Yu Hongyuan / 121

Abstract: In order to accelerate the realization of the goal of achieving the carbon peak by 2030 and carbon neutrality by 2060 and ensure "Just Transition" during CO_2 emission reduction, China has issued a series of measures for systematize carbon emissions trading management. In this study, the evolution of China's and global carbon trading systems has been reviewed and the initial stage of the national carbon market transaction has been investigated by a six-stage trend analysis. It reflects the pilot experience of Shanghai carbon market formed a complete set of carbon trading mechanisms. After the Shanghai carbon market was upgraded to a national carbon market, the system evolved in a more inclusive and universal direction. With the launch of the national carbon market, Shanghai is responsible for the construction of the trading system, which has a significant driving role for enterprises to reduce emission reduction costs through trading and obtain more funds for energy transition. As a supplement to the carbon market, the Carbon Neutral Action Alliance and the carbon inclusive mechanism have improved the green financial system. Relatively, it is also essential to continue to improve the framework design, carbon audit, consumer balance and carbon pricing to achieve a higher marketized and commercialized stage of carbon market.

Keywords: Fair Transformation; Green Finance; Shanghai Carbon Market; Carbon Trading; Inclusiveness

B.8 The New Development Bank Empowers Shanghai in Supporting High-Quality Development of the BRI

Ye Yu, Zhao Jingyi / 146

Abstract: The New Development Bank (NDB) was established by BRICS countries in 2014 with the aim at mobilizing resources for infrastructure and sustainable development projects in BRICS and other emerging economies and developing countries. As the first international financial organization headquartered in Shanghai, the Bank provides a new and important platform for Shanghai to support the BRI in the following aspects: Strategically, strengthening cooperation between Shanghai as well as the whole China and key emerging countries, and softening geopolitical tensions facing the BRI; financially, empowering the Shanghai International Financial Center in mobilizing funding for the BRI; at the project level, the Bank prioritizes green and sustainable development, providing opportunities for domestic policy and commercial banks as well as Shanghai municipalities to share risks and knowledge on international development. The Bank also facilitates exchanges between Shanghai and BRICS countries in areas of talent building cooperation and broader people-to-people exchanges. In prospect, the Bank will further expand its membership and become a truly global multilateral development bank, providing more impetus for high-quality the BRI development. However, it needs to deals with the complex challenges posed by the breakout of Russia-Ukraine war.

Keywords: New Development Bank; the BRI; Shanghai International Financial Center

V Country & Region Reports

B.9 Shanghai Serves the Construction of the BRI in the
ASEAN Region *Feng Shuai* / 167

Abstract: In 2021, the ASEAN region is still in the dilemma of epidemic prevention and control and economic development, and the economic development situation is full of twists and turns. From the fourth quarter of 2021, the regional economy began to show a trend of stabilization and recovery. Driven by the construction of the BRI, the bilateral trade volume between China and the ASEAN region excluding

Singapore has achieved rapid growth, the scale of two-way investment and project contracting has been expanded, key construction projects such as the China Laos railway have been successfully completed, the humanities cooperation has achieved remarkable results, and fruitful results have been achieved in the complex and volatile international environment. In this process, relying on its comparative advantages, Shanghai has given full play to the role of existing multilateral mechanisms, constantly consolidated the political, economic, trade and cultural foundation with ASEAN countries, and effectively promoted the construction of the BRI in the ASEAN region. With the release of the 14th Five-Year Plan and the official entry into force of the RCEP agreement, the construction of the BRI in the ASEAN region will enter a new stage of development, and Shanghai and ASEAN countries will also usher in new development opportunities.

Keywords: the BRI; ASEAN region; Shanghai; RCEP

B.10 Shanghai Serves the BRI in South Asia: Opportunities and Challenges　　　　　　　　　　　　*Li Hongmei* / 185

Abstract: South Asia is a key area for the construction of the BRI. Since the BRI has been proposed, it has made positive progress in South Asia, including the continuous growth of bilateral trade between China and South Asian countries, a series phased results of infrastructure construction cooperation, the continuous expansion of investment scale, and the deep engagement of people-to-people. Shanghai has actively taken its advantages of resources, management, technology and human, and made outstanding contributions to the construction of the BRI in South Asia, especially in trade, infrastructure, digital and financial cooperation, and folk diplomacy areas. In the future, Shanghai will embrace new opportunities for cooperation, due to the rigid demand for FDI from the South Asian countries after the epidemic, the strong mutual complementarity of trade between Shanghai and South Asian countries, and the solid foundation people exchanges. However, some challenges deserve to attention.

Keywords: the BRI; Shanghai; South Asia Countries; Infrastructure Construction.

B.11 The BRI Cooperation Between Shanghai and the MENA

Zhang Chun / 212

Abstract: The prolonged COVID-19 pandemic negatively impacted the world economy and the BRI. Nevertheless, China and Middle East and North African (MENA) countries have continued to promote the BRI cooperation under the whole-of-region cooperation frameworks. What needs to be emphasized is that the rapidly changing global and regional environment calls for timely adjustment of cooperation strategy to promote high-quality development of BRI. Shanghai plays an important role as a strategic linkage in the new development pattern, and a pilot role in the high-quality development of the BRI. Based on network centrality building, Shanghai's cooperation with MENA countries closely focused on building of the new development pattern, and has achieved remarkable results in promoting sustainable development and digital transformation. Looking ahead, as the world strives for an early economic recovery, there is much to be done in cooperation between Shanghai and MENA countries on the BRI.

Keywords: the BRI; Middle East and North Africa (MENA); Shanghai

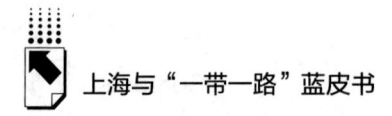

B.12 Progress and Prospect of the BRI Construction in
　　　　 Shanghai Serving Latin America　　　　*Niu Haibin* / 235

Abstract: In 2021, China and Latin America and the Caribbean region have made new progress in building the BRI. The third ministerial meeting of the China-CELAC Forum highlighted cooperation in the field of sustainable development. China-CELAC trade reached a record US＄451.591 billion, and global development initiatives became a new consensus guiding China-CELAC cooperation. Shanghai remains active in China-Latin America economic and trade relations, people-to-people exchanges and other fields, and is to play a constructive role in promoting China-Latin America's joint construction of the BRI based on its advantages in advanced manufacturing capacity, institutional opening up, and enterprises' international development strategy.

Keywords: China; Shanghai; Latin America; the BRI

B.13 Shanghai with Developed Countries: Renewed Partnership
　　　　 of the BRI　　　　*Cao Jiahan* / 257

Abstract: Developed countries are significant partners of advancing high-quality development of the BRI. Over the past few years, the involvement of developed countries has contributed to the upgrade of the BRI. The year 2021 kicked off the implementation of Shanghai's 14th Five-Year Plan and also witnessed Shanghai's renewed partnership with developed countries for the BRI cooperation. Shanghai quickly adapted itself to the changing dynamics of competition under the new development paradigm with better business environment, stronger headquarter economy and higher-level of opening up. In addition to scaling up its efforts on cementing platforms and mechanisms including the annually held China International Import Expo (CIIE), Shanghai together with developed countries, has also made some progress on jointly building the Health Silk Road, the Digital Silk Road and the Green Silk Road. Looking into the future, Shanghai needs to make full use of its own advantages and unique role to further strengthen the BRI cooperation with developed countries.

Keywords: Shanghai; Developed Economies; Partnership

VI Chronicle of Events

B.14 Chronicle of Events of Shanghai's Participation in the BRI Implementation 2021   *Liu Zhenkun, Jiao Xinyao* / 278

社会科学文献出版社

皮 书

智库成果出版与传播平台

❖ 皮书定义 ❖

皮书是对中国与世界发展状况和热点问题进行年度监测,以专业的角度、专家的视野和实证研究方法,针对某一领域或区域现状与发展态势展开分析和预测,具备前沿性、原创性、实证性、连续性、时效性等特点的公开出版物,由一系列权威研究报告组成。

❖ 皮书作者 ❖

皮书系列报告作者以国内外一流研究机构、知名高校等重点智库的研究人员为主,多为相关领域一流专家学者,他们的观点代表了当下学界对中国与世界的现实和未来最高水平的解读与分析。截至2021年底,皮书研创机构逾千家,报告作者累计超过10万人。

❖ 皮书荣誉 ❖

皮书作为中国社会科学院基础理论研究与应用对策研究融合发展的代表性成果,不仅是哲学社会科学工作者服务中国特色社会主义现代化建设的重要成果,更是助力中国特色新型智库建设、构建中国特色哲学社会科学"三大体系"的重要平台。皮书系列先后被列入"十二五""十三五""十四五"时期国家重点出版物出版专项规划项目;2013~2022年,重点皮书列入中国社会科学院国家哲学社会科学创新工程项目。

权威报告·连续出版·独家资源

皮书数据库
ANNUAL REPORT(YEARBOOK) DATABASE

分析解读当下中国发展变迁的高端智库平台

所获荣誉
- 2020年，入选全国新闻出版深度融合发展创新案例
- 2019年，入选国家新闻出版署数字出版精品遴选推荐计划
- 2016年，入选"十三五"国家重点电子出版物出版规划骨干工程
- 2013年，荣获"中国出版政府奖·网络出版物奖"提名奖
- 连续多年荣获中国数字出版博览会"数字出版·优秀品牌"奖

皮书数据库　　"社科数托邦"微信公众号

成为会员

登录网址www.pishu.com.cn访问皮书数据库网站或下载皮书数据库APP，通过手机号码验证或邮箱验证即可成为皮书数据库会员。

会员福利

- 已注册用户购书后可免费获赠100元皮书数据库充值卡。刮开充值卡涂层获取充值密码，登录并进入"会员中心"—"在线充值"—"充值卡充值"，充值成功即可购买和查看数据库内容。
- 会员福利最终解释权归社会科学文献出版社所有。

数据库服务热线：400-008-6695
数据库服务QQ：2475522410
数据库服务邮箱：database@ssap.cn
图书销售热线：010-59367070/7028
图书服务QQ：1265056568
图书服务邮箱：duzhe@ssap.cn

社会科学文献出版社　皮书系列
SOCIAL SCIENCES ACADEMIC PRESS (CHINA)
卡号：727932151633
密码：

S 基本子库
SUB DATABASE

中国社会发展数据库（下设12个专题子库）

紧扣人口、政治、外交、法律、教育、医疗卫生、资源环境等12个社会发展领域的前沿和热点，全面整合专业著作、智库报告、学术资讯、调研数据等类型资源，帮助用户追踪中国社会发展动态、研究社会发展战略与政策、了解社会热点问题、分析社会发展趋势。

中国经济发展数据库（下设12专题子库）

内容涵盖宏观经济、产业经济、工业经济、农业经济、财政金融、房地产经济、城市经济、商业贸易等12个重点经济领域，为把握经济运行态势、洞察经济发展规律、研判经济发展趋势、进行经济调控决策提供参考和依据。

中国行业发展数据库（下设17个专题子库）

以中国国民经济行业分类为依据，覆盖金融业、旅游业、交通运输业、能源矿产业、制造业等100多个行业，跟踪分析国民经济相关行业市场运行状况和政策导向，汇集行业发展前沿资讯，为投资、从业及各种经济决策提供理论支撑和实践指导。

中国区域发展数据库（下设4个专题子库）

对中国特定区域内的经济、社会、文化等领域现状与发展情况进行深度分析和预测，涉及省级行政区、城市群、城市、农村等不同维度，研究层级至县及县以下行政区，为学者研究地方经济社会宏观态势、经验模式、发展案例提供支撑，为地方政府决策提供参考。

中国文化传媒数据库（下设18个专题子库）

内容覆盖文化产业、新闻传播、电影娱乐、文学艺术、群众文化、图书情报等18个重点研究领域，聚焦文化传媒领域发展前沿、热点话题、行业实践，服务用户的教学科研、文化投资、企业规划等需要。

世界经济与国际关系数据库（下设6个专题子库）

整合世界经济、国际政治、世界文化与科技、全球性问题、国际组织与国际法、区域研究6大领域研究成果，对世界经济形势、国际形势进行连续性深度分析，对年度热点问题进行专题解读，为研判全球发展趋势提供事实和数据支持。

法律声明

"皮书系列"（含蓝皮书、绿皮书、黄皮书）之品牌由社会科学文献出版社最早使用并持续至今，现已被中国图书行业所熟知。"皮书系列"的相关商标已在国家商标管理部门商标局注册，包括但不限于LOGO（ ）、皮书、Pishu、经济蓝皮书、社会蓝皮书等。"皮书系列"图书的注册商标专用权及封面设计、版式设计的著作权均为社会科学文献出版社所有。未经社会科学文献出版社书面授权许可，任何使用与"皮书系列"图书注册商标、封面设计、版式设计相同或者近似的文字、图形或其组合的行为均系侵权行为。

经作者授权，本书的专有出版权及信息网络传播权等为社会科学文献出版社享有。未经社会科学文献出版社书面授权许可，任何就本书内容的复制、发行或以数字形式进行网络传播的行为均系侵权行为。

社会科学文献出版社将通过法律途径追究上述侵权行为的法律责任，维护自身合法权益。

欢迎社会各界人士对侵犯社会科学文献出版社上述权利的侵权行为进行举报。电话：010-59367121，电子邮箱：fawubu@ssap.cn。

社会科学文献出版社